中國學術思想

研究輯刊

二 編

林 慶 彰 主編

第 4 冊

老子「道」的詮釋與反思
——從韓非、王弼注老之溯源考察

李 宗 定 著

花木蘭文化出版社

國家圖書館出版品預行編目資料

老子「道」的詮釋與反思——從韓非、王弼注老之溯源考察
／李宗定 著 — 初版 — 台北縣永和市：花木蘭文化出版社，
2008〔民 97〕
目 2+210 面；19×26 公分（中國學術思想研究輯刊 二編；第 4 冊）
ISBN：978-986-6528-05-7（精裝）
1. 老子　2. 道家　3. 注釋　4. 研究考訂
121.317　　　　　　　　　　　　　　　　　　97016508

ISBN - 978-986-6528-05-7

9 789866 528057

中國學術思想研究輯刊
二 編　第 四 冊　　　　　　ISBN：978-986-6528-05-7

老子「道」的詮釋與反思—從韓非、王弼注老之溯源考察

作　　者　李宗定
主　　編　林慶彰
總 編 輯　杜潔祥
出　　版　花木蘭文化出版社
發 行 所　花木蘭文化出版社
發 行 人　高小娟
聯絡地址　台北縣永和市中正路五九五號七樓之三
　　　　　電話：02-2923-1455／傳真：02-2923-1452
網　　址　http://www.huamulan.tw 信箱 sut81518@ms59.hinet.net
印　　刷　普羅文化出版廣告事業
封面設計　劉開工作室
初　　版　2008 年 9 月
定　　價　二編 28 冊（精裝）新台幣 46,000 元

老子「道」的詮釋與反思
——從韓非、王弼注老之溯源考察

李宗定　著

作者簡介

李宗定，國立中正大學中文博士，國立成功大學中文碩士。現任實踐大學應用中文學系助理教授。著有碩士論文《先秦儒家政治理論研究》，博士論文《老子「道」的詮釋與反思——從韓非、王弼注老之溯源考察》，並發表關於道家、道教，以及文學社會學等學術論文十餘篇。

提　要

　　在中國哲學中，《老子》一直被視為是充滿智慧的玄妙之思，並且以「道家」思想流派與儒家思想並稱為中國傳統中一隱一顯的思想主流。然而，當老子被「神聖化」為一飄然無跡的神仙般人物時，是否也連帶地使其唯一流傳的著作《老子》染上神秘色彩？而使得漢代以後興起的道教奉老子為太上老君成為道教的教主，《老子》一書也成為道教遵奉的經典。老子原本寫下的五千言文本對後世的影響絕非老子事先所能估計，不管是道家的《老子》，或道教的《道德真經》，更遑論還有影響法家的黃老思想，或使原始佛教思想中國化，甚至吸引許多西方哲學家的關注。而這麼多「閱讀」《老子》的活動，自然產生了無數對於老子的解讀，如果我們同意高達美（Gadamer）所說，「閱讀」即是一種「詮釋」活動，則不計其數的人在閱讀《老子》之後自然都會有各種不同的領會。於是《老子》僅有短短五千言，但能從中衍生出各種詮釋角度及詮釋結果便不足為奇了。

　　問題是，在眾多的注解及詮釋中，哪一種才真能解釋老子，或符合老子原意？倘若依哲學詮釋學的觀點，作者原意是不可得的，則我們又該如何看待這許許多多對老子的詮釋？是盡採眾家之長，還是束書不觀？如果我們順著這個疑問深入思考，便會發現這兩者其實是不相衝突的。即老子原意雖不可得，但無礙《老子》文本意義的展現，也就是說唯有透過不斷地閱讀與詮釋才能讓老子在這個過程中「活」了過來；同時也唯有藉各種不同的詮釋，五千言才能不局限於五千言，而有開闊的閱讀空間。然而，詮釋的過程與結果亦非漫無目的，因為閱讀的對象是《老子》，於是《老子》文本便是所有解讀必須回到的「事物本身」。畢竟，對話不是各說各話，而是在一個共同的話題中才能進行對話。所以本文針對老子哲學中最重要的核心概念「道」為討論的主題，通過韓非與王弼對老子注解的解讀，反思「道」在後世重重解讀下所造成的「形上學」化對於老學詮釋的影響。

　　當然，我們並不是反對從形上學中的本體論、宇宙論等角度來討論「道」，而是對於將「道」視為一「對象」或「存有者」的研究提出質疑。尤其是在後世習慣將「道」視為一個神聖的境界或對象的解釋之下，重新思考老子提出的「道」究竟該如何理解，這是一個迫切且值得深思的問題。本文的目的並非追問「道」是什麼，而是欲探索「道」如何呈現自身。於是藉助當代哲學詮釋學理論，從「語言」進行「道」的詮釋與反思；同時透過對韓非與王弼注老的重新閱讀，在逐步釐清「道」的「形上學化」過程中，顯現「道」的「有無相生」之「緣構」境域。

目

次

第一章　導論：問題的提出、構想與企圖

第一節　對「語言」的關注與詮釋的多元性

　　二十世紀來，西方所有的哲學流派，幾乎都與語言脫離不了干係；或者應該這麼說：二十世紀西方哲學一個最明顯的特徵，就在於對語言的重視。語言的研究早已不再是語言學家們的專利，對語言的研究方法多元紛呈，使得語言在二十世紀逐漸脫離「工具」的認知。結合了哲學、社會學、心理學等各學科的研究，哲學家們除了探討語言在社會所扮演的角色，更深入語言本身的構成、意義與對象，人們對語言的認知不再只局限於一種讓人類彼此溝通交流意見的方法。於是不但重新建構出語言的本體論，更企圖以語言本體論對傳統形上學做一個反省的批判，甚至進一步將傳統形上學瓦解。

　　簡單的說，西方傳統形上學探討一切「存有者之存有」的終極問題，不論是神學、存有論或宇宙論，都為尋求一個超越一切存有者具有普遍性、絕對性的原理或原則。從希臘古典哲學時期亞里斯多德研究物體運動變化的自然實體原理，開啟了「形上學」學科研究，到中世紀聖多瑪斯藉存有論證一個無限實體（神），形上學已逐漸構築出一個研究存有者和存有關係的學科。但是在存有的研究上，海德格便批評傳統形上學是以「存有者」為研究對象，而不是以「存有者的存有」為對象。〔註1〕而造成存有遺忘的現象，其中的關鍵始於將存有視為一對象，使得形上學成為一個主客對立的二元模式。至十六世紀文藝復興所發展出的理性主義與經驗主義的對立，其及後的唯心與唯

〔註1〕關於西方形上學的發展及其問題，可參考沈清松：《物理之後——形上學的發展》，台北：牛頓出版社，1987。

物的鬥爭，都是二元論的思考模式。這種情形，從康德質疑「理性」的能力極限展開批判，到黑格爾致力於主客體的消融，都企圖達到融合二元進入統一的境界。只是不論康德或黑格爾仍離不開主、客二元的哲學結構。

直到二十世紀時，語言哲學的興起，似乎讓這個問題的解決露出一線曙光。首先是分析哲學對傳統形上學的反動，他們認為許多哲學問題之所以長期不能解決，最重要的原因不在於問題的複雜和難度，而是問題本身根本不能構成問題。其方法便是透過語言的邏輯分析，從語意、語形和語法三個方面闡明語詞和語句的意義和關係，藉此証明過去的形上學問題為「假問題」，同時也區分出問題的屬性，而分別歸屬於其他各個學科。很明顯地，分析哲學與傳統哲學的最大差異，在於他們並非解決哲學問題或建構哲學體系而是消解哲學問題。英美分析學派宣稱，這是「語言的轉向」（linguistic turn），而建立了二十世紀的分析哲學。與之相對的是在歐洲大陸以德、法哲學家為代表的歐陸哲學，其與分析哲學的差別，在於後者發展出現代科學方法論和現代邏輯，將哲學帶入純思辨的領域；〔註2〕而歐陸哲學家認為消解形上學，並非使哲學流於像數學一樣的純演算符號及公式，探索語言的意義是為了「回到事物本身」。大體而言，雖然兩者都為了消解傳統形上學，但面對語言的態度與研究方法卻是完全不同的；不過這個看似壁壘分明的差異，未來或有交流的可能。〔註3〕

姑且不論英美分析哲學與以德、法為代表的歐陸哲學有多麼不同，二十世紀之後的哲學呈現一種多元論述，眾聲喧嘩的現象，卻是一個不爭的事實。哲學家們不再企圖建構一套大一統的「體系」哲學，而更務實地從根本的認識問題著手，於是，「語言」便成為眾所注目的焦點。

誠然，以上略述現代西方哲學的發展，無非是為了指出近年來西方哲學熱門的話題與所關注者。可是這樣一個開頭，並不是要導出如此結論：西方正深入語言的問題，我們也不可落人後；或是西方對語言已有全面且深入的討論，所以我們正可藉其成果來討論中國哲學。這樣的結論，不管其立意如何，多少會陷入「中學為體，西學為用」的窠臼。但是如果不是為了這個目

〔註2〕 參見洪漢鼎：《語言學的轉向——當代分哲學的發展》，台北：遠流出版社，1992年。

〔註3〕 將分析哲學與歐陸哲學以地域區隔於「英美／歐陸」並不十分合適，但這個分法有敘述的方便性，故權從之。參見《語言與哲學——當代英美與傳統比較研究》，徐友漁、周國平、陳嘉映、尚杰著，北京：三聯書店，1996年。

的，題目明明是打算討論《老子》，爲何行文至今尚未有隻言片語提到「老子」？同時以西方哲學流變與所關注的問題來討論中國的經典《老子》，莫非仍打算套用西方哲學理論？顯然這樣的論文至今仍然多見，尤其混入了複雜的文化衝突與歷史情節之後，套用西方哲學變成了論文寫作的緊箍咒或揮之不去的夢魘，再想持平地進行中西哲學對話，勢必得克服一些過當比附及聯想。誠然，本文涉及了詮釋學及解構理論，但是基本上僅以這些理論爲一觸媒，或云從中得到一些靈感得以踏上《老子》哲學詮釋的反省之路。因此本文並非套用一些西方理論來討論《老子》，也不打算進行比較哲學的討論，最終仍是將焦點鎖定中國哲學，企圖打破一些傳統視角，嘗試走出一條《老子》詮釋之路。

　　當然，從古至今討論詮釋《老子》之路無數，問題是何種詮釋合理？何者正確？如何選擇一條詮釋之途，能夠不繞遠路地抵達目的地？事實上，這些問題並沒有一定的答案，也不可能出現「正確」的答案。因爲如果有一條路是唯一的「正途」，所有的人都擠上這條路，則此路必定擁塞不通，大大減緩行進的速度；更何況如果已有一條「正途」，人們必定會失去開闢新路的創造力，反正只要依循「正途」便可。尋找正途的目的本是爲了避免錯誤，加快速度；但弔詭的是，一旦高速公路公路的建成，往往會因爲車子增多而淪爲慢速公路，或是讓駕駛人失去了發掘替代道路的能力。當典範千辛萬苦地建立，也同時開始了這個典範的死亡，於是人們又將開拓另一條典範之路，不斷地在追尋標準中奮勇前進。「典範」在時間裡交替出現，也不斷地累積出眾多通往羅馬的大道。然而，去羅馬的路爲何要這麼多條呢？而且這麼多條路都可以到達目的地嗎？就算不能到達目的，嘗試錯誤會不會有更多的發現？顯然多樣性的選擇讓通往羅馬的旅程充滿著驚喜與不確定感。「條條大路通羅馬」這句話所蘊涵的不僅僅是一種生活的態度，更有一個詮釋學的意義於其中。我們絕對不能將自己局限在某一個視野，一如這個世界是立體多變的，沒有那一個理論或方法可以遍盡所有領域。於是乎，本文的寫作不在於提供一個「正確」的解釋，也並不企圖建立一套完善的詮釋系統，當然，也不會局限在傳統的論文格式。文本是活的，只有人會將其寫死。

　　這樣交待，或可對上述眾多問題勾劃一個尋求解答的契機。沒有絕對的眞理，沒有不可挑選的權威，就連本文的寫作也是。當然，這並不表示本文的寫作是漫無目的、任意爲之，而是試圖在眾多理論體系與詮釋系統中找出

一條通往《老子》的道路，或自行開闢之。在文章的發展初期，作者完全無法預期最後的結果會是如何，一如面對初生的嬰兒，沒有人曉得這個世界從此多了一個好人或壞蛋。如果論文的輪廓與內容一如預期，則永遠無法體會生命成長的喜悅。

讓我們暫且放下這些問題及西方哲學，先來看看中國哲學。

第二節　中國注疏傳統與老子詮釋

中國有一個特別的注疏傳統──不斷地對經典解釋與再解釋，企圖通過「考證」、「注解」與「疏通」等工作，讓經典的意義能再度重現。解釋的本意原是為了讓被時空所懸隔的經典意義能穿透層層阻礙在「當代」重現，然而，這些注疏如同滾雪球般，愈滾愈大，環繞在經典四周，每一層的解釋又成了後代解釋的對象；這一次又一次的解釋，彷彿一層又一層的毛玻璃，似乎能從中透過而看到東西，卻又什麼都看不清楚。原本是為了能更明白經典所做的注疏，結果反而形成愈解釋與原意愈是若即若離的一種弔詭。所有的解釋者都為了將經典說清楚，彼此間互相辯詰論難，無非是想証明何者最能了解作者原意，於是成篇累牘的注疏、考據便不斷增加堆疊。但是，何者為真？誰的解釋最符合經典原義？經典的意義為何要透過這些解釋才能再現？或者，根本就沒有任何一個解釋能說明經典，汗牛充棟的解釋，只會造成文本理解的阻隔。但是沒有了這些解釋，又該如何理解文本的意義？這些問題，是西方詮釋學討論的焦點，而我們正可從其討論成果，反思中國的經典詮釋。以下讓我們從《老子》一書來看這個問題。

《老子》成書的年代距今已有二千多年，千百年來，《老子》的版本以及諸多的注、釋、解、疏等，多如牛毛。其中有名有姓、藏諸名山者，不下六百種之多。〔註4〕對《老子》的論著如此之多，是因為《老子》五千言所欲傳達的意思並不清楚，需要大量的「解讀」？還是老子想傳達的意思遠非五千言所能說盡，故後世才不斷地闡釋？若然，老子為何不多說一些，僅以五千言傳世？

〔註4〕據嚴靈峰：《無求備齋老子集成初編》景印一百四十種、《續編》一百九十八種及《老列莊三子集成補編》中老子二十二種，嚴靈峰先生所收即已三百六十種。而據其《老列莊三子知見書目》中搜羅遺佚，僅中國歷代著述已有六百餘種，若再加亡失者即達一千一百餘種。老子研究的數量之多，亦可見老子對後世的影響。

或者後設的說，老子距今已遠，其於函谷關成書五千言時，其意已盡，故《老子》文字屬於「文言」，後世想跨越時空所以需要改譯成「白話」才能讓當代人讀懂。這些問題，涉及到文本的詮釋，與西方詮釋學所討論的問題如出一轍，只不過中國的經典詮釋面臨龐大的注疏傳統，且中國哲學的思考方式、論點的表述乃至語言文字皆有別於西方，在問題的處理上自然得另起爐灶。

　　若從《老子》的語言來看，其書雖只有五千言，不過老子「正言若反」的用語，相較於其他諸子，可說是獨樹一幟的，特別是在先秦時期。或許是語言上的特殊性，歷來探討《老子》的學者，幾乎都陷落於老子的語言迷宮，眩惑於老子語言的飄忽、難以捉摸，於是費盡心力想詮解出其中的微言大義。然而，一開始便將《老子》視為一意義豐富的哲學著作，會不會因此陷入《老子》的文字障，而迷失在「強為之名」的文字遊戲中，無法自拔呢？

　　我們可以用《老子》書中第一章的「道」來說明。一翻開《老子》，首先讀到的是：「道可道，非常道；名可名，非常名。」〔註5〕「道」到底是什麼東西？「道」字在《老子》中出現了數十次，或單獨使用，或與他字結合，在順通文義上便面臨極人的困擾，於是各家說法不一，古今學者不同。〔註6〕倒底誰說的對，那一個才是「道」的意義？我們可以王弼《老子道德經注》為例，他注這一章云：「可道之道，可名之名，指事造形，非其常也。故不可

〔註5〕　本文所引老子原文據王弼《老子道德經注》。《老子》一書，錯簡、衍文、脫落及誤字很多，故歷代校詁者眾。隨著考古資料的不斷出土，對於《老子》的文字校勘及意義有許多深遠的影響。1973年馬王堆漢墓中的帛書《老子》甲本與今本稍有出入，作：「道，可道也，非恆道也。名，可名也，非恆名也。」乙本則略有殘缺，為「道，可道也，⋯⋯恆名也。」帛書本與今本文字雖略有差異，然其意並無不同。然帛書中其他章句論「道」之意涵與今本《老子》有很多值得討論之處，唯非本文主題，需另文再談。而1993年湖北荊門郭店楚簡的出土，對《老子》研究更有如引爆一顆炸彈，但其中所整理出的三組竹簡，並無今本第一章章句。漢帛書與楚竹簡的出土對於討論《老子》有極重要的影響，然對於《老子》章句原文爭論仍多，並非以帛書及竹簡出便成定論。持平而論，帛書與竹簡應視為《老子》於戰國至漢代所流傳眾多版本之一，而非《老子》唯一定本。若以《老子》對後世影響而言，王弼本實具關鍵地位，故本文對於《老子》原文徵引，仍以王弼本為主。

〔註6〕　袁保新曾列舉重要注家及學者的說法，試圖通過對各家學者的反省，以「創造性的詮解」建立老子「道」的形上學。然觀其結論，仍以形上學的「道」下貫人生實踐，借實踐工夫來體證「道」的意涵為解讀線索；此點並不脫前賢之論，且似與儒家論「仁」有相近之處。值得進一步討論。（參見袁保新：《老子哲學之詮釋與重建》，台北：文津，1991年）

道，不可名也。」王弼並沒有正面解釋「道」的意義，只是重述了一次本文，唯一多出的句子：「指事造形」便值得我們注意。「指事」，語出許慎《說文解字·論六書》：「指事者，視而可識，察而見意。」許慎剖析漢字字形而提出「指事」一類，此類與「象形」相對，指「抽象」之事類。唯此類並沒有形上學的意涵，純是人類在面對世界萬物為指稱方便之故所造之字，如「上」、「下」為標明方位；「刃」指刀鋒之所在；「夕」為落日餘暉尚強，月兒未放光明之時。儘管這類指稱詞所指為非實體，仍是「可識」、「可察」、「可見」的。至於「造形」一詞，便是指具體之事物，《周易·繫辭上》：「在天成象，在地成形。」韓康伯注：「象況日月星辰，形況山川草木也。」許慎六書中「象形」一類，亦指明：「畫成其物，隨體詰詘。」故王弼云：「指事造形」，便泛指一切可識可見，有形象之事物。於是我們再回過頭來看王弼注文，「道」與「名」皆不可「說出」，能「說出」指稱者，便非「道」與「名」，而什麼是能「說出」的呢？便是「指事造形」，一切具體可見的事物。顯然地，王弼認為「道」不能具象化，「名」不能實際指稱事物，故其注二十五章云：「名以定形，混成無形，不可得而定，故曰不知其名也。」注三十二章云：「道，無形不繫，常不可名。以無名為常，故曰道常無名。」王弼將「名」分成「無名／有名」，以「無名」為無形，「有名」為定形，故「道」為「無名」。這樣區分固然使得在理解「道」時有一定的方便性，但以「道」為「無名」的解釋會不會同時也將「道」局限於一個不可言說的範圍？更何況「道」既然不可說，我們該如何了解「道」呢？若言語無法解釋「道」，則老子為何著書五千言以傳「道」？若「道」超越語言，則《道德經》又該用何種方式傳「道」，即一個較低層次的名言怎麼能說明較高層次的「道」？

　　王弼似乎已想到了這個問題，於是在〈老子指略〉一文中欲為「名稱」做進一步說明，他說：「名也者，定彼者也；稱也者，從謂者也。名生乎彼，稱出乎我。」〔註7〕他區分了「名號」及「稱謂」，謂前者是依萬物之形，屬於客觀之名；而人類為了加以說明故有「稱謂」出現，此「稱謂」為每個人的主觀解釋，因人而異。然而，王弼所謂的「名號」仍是出於人類主觀的定名，「名號」與事物的關連性並非絕對；「稱謂」也是一個「名」，如果「稱謂」僅是出於主觀的「涉求」，則此「稱謂」如何傳遞訊息？即老子如何能使他的

〔註7〕 王弼：〈老子指略〉，《王弼集校釋》，樓宇烈校釋，北京：中華書局，1980年，頁197。以下引文皆同，僅標明頁碼。

著作傳達他的意思？王弼分「名」與「稱」的目的，是爲了說明老子「強爲之名，字之曰道」的用意，即「道」、「玄」皆是主觀的稱謂，與客觀的名號並不相同，稱「道」稱「玄」只爲了說明一個概念，並非要「定名」。但是如此一來，又回到剛才所提出的問題，既然「道」、「大」、「玄」等名稱皆爲老子所自行給予，那麼這些稱謂與老子想要表達的概念既非爲同一，則我們又如何從這些稱謂去了解老子呢？再看王弼於其後繼續說：

> 名號生乎形狀，稱謂出乎涉求。名號不虛生，稱謂不虛出。故名號則大失其旨，稱謂則未盡其極。是以謂玄則「玄之又玄」，稱道則「域中有四大」也。（頁198）

王弼雖說「名」以定彼，「稱」從謂者，然「名號」與「稱謂」皆爲實指，故有其限制，所以仍不能以之爲說明「道」之「玄」，又得謂「玄之又玄」。然而，若將「道」定爲虛指，則「道」字亦喪失其意，況且如果一切的名稱都不能傳達老子所欲表述的「有物混成，先天地生」，則老子對於「道」的一切描述豈不落空？王弼將「道」導向一個無可捉摸、不可描述之境，表面上看來似乎頗契合於老子謂「道」之「夷」、「希」、「微」，然而我們細觀王弼將「崇本息末」定爲老子思想之中心論旨時，實已使「道」驅離於現象界。尤其是「以無爲本」的提出，「無／有」與「本／末」區分出了一個「不可道」與「可道」兩重上下分隔不相屬的境界。「崇本息末」、「執一統眾」看似連接了這上下兩重境界，實則更加突顯這兩層境界中的界線分明。

因此當王弼認爲《老子》可以「崇本息末」一言以蔽之時，已預設了一個「執一統眾」的詮釋立場，甚至不僅僅是注解《老子》，連其注《論語》及《易經》都以這個原則來詮釋。當然，如果將「崇本息末」視爲王弼個人對於經典的詮釋方法，則是一家之言；然王弼卻在這個方法的歸納下有一個更強的企圖心，即「會通孔老」。我們可以看到，王弼藉由「崇本息末」巧妙地將老子關連上孔子「正名」，〈老子指略〉云：

> 竭聖智以治巧僞，未若見質素以靜民欲；興仁義以敦薄俗，未若抱樸以全篤實；多巧利以興事用，未若寡私欲以息華競。……故見素樸以絕聖智，寡私欲以棄巧利，皆崇本以息末之謂也。（頁198）

> 夫不能辯名，則不可與言理；不能定名，則不可與論實也。凡名生於形，未有形生於名者也。故有此名必有此形，有此形必有其分。仁不得謂之聖，聖不得謂之仁，則各有其實也。……校實定名，以

觀絕聖，可無惑矣。……父子兄弟，懷情失直，孝不任誠，慈不任
實，蓋顯名行之所招也。患俗薄而名興行、崇仁義，愈致斯偽，況
術之賤此者乎？故絕仁棄義以復孝慈，未渠弘也。（頁199）

這裡援引大段王弼原文，可以讓我們看到他調和老子與孔子的用心。孔子針對
當時禮壞樂崩，指出「人而不仁，如禮何？人而不仁，如樂何？」（《論語·八
佾》）一心想要再現「仁」的真精神，故強調「以仁為本」，「仁」的優位性貫穿
整部《論語》。而如何重現「仁」的精神？孔子認為具體的實行便是「正名」。
魯國大夫季孫氏僭越天子之禮，這種情形是絕對不可以容忍的，因為會造成社
會的混亂。於是孔子回答子路的問政，便說首要的工作即是「正名」。〔註8〕正
何「名」？強調人人有自己的身份，有自己應盡的責任，以及該享受的權利，
否則一國之君沒有國君的樣子，做臣子的忘了自己的身份，社會的紊亂便自此
而始。「不在其位，不謀其政。」（《論語·泰伯》）一旦僭越了職位，勢必天下
大亂。因此孔子回答齊景公的問政說：「君君，臣臣，父父，子子。」（《論語·
顏淵》）「正名」的意義便在這裡顯現。而王弼雖批評「私欲」、「寡利」，但此寡
私欲、去巧利所回到的質樸之地卻是孔子「必也正名乎」之純仁無私之域。故
王弼所謂「校實定名，以觀絕聖」，便是落在這個層面來解釋老子的「絕聖棄智」；
即老子所否定的「聖智」、「仁義」也是孔子所批評僵化的禮樂，所以「絕仁棄
義以復孝慈，未渠弘也」。然而《老子》十九章：「絕聖棄智，民利百倍；絕仁
棄義，民復孝慈；絕巧棄利，盜賊無有。此三者為文，不足，故令有所屬。見
素抱樸，少私寡欲。」三者謂聖智、仁義、巧利，儒家所言的「仁義」在老子
眼裡與「巧利」是等同的，老子對於一切人文主義的價值世界顯然持否定的立
場，〔註9〕對於名實的立場是否真如王弼所言「夫不能辯名，則不可與言理；
不能定名，則不可與論實也」，是大有疑問的。那麼，王弼為何要藉由「夫不能
辯名，則不可與言理；不能定名，則不可與論實也。」來論述「名／實」關係

〔註8〕《論語·子路》載：「子路曰：『衛君待子而為政，子將奚先？』子曰：『必也
　　　正名乎！』子路曰：『有是哉，子之迂也！奚其正？』子曰：『野哉由也！君
　　　子於其所不知，蓋闕如也。名不正，則言不順；言不順，則事不成；事不成，
　　　則禮樂不興；禮樂不興，則刑罰不中；刑罰不中，則民無所措手足。故君子
　　　名之必可言也，言之必可行也。君子於其言，無所苟而已矣。』」所引《論語》
　　　具朱熹：《四書章句集注》，台北：大安出版社，1984年。以下引文皆同。
〔註9〕關於本章的解釋可參看王淮：《老子探義》，台北：臺灣商務印書館，1990年九
　　　版，頁81。唯王淮稱老子之自然主義在本質上是一種樸素的實在論，這一點可
　　　再討論。

呢？其目的不言可喻。

　　王弼的《老子道德經注》，在一定程度上闡揚了老子的學說，將老學帶到了一個新的境界，後世多讚譽有加，如牟宗三先生謂其「對於道家所說的無、自然，確有相應而透宗的理解」、「其注老，則相應而能盡其蘊」；〔註10〕陳鼓應也說：「毫無疑問的，王弼的註是古註中第一流的作品。王弼的注很能掌握老子『自然』的主旨。他扣緊了老子哲學上的幾個基本概念，並加以闡釋。」〔註11〕不管王弼是否精準地抓住了老子思想，《老子道德經注》已成爲了解老子的一個管道，卻是不爭的事實。然而，我們要問：王弼的注解眞能掌握老子「原義」嗎？或者根本沒有所謂的「老子原義」存在？

第三節　經典詮釋與意義再生

　　《老子》一書做爲一個探討老子語言的文本，就涉及對文本（text）的意義該如何理解（understanding）與解釋（interpretation）的問題。當代西方從神學釋經學（Hermeneutic）的傳統，發展出一門普遍的、非神學的詮釋學（Hermeneutics），對於這個問題有深入廣泛的思考。近代西方詮釋學發展出兩條不同主要潮流：一是從十八世紀的施萊爾馬赫（Schleiermacher）將古典詮釋學從對《聖經》注釋的桎梏中解放出，而擴大至對一切文本的理解或法則的「普遍詮釋學」，經狄爾泰（Dilthey）創立了以「體驗」爲核心的詮釋學方法論；二是其後海德格（Heidegger）的本體論變革與高達美（Gadamer）建立語言本體論的哲學詮釋學。前者意在建立人文學與自然科學分野的基礎方法論，後者則欲建構一「理解與解釋的存有論」。〔註12〕這兩條路線並非全然背道而馳，尤其是呂格爾企圖調和兩者而使哲學詮釋學不至脫離方法論而招致相對主義或重回形上學的批評。當然，高達美晚年也力圖走向實踐哲學，在修辭學中實踐詮釋學關於解釋的技術。從詮釋學的發展，我們可以看出詮釋不單單是一項技術或一種方法，還涉及意義如何顯現的問題，尤其是從語

〔註10〕見牟宗三：《才性與玄理》，台北：臺灣學生書局，1993年修訂八版，頁78～79。

〔註11〕見陳鼓應：《老子今註今釋及評介》，台北：臺灣商務印書館，1974年8月修訂版，頁275。

〔註12〕見帕瑪（Richard E. Palmer）：《詮釋學》（Hermeneutics），嚴平譯，台北：桂冠圖書，1992年。

言和交談中透顯存有。

於是對文本的解釋，也是如何理解語言的問題。索緒爾（Saussure）將語言視爲一個符號系統（system of signs），只有用來表達或交流思想時，聲音才成爲語言，否則，聲音僅僅是聲音而已。要交流思想，聲音就必須成爲約定俗成的規則系統的一部分，必須成爲符號系統的一部分。而符號是形式和概念的結合，表示意義的形式，索緒爾稱之爲「能指」（signifier）；被表示的概念叫做「所指」（signified）。雖然可以在某個角度將兩者分別討論，但它們是做爲符號系統的組成部分而存在。於是，我們可以藉以反思符號與意義的關聯性。事實上，後現代主義在討論「符號／意義」的相互關係時，已發現兩者間受到許多外力的影響，看似緊密的結構，實則鬆散。例如拉康（Lacan）認爲慾望是潛意識的核心，而語言則是潛意識的符號結構。因此，語言的「能指／所指」結構絕不是固定的二元對立模式，而是以慾望爲中心，隨慾望的轉變而發生不確定的變化。

二元對立的破除，使「對話」顯得重要起來。高達美（Gadamer）認爲「對話」的「提問——回答」結構模式，確保了雙方主題的一致性，也使理解成爲一種開放性的傾聽與互相融合。我們無法預見那個被稱爲「眞理」的東西，它只是在對話的過程中展現出來，只要對話還在進行，它就繼續再展現著。〔註13〕至於對話也不僅僅局限在彼此的二元中，高達美更進一步提出對話的具體化形式——「遊戲」這一概念。他認爲對話者的主觀意識並不是對話本身，如同「遊戲具有一種獨特的本質，它獨立於那些從事遊戲活動的人的意識。所以，凡是在主體的自爲存在沒有限制主體視域的地方，凡是在不存在任何進行遊戲行爲主體的地方，就存在遊戲，而且存在眞正的遊戲。遊戲的主體不是遊戲者，而遊戲只是通過遊戲者才得以表現。」〔註14〕遊戲本身即爲一意義內容，參與者和觀賞者構成遊戲的整體，而在遊戲的過程將遊戲的意義呈現出來。所以，「眞理」並非固定不變的，我們可以發現：如果「眞理」一旦被確立，則後來的任何詮釋都不再有意義，即一個詮釋若確定爲「眞」，則其餘的所有討論便爲「假」。如此一來，如果王弼對於《老子》的詮釋已深得其意，那麼，牟先生或其他學者也就不必再花那麼多的工夫來

〔註13〕 參見嚴平：《高達美》，台北：東大圖書，1997年。

〔註14〕 見高達美：《眞理與方法》第一卷，洪漢鼎譯，台北：時報文化，1993年，頁151。

詮釋老子。所以，想要追尋一個屬於文本的眞理，終將徒勞無功。

　　不論是施萊爾馬赫對心理直覺的強調，或狄爾泰試圖以「體驗」（Erlebnis）來再現作者的眞義，其實都陷入作品必存有一客觀絕對意義的思考模式，即西方哲學長期以來「邏各斯中心主義」（Logocentrism）的形上學。可是隨著形上學逐漸被質疑瓦解，關於作品中是否存在一個絕對不變的眞理也受到懷疑，詮釋者無法拋棄自己主觀的思想去理解作品，同樣的，作品也不會僅僅以一種面象向讀者呈現。那麼，理解文本如何可能？法國哲學家米謝・傅柯（Michel Foucault）在反思詮釋對象時，曾指出：

> 如果說解釋是永遠沒完沒了的話，那只是因爲本來就沒有什麼可解釋的。根本就不存在 "絕對第一個要加以解釋的事物"，因爲一切存在本身從根本上講都已經是 "解釋" 了；每個信號本身並不是引起解釋的事物，而是其他信號的解釋。〔註15〕

文本一經解釋，其實就已非其原本意義，一切的解釋都是獨立的文本，溯及源頭，還是文本本身；但這並不是說一切的符號都不能加以解釋，而是解釋的目的並非複寫文本。傅柯從根本上否定解釋的意義，但也提供我們一個思考的方向：一切的解釋都是創作，我們不可能「說明」文本的意義，而文本的意義也不需要強加解釋。解釋的行爲不但無法說明文本，反而會對文本的理解造成障礙。那麼，我們爲何還需要解釋？對經典的解釋成了中國學問的全部，歷代讀書人孜孜不倦地在窮首皓經中解讀經典的微言大義。是經典太高深、太遙遠，使人可望而不可及；還是經典就像台灣百岳，吸引無數人不斷地挑戰、征服。況且每部經典都經過歷代眾多讀書人注疏，一代又一代所累積的解釋，到底是幫助後人了解經典的助力，還是成爲一道道難以跨越的鴻溝？如果所有的詮釋與再詮釋都是一種「誤讀」或「過度詮釋」，則中國的注疏傳統該如何定位？

　　如果從高達美的哲學詮釋學來談這個問題，不論是對經典的注釋或是對注釋的再詮釋都是有必要的。因爲經典必須透過不斷地閱讀活動，才能在閱讀中顯現其意義。若我們不對經典進行閱讀，經典只能是一個躺在地底深處的「死」去的歷史，一旦其被人們發掘，才能重新「活」著展示其自身。所以，儘管層層疊疊的注疏看似造成《老子》閱讀的障礙，可是從另一個角度而言，《老子》不也是在歷代積累的閱讀與注釋中枝繁葉茂，蔚然成林？

〔註15〕 見福柯於 Royaumont 學術討論會上的講話，轉引自高宣揚：《解釋學簡論・導言》，台北：遠流出版社，1988 年，頁 xxii。

第四節 「道」的意義與發展

　　歷來詮釋《老子》者，皆以爲「道」是《老子》一書的旨趣，並且賦予「道」字許多的含意。這種解法，明顯地是受到其他章句的影響，如二十一章：「『道』之爲物，惟恍惟惚。」；二十五章：「吾不知其名，強字之曰『道』。」；三十七章：「『道』常無爲而無不爲。」；四十二章：「『道』生一，一生二，二生三，三生萬物。」；四十八章：「爲學日益，爲『道』日損。」六十二章：「『道』者萬物之奧。」七十七章：「孰能有餘以奉天下，唯有『道』者。」老子用了很多的篇章在描述「道」，在這些章句裡，說明了「道」的屬性及作用。於是，解「道」者，便以「道」爲《老子》的中心思想，而賦予主體性、實體性或宇宙論等形而上學的說解。這種解釋，雖能反映「道」的某些面象，但是如此解，是否限制了「道」呢？

　　如果我們試著從「道」字本身探究，或許可以得到一些啓示。這裡我們先引海德格（Heidegger）的說法，話說 1946 年夏天，是年海德格與中國學者蕭師毅合作，要將《老子》譯爲德文。這次合作雖然沒有成功，然而海德格藉此經歷，對「道」的字源意義和派生義有了深入的理解，甚至促使其《通向語言之途》一書的完成。他曾對"道"一字有很重要的論述：

　　　　也許「道路」（Weg）一詞是語言的原始語詞，它向沈思的人道出自身。老子的詩意運思的引導語詞就是「道」（Tao），「根本上」意味著「道路」。但是由於人們太容易僅僅從表面上把道設想爲連接兩個位置的路途，所以人們就倉促地認爲我們的「道路」一詞是不適合於命名「道」所道說的東西的。因此，人們把「道」翻譯爲理性、精神、理由、意義、邏各斯等。〔註16〕

海德格這裡所談主要是針對西方在翻譯老子的「道」這個字時，往往從一個「普遍的原則」或「形而上的本體」的角度去翻譯「道」，卻忽略了在中文裡「道」字一個最原初的意義，而透過其現象學還原法，他所用以翻譯解釋的「道路」之意，也給了我們一個啓示。〔註17〕同樣的，中國哲學界中一向對老子所談的「道」賦予哲學意義上的解釋，或云其是道家形上學的代詞，或以其爲道家宇

〔註16〕海德格：〈語言的本質〉（Das Wesen der Sprache），收在《走向語言之途》（Unterwegs zur Sprache），孫周興譯，台北：時報文化，1993 年，頁 168。

〔註17〕關於海德格對老子「道」字的理解，可參看張祥龍：〈海德格理解的"道"〉，《道家文化研究》第八輯，上海：上海古籍出版社，1995 年，頁 351～365。

宙論中發生的本源。若將「道」提升至一本體，會不會使「道」和現象界產生疏離，而使「道」成爲廟堂供奉的神明高高在上，即通過現象而抽出本質的過程是否遺失了現象本身的豐富性和在場性呢？海德格指出，眞正的現象乃是「就其自身而顯現自身」的開啓，〔註18〕若一味的追求一個可通約的理性或本體，則現象便會在追求中隱蔽。海德格對「道」的詮解，其實可視爲其顛覆傳統形上學思想脈絡的一環，把語言看做是存在自身展示之所在，而強調「語言的本質不在語言之外，語言的本質就是語言本身」的觀點，爲後現代主義批判傳統人文主義打開了一條廣闊的道路。我們也可以由此得到一個啓示──「道」可以虛解，也可以實解，其本身蘊含著所指涉意義的豐富性，若一旦將其概念化、抽象化，便喪失了這個字的豐富性和在場性。

　　事實上，老子也不希望我們將他所提的「道」字概念化，甚至不要被「道」字所限制住。他說：「道之爲物，惟恍惟惚。」（二十一章）道並非一具體的存在物，甚至「道」也不能有「名」，因爲一有了名便有所局限，「道」字也是老子「不知其名」，而「強字之」而來的。況且，「道沖而用之，或不盈。淵兮似萬物之宗。」（四章）道一但實指，如何能爲「萬物之宗」？相較人類自以爲能掌握一切的「爲學日益」，「爲『道』日損」已說明「道」並非經驗感官世界的知識。於是乎，老子爲什麼選擇「道」這個字做爲其哲學系統的概念中心之指稱，從「道」字原本的意義──「道路」，已直指其豐富的意蘊。

　　至於「道」字內涵在經過這些轉化之後，早已超越了語詞本身的意指，一方面又回頭豐富了語詞的意涵，一如德希達（Derrida）提出在書寫的「延異」（différance）中進行創造遊戲，有別於傳統西方文字的「差異」（différence），而是一「產生差異的差異」，書寫文字在這種差異化的運動中產生無限的生命力與可能性。〔註19〕於是，原本單純的「道」一詞在經過一連串的來回創造與再創造，不但脫離了「能指／所指」的二元對立結構，也豐富了語詞的內涵。

　　相對於儒家致力於「正名」，老子實欲打破「名／實」之間的聯繫，從他大量使用否定句來表述，便可明白他所謂的「道」根本不能從正面去解釋，或對「道」有任何確定性的指稱。否則一旦實指，「道」便喪失了在場與能動的力量。故「道沖而用之或不盈，淵兮似萬物之宗。」（四章）一如杯子原本

〔註18〕　海德格：《存在與時間》，王慶節，陳嘉映譯，台北：桂冠圖書，1990 年，頁 28。

〔註19〕　Jacques Derrida, *Dissemination*, translated, with an introduction and additional notes, by Barbara Johnson, Chicago: University Press, 1981.

是空的，所以可以裝任何東西，如果杯子已滿，就再也沒有容納空間。更何況連「道」字都是在「吾不知其名」的情況下，所勉強命名的，想要努力說明指出老子言「道」的意義，不啻與老子初衷愈行愈遠。我們會發現，《老子》一書中對於語言的態度，在某種層面上與解構理論有相似性，其「正言若反」的語言方式，提供了一條「反向的」、「去中心」的解除語言固定結構的模式，一如老子說的：「反者，道之動」（四十章）。但是老子不同於德希達任由意義在解構之後撒播出去，而是對現象界的一切二元對立超越之，使語言不會陷於一再的「建構／解構」的衝突。所以在「正言若反」之後，最終會達到一個「道隱無名」的境界，他彷彿在兩千年前便暗示儘管哲學歷經多年的翻滾爭論之後，終將回歸到語言最原初的自身。可是，「道隱無名」並非一個掛空的玄秘之境，與世隔絕。牟宗三先生認為：道家與佛家一樣，雖重視出世間，但不能離開世間而出世間，世間即出世間，修道者不應遺世獨立；若捨離了人世，則境界並不高。而這種「實有層」與「作用層」無分別的形態，牟先生稱之為「境界形態的形而上學」，即「無」只是一個主觀心境上的作用，並非一個實存的本體，它只是一個姿態。〔註 20〕此論可說是中國當代老學詮釋系統中極有份量的觀點，問題是，當牟先生取消了「道」的實體性與客觀性而以「主觀心境」觀「道」，似乎又過於拘執於一偏。更重要的是老子對於人生的安頓與政治的關懷，為其思想的重心所在，老子的形上學能否以「境界形態」審定之，還有討論的必要。畢竟，不論老子的形上學的內容為何，如果我們一開始便以形上學的範疇來討論老子，是否已陷入「形上學」的迷思？而當今天西方不斷反省檢討傳統形上學，對我們有何啟示？更別說當後現代迷失在價值失序中，已悄悄興起一股追尋「美好傳統」的聲音，甚至轉而從東方哲學中尋找一個出路。凡此種種，都值得我們思考並反思之。

第五節　傳統形上學的消解

西方對於二元對立與真理迷思的破除，到了六○年代的後結構主義（post-structuralism）或解構理論（de-construction）興起，更進一步地顛覆了傳

〔註20〕牟先生花了很大的疏證工夫，並在對比儒家與佛教而得出此論。可參考其《中國哲學十九講》、《才性與玄理》、《圓善論》、《智的直覺與中國哲學》，前三書由臺灣學生書局出版，第四本為臺灣商務印書館出版。

統「符號／意義」相互指涉的關係，傳統形上學的邏各斯中心論（logocentrism）或語言中心論（phonocentrism）受到了強烈的批判與挑戰，一種新的閱讀方式於焉展開。〔註21〕於是，我們今天談論「語言」，其實已經處於一個傳統語言觀念崩解的時代。〔註22〕這種崩解，有助於我們脫離傳統慣性的思考模式，也就是「約定俗成」的語言觀；除去了歷史加諸於語言上種種意識型態的障蔽，或許能讓我們更貼近語言的本身。只是，我們還要更進一步地思考，西方的語言模式與漢文有著根本性的差異，解構主義是建立在批評西方拼音文字以語音為中心的系統；而中國文字以表意為重，〔註23〕與西方文字實有不同，故解構理論於中文並非全然相應，這是我們必須注意的。

石朝穎教授在分析羅蘭‧巴特（Roland Barthes）對於中國禪宗所做的「意義揚棄」論述後，提出西方人的「拼音文字」所形成的「形式邏輯」（Formal Logic），與東方人用「意象文字」所造成的「意象邏輯」（Ideographical Logic）兩者在觀照上的不同。〔註24〕這個觀點，清楚點出中西文化上一個根本的差異，即兩者的語言文字不同，在面對文本閱讀、意義詮釋的問題上，自然會有不同的「觀照」。然而，石教授並沒有進一步深入討論這個問題，僅導出：「這也許正是中文的『意象文字』並沒有發展出一套嚴密又完整的『文法結構』的真正原因吧！」這一個結論。姑且不論中國文字沒有嚴密的文法結構的真正原因何在，我們所觀注的焦點是：中國表意文字與西方表音文字之間

〔註21〕 「解構」（de-construction），是德希達（Jacques Derrida）自海德格（Heidegger）的哲學概念「摧毀」（Destruktion）所發展出來的。「解構」並非証明意義的不可能，或是破壞一切意義的建構，而是希望從作品中開解、分析、釋放出意義的力量。中文的「解」不僅是「解除」，還有「解釋」、「解開」的含意，正好可以說明德希達對（西方）傳統二元對立的瓦解。見 Jacques Derrida, *Of Grammatology*, trans. Gayatri Chakravorty Spivak, Baltimoke: John Hopkins Univ. Press, 1976.

〔註22〕 此處的崩解並非與傳統一刀兩斷，而是一種超越傳統、批判傳統，卻又源自傳統、重建傳統的關係。後現代與現代、與傳統的時間結構並非單向連續的，而是單向、逆向、多向的重疊。

〔註23〕 中國文字中的「形聲」字佔了四分之三強，形聲字中有「形符」與「聲符」兩個部分，聲符具有標音功能甚至與形符同時兼有表義功能，故有「會意兼聲」之例，或部首表音而有「亦聲」之例，所以中文並非純表意文字，但中國文字的構成畢竟不同西方拼音文字以字母拼音，在字形與意義的關聯性較強，即文字本身具有一定的表意功能。

〔註24〕 見石朝穎：〈意象的困惑：羅蘭‧巴特〉，《哲學雜誌》第十五期，1996 年 1月，頁 164～176。

的不同，構成兩種不同文化的論述脈絡。羅蘭‧巴特以西方羅各斯傳統的語言觀來理解東方文化，自然會造成一種「東方主義」式的閱讀暴力。巴特的「困惑」，對於東方文化來說，不僅不是困惑，反而是一種境界的呈現！

　　當然，我們的目的不是從東方主義來批評西方文化；相反的，解構主義對傳統西方文化的批判所造成的危機感，轉而向東方文化尋找出路的過程，正可開啓兩者之間的對話管道，並開拓我們許多思考的空間。當德希達不斷質疑「所指」和「聲音」的概念，試圖藉由創造"différance"之類的文字來解構拼音文字中的聲音時，中國以象形爲基礎而發展出的文字系統，不期然地成爲德里達所嚮往的文字。在其《論文字學》（of Grammatology）一書中，提到黑格爾的觀點：他認爲表音文字是有理智的文字，然象形文字（中國漢字）沒有精確的語法，所以不利科學的發展。德希達卻認爲這恰好是漢字的優點，因爲漢字並沒有語音的羈絆，正是德希達所嚮往的不爲話語服務的文字。萊布尼茲（Leibniz）大力推崇漢字，希望藉以建立一套非表音的普遍文字，雖然他沒有成功，可是德希達受到他的啓示，從古老的漢字中發現了反對邏各斯中心主義的根據。〔註25〕德希達並不懂漢字，否則他會更訝於漢字在「所指／能指」間的豐富多樣關係，如「道」一字，先秦諸子幾乎都使用「道」字爲學說重心，若僅僅只是「道路」一義，那真不知該如何分別各家說法了；但是「道」字本身所蘊涵的「道路」、「聯繫」意義，卻能又能發掘各家說法原初的共通性，這就遠非西方以語音爲中心的拼音文字所能觸及。

　　從詮釋學的歷史來看，語言與詮釋向來是密不可分的。詮釋學本就是一門研究理解和解釋的學科，詮釋學的希臘文詞根——赫密斯（Hermes）本是希臘神話中的一位信使的名字，他的職責是將神的消息傳遞給人們。而 Hermes 與詮釋學的關係，在帕瑪（R. E. Palmer）從追尋希臘文中的動詞 "herméneuein" 及名詞 "herménia" 在古代的不同形式及用法的過程中，得出這麼一個結論：「赫密斯是與這一功能——將人類理解的東西變成能夠把握的人類知識——結合在一起的。這個詞的各種形式都表明將事物或境況從未知帶入理解的過程。希臘人認爲是赫密斯發現了言說和書寫——這些用於把握意義，並把意義傳達給其他人的人類理解的工具。」〔註26〕詮釋學的根源在

〔註25〕 Jacques Derrida, *Of Grammatology*, trans. Gayatri Chakravorty Spivak, Baltimore: John Hopkins Univ. Press, 1976.

〔註26〕 同註12，頁 14。

於神的旨意如何爲人們所知悉，而這個神明的旨意便隱含了一個形而上不可顛撲的眞理。也就是說，說話和文字能夠傳達神的旨意，將原本只屬於意識層的概念，透過說話和書寫表達出來，而人類也可藉此互相溝通。這表示存在一種原初的意義，超越語言文字而存在，而語言僅是一種傳遞意義訊息的工具，於是「神」或一種「語音中心」的概念便儼然成型。

　　這個「語言中心」的哲學概念統治了西方傳統哲學，於是當近現代「反傳統」、「反二元」、「去中心」的呼聲愈來愈大時，哲學界發動了一連串的「反對傳統形上學」運動且延續至今。高達美與德希達兩人哲學觀念雖有極大差異，但他倆卻以不同的角度上承胡塞爾、尼采與海德格這三位哲學巨匠。對傳統形上學的拆解，從二十世紀一路延燒至二十一世紀，然而，當哲學家們紛紛捲起衣袖、掄起拳頭對形上學採取一波波猛烈的攻勢時，我們不禁要問：傳統形上學所構築的，究竟是能讓人安適於其中的家，還是封閉人類思考的囚牢？對於「眞理」的探索，是否眞如德希達所論：深陷於語音中心論的障蔽？若西方如此，那麼中國又如何？中國哲學一開始便不是走西方二元論的路，當西方哲學家正大費周章地想跳出傳統的窠臼時，我們可以從中獲得什麼啓示？

　　讓我們再回過頭看看高達美與德希達兩人之間的爭議。1984 年 4 月，巴黎歌德研究院上演一場重要的世紀之爭，在「文本與解釋」學術研討會上，解釋學與解構學擺開擂台，高達美與德希達正式「王見王」。高氏宣稱：語言（文本）是能夠且希望被理解的，當人們進行溝通交流時，已存在著渴望理解的意願。解釋學便是盡力使文本意義有呈現的可能，緩和文本和讀者間的緊張關係，於是，「對話」是理解的重要手段。至於德希達則反對這種看法，他認爲根本不存在「相互理解」的可能，解釋學所表現的現象學意向性概念，仍只是一種傳統形上學的思維方式，解構學則能實現思考方式的轉變。〔註27〕誠然，兩者之間的對話並沒有交集，在高達美看來，德里達一如尼采般以自我爲中心，只同意自己的見解。可是在德希達眼中，這次的對話根本沒有發生，他並不在乎對話，也不將自己固定在一個「意向性」的立場，如此一來，對話並沒有意義。我們可以看到，兩人之間不僅僅是表面的各說各話，而是對「對話」及「文字」或「語言」的理解有著本質上的不同，兩者之間並無

〔註27〕 *Dialogue and deconstruction：the Gadamer-Derrida encounter* / edited by Diane P. Michelfelder & Richard E. Palmer, Albany：State University of New York Press, 1989.

交集。事實上，也正因其無交集，才能更深入地探究文本意義呈現的可能性。當哲學詮釋學與解構理論在西方的影響愈來愈大並擴及東方時，觀察兩者之間的的差別與論爭，能提供我們的不僅僅是對兩者之間差異的理解，其意義更遠遠超出了爭論本身。〔註28〕

很顯然地，當德希達從語言中消解西方傳統形上學，我們亦可以反思在中國哲學中特有的形上學形態，即一個從「天人合一」的觀念中所開創出的人與物，人與自然的相處關係模式。而其中的關鍵點或許得由「語言」中去尋找答案，而這也是中國傳統哲學一向視語言為工具、視注疏之學而解經的附屬傳統下，極待開發的園地。我們要做的工作，是讓中西哲學持續對話，正如高達美所認為的：真理是在不斷對話中顯示其自身。一但我們中止對話，或關起門來各說各話，則真理將永遠隱蔽在層層塵土中。畢竟，一旦真理現身，或某個學說成為真理，則哲學的未來將如一灘死水。對話與爭論，才是哲學源源不絕的動力所在，做為中國哲學中有著特殊語言形態的《老子》，或可為打開中國哲學詮釋的一個新視野。

〔註28〕 參見《語言與哲學 —— 當代英美與傳統比較研究》，徐友漁、周國平、陳嘉映、尚杰著，北京：三聯書店，1996 年。以及本文〈附錄一：高達美與德希達的遭遇〉。

第二章　對話與延異

　　從當今歐洲最有影響力的兩股思潮——「詮釋學」（Hermeneutics）與「解構理論」（Deconstruction）已然化約成「高達美」（Gadamer）與「德希達」（Derrida）兩個名詞來看，〔註1〕顯然地，這個現象不僅僅顯示前者為德國當代詮釋學宗師；後者為法國後結構主義解構學理論巨擘，更清楚昭顯兩位當代哲學思想大家將「哲學詮釋學」與「解構理論」發展為當代「顯學」，進而成功奠定兩人與其學說密不可分的代表地位。這兩股思潮的影響，不局限於歐陸，也不專屬於哲學，像詮釋學的影響力就幾乎擴及到所有的人文學科領域，理解和詮釋不再是封閉、孤立的活動，透過對話而不斷地進行高達美所謂的「視域融合」（fusion of horizons）；至於解構理論也被美國的耶魯學派運用到文學批評，使得「解構」一詞成為文學理論的當紅術語。

　　在後現代反權威、反傳統，對形上學提出挑戰的潮流下，德希達對傳統話語的解構策略，似乎掩蓋了高達美的聲勢，而成為當今顛覆傳統所喜好的論調。但這恰好是對解構理論的一大諷刺，因為德希達並不希望「解構」成為一個固定的僵化名詞，到最後又為人所「解構」。但是，「解構」如何能不成為一個主體論述而滑脫自身？當其欲以一「非主體」的樣態對「邏各斯中心主義」（logocentrisem）進行解構，又如何成其為可能？而後現代面臨主體解構後的空虛無助，或「延異」（différance）取代了邏各斯（logos）而不以在場或存有

〔註1〕 Diane P. Michelfelder & Richard E. Palmer (eds.): "Introduction", *Dialogue and Deconstruction：The Gadamer-Derrida Encounter*, Albany：State University of New York Press, 1989, p.1。這裡以高達美為詮釋學的代表，並非忽略詮釋學內部兩種不同的路線之爭，而是以高氏為代表的哲學詮釋學路線為論述的焦點。

的形式出現時，哲學的研究是否必須改頭換面，甚至從裡到外更新式樣？這時，哲學還能稱之為哲學嗎？若文本的意義向四面八方擴散出去時，語言陷入了這一場在延宕和差異中永無休止的遊戲，我們又該如何進行詮譯與意義的追尋？當德希達割斷了西方表音文字中語音與書寫的連繫，將「書寫」（writing）從傳統邏各斯的束縛中解救出來時，他轉向了中國的象形文字，企圖發現理想中不受語音控制的文字。然而，我們不得不問，漢字是否真如德希達所論保存了意義的在場？是否真能從其中展開一個「白色的神話」？或者只是德希達藉以摧毀語音中心的代替品？亦或漢字只是「它者」中的它者？

因此，我們提出詮釋學和解構理論，並非高達美與德希達兩人在當今哲學界多麼有名，或是為了趕流行而討論他們的學說；而是詮譯學與解構理論所涉及文本詮釋的問題，不僅限於在西方哲學傳統的脈絡之下討論，更可為中國哲學的研究帶來新的視野及思考方向。只不過，不論是高達美還是德希達，都不認為他們是在建構一個新的方法論，哲學詮釋學企圖脫離傳統詮釋學的認識論而建立存有學的體系；至於解構理論則是針對傳統語音中心論的在場形上學進行拆解，它並非一種分析、批判或方法，而可以說是一種不斷遊移的閱讀策略。既然哲學詮釋學和解構理論都不承認自己是一種詮釋方法，則我們自然不是引這兩種理論作為討論老子的新方法。引發我們的提問及思考的，是其中所涉及的哲學比較和連繫，可能深化或開闊老子思想的詮釋空間。於是我們在展開關於老子的討論時，便嘗試以「對話」與「延異」在意義詮釋上所引發的爭議來對比出如何理解《老子》的一些問題。以下便以中國注釋傳統中所隱含的儒家正統權力，與翻譯所涉及的意義詮釋兩個部分來討論。

第一節　語言、權力與對話

高達美在〈文本與詮釋〉中提出的一個問題：「語言究竟是橋樑還是阻礙？」（It is a bridge or barrier?）﹝註2﹞這個問題看似簡單，其實深刻地點出了詮釋學的核心問題，即語言在人類的溝通上到底起了什麼作用？我們必須用語言溝通，但又常會發生語意的誤解；不管是言者無心或聽者有意，語言似乎又不能準確地傳情達意，如此一來，語言究竟是溝通的橋樑還是阻礙的提

﹝註2﹞ Gadamer, '*Text and Interpretation*', in Michelfelder and Palmer, *Dialogue and Deconstruction: The gadamer-Derrida Encounter*, Albany: State Univerisity of New York Press, 1989, P.27

問便困擾著我們，該如何看待語言呢？如果語言終究無法精準地傳遞訊息，我們爲什麼不甘脆捨棄語言，另覓傳遞訊息的方式？或是再造一完全能指涉意義的語言呢？當哲學逐漸向科學靠攏而窄化成語意分析或邏輯思辨時，數理符號是否就能取代語言而完善各種哲學問題的探討呢？

　　語言對於人類而言，常被理解爲最重要的傳遞訊息的「載體」或「工具」，可是在訊息傳送的過程中，往往會發生不可預料的膨脹或偏差，而產生意義的誤解。既然如此，則語言是否有能力充分作爲傳遞訊息的中介？若否，則我們能不能將語言僅以「工具」視之？〔註3〕高氏的提問打破了視語言爲工具的傳統觀念。因爲語言如果是個工具，卻又往往不能解決問題，甚至造成新的問題，則我們勢必得重新檢視語言工具論。一如王弼以莊子「得魚忘筌」來解釋老子的「道」時，表面上看來似乎給「道」一個超越語言的屬性，然而實際上卻又讓「道」陷入一個弔詭的泥淖。即「道」字如果無法準確傳達老子欲表述的概念，則老子爲何要使用「道」字？又或者「道」字只是一個通往「道」的過程，則這個過程亦是「道」的本身，何須遺忘，又怎能遺忘？

〔註3〕工具是合手好用的，不會像語言有這麼多「溢出」自我的情況發生。而當代詮釋學在海德格及高達美的努力之下，已將古典詮釋學從一個視語言爲工具的技術層面轉向爲以語言爲存在的本體詮釋學，語言不再是人們的工具，但也並不同於傳統形上學將語言視爲現象界之外的一個本體。海德格曾提出「現成在手」（Vorhanden）和「使用上手」（Zuhanden）兩個術語，前者爲本體論的方式，後者爲現象學的方式，他在《存在與時間》寫道：「從現象學角度把切近照面的存在者的存在展示出來，這一任務是循著日常在世的線索來進行的。日常在世的存在我們也稱之爲在世界中與世界內的存在者打交道。這種打交道已經分散在形形色色的諸煩忙方式中了。我們已經表明了，最切近的交往方式並非一味地進行覺知的認識，而是操作著的、使用著的煩忙，煩忙有它自己的『認識』。」（頁98）「存在」並非脫離「存在者」存在，也不是我們能靜態認識的一個對象，而是在世、在用的過程中顯現存在自身。所以沒有一件「用具」（Zeug）這樣的東西存在，屬於用具存在的總是一個整體，一個動態進行的整體。海氏舉錘子爲例，如果只著重於錘子的外觀的各種屬性，僅能是一種「觀看」；唯有在實踐的使用中，用具才能按本來面目在它的存在語境顯示出來。「對錘子這物越少瞠目凝視，用它用的越起勁，對它的關係也就變得越原始，它也就越發昭然若揭地作爲它所是的東西來照面，作爲用具來照面。錘本身揭示了錘子特有的『稱手』，我們稱用具的這種存在方式爲上手狀態。」（頁101）海德格這兩個術語也啓發了高達美，常爲其引用之，成爲哲學詮釋學一個很重要的思考方向。而語言如何做爲存有的家，並不是一個工具，在第四章會有更詳細的論述。至於這兩個術語及「在世存有」（In-der-Welt-sein）的觀念，可參閱馬丁‧海德格：《存在與時間》第一篇第二、三章。（王慶節、陳嘉映譯，台北：桂冠圖書，1993）

顯然地，如果我們一直停留在作用層來思考語言，便永遠無法解開這個結。就像中國哲學一直在討論：到底語言文字可不可以完全清楚地傳達意義？書能盡言、言能盡義；還是書不盡言、言不盡義？看似必須擇其一而相對立的二分法，還有沒有其他妥協的可能？

中西哲學家在面對語言時，都不約而同的想探尋語言與意義的關聯，即語言究竟是讓意義呈現，還是阻斷了意義的傳遞？而語言中的口語及文字與意義之間的連繫又有什麼不一樣的差別呢？對於這個問題，我們必須追尋語言的生成，了解語言為何成為人類最重要的傳遞訊息的方式，而這個追尋有助於理解為何語言到後來溢出了人類的掌握，出現了「溝通／阻斷」式的疑惑。追尋的方式，先從中國語言起源神話著手，對中國傳統的語言觀做一現象學式的解析，發掘其中所蘊含的權力運作與中國一個古老的命題：「言意之辨」兩者的深層關係。而其中語言與意義之間的權力消長的情形，正是中國傳統儒、道兩大思想的差別所在。之後，我們再回到一開始的提問，深入思索語言究竟是「橋樑」還是「阻礙」的問題。

一、中國語言起源的神話

當我們打算傳遞某個訊息時，即已預先設定會有接收對象並希望獲得回應，而訊息能夠準確無誤的傳遞，是所有發出訊息者所希冀的。否則，因理解上的誤差而產生「誤會」時，便是訊息傳遞的失敗。為了避免誤會，同時能讓訊息順利傳遞，我們勢必需要有一個共同約定的符號系統。那麼，這個符號系統是由誰來制定？又該如何遵守？中國對文字起源有一些推論式的神話想像，《易經·繫辭》載：

> 古者包羲氏之王天下也，仰則觀象於天，俯則觀法於地，觀鳥獸之文與地之宜，近取諸身，遠取諸物，於是始作八卦，以通神明之德，以類萬物之情……包犧氏沒，神農氏作，斲木為耜，揉木為耒，耒耨之利，以教天下。……上古結繩而治，後世聖人易之以書契，百官以治，萬民以察，蓋取諸〈夬〉。〔註4〕

許慎在《說文解字·序》中也有近乎相同的說明：

> 古者庖犧氏之王天下也，仰則觀象於天，俯則觀法於地，視鳥獸之文

〔註 4〕見高亨：《周易大傳今註》，濟南：齊魯書社，1979 年，頁 558～559。

與地之宜，近取諸身，遠取諸物，於是始作易八卦，以垂憲象。及神
農氏結繩爲治而統其事，庶業其繁，飾僞萌生。黄帝之史倉頡，見鳥
獸蹄远之跡，知分理之可相別異也，初造書契，百工以文。〔註5〕

《說文解字》的記載與《易傳》大同小異，顯示出原始社會進入到文明社會
的一個過程。伏羲作八卦之說或許只是個神話，神農結繩可能僅是個傳說，
倉頡造字也不過是後人附會，這些大概都非眞人眞事，但其中卻透露出了一
個訊息：語言文字並非憑空而來，其起源是由古之聖人所制作。中國的語言
神話暗示著人類由蒙昧進入文明的一個關鍵，必須有個超越一般人識見的「聖
人」出現，這與西方將語言的來源歸因於上帝的賜予有很大的不同。〔註6〕相
較於西方哲學由信仰、証明神的存在到否定、超越神性而回歸人類的過程，
中國的造字神話從一開始便以人爲中心，即語言由古聖人創製時，天地之理
已蘊藏其中。故掌握語言符號便可以通神明之德，類萬物之情。在中國，不
論是「後世聖人」或是史官「倉頡」所作，都表示語言文字的來源是「人」，
少了神性，更多的是人自身的力量。而西方的語言中有一神性的權威，有一
絕對的意義，人類沒有懷疑的權力，也沒有懷疑的可能，因此語言之所以會
出現歧異，問題不是在語言本身，而是在傳遞的過程。

上古人民生活原始簡單，溝通交流不需傳達較複雜的訊息，隨著飲食、
居住及社會分工的進步，社會愈來愈複雜，於是從八卦、結繩到書契的制作，
人類溝通的方式也愈趨繁複精細。造書契的神話雖然表示語言文字從無到

〔註5〕　見段玉裁：《說文解字注》，台北：黎明文化事業，1991 年增訂七版，頁 761。
〔註6〕　《舊約‧創世紀》第二章中有這樣的記載：
　　　　爲男人造配偶　耶和華上帝說：那人獨居不好，我要爲他造一個配偶
　　　　幫助他。耶和華上帝用土所造成的野地各樣走獸，和空中各樣飛鳥，
　　　　都帶到那人面前，看他叫什麼。那人怎樣叫各樣的活物，那就是他的
　　　　名字。那人便給一切牲畜，和空中飛鳥、野地走獸，都起了名字。
　　　萬物之名看似由人所起，實則此項權力爲上帝所賦子，更何況萬物是由上帝
　　　所造。就好像媽媽買了一個寵物，爲討子女歡心，讓小孩來命名。寵物的名
　　　字雖是由小孩所取，但寵物的由來，甚至小孩的誕生都是得自母親。聖經的
　　　記載也暗示了西方哲學一開始便走上本體與現象二元對立的方向。柏拉圖的
　　　名作〈斐德羅〉（Phaedrus）篇中，也提到一個古埃及關於 Theuth 神的故事，
　　　他發明了文字，卻不爲埃及國王所重視，柏拉圖藉以展示文字只是言說（logos）
　　　的附庸，於是文字爲記錄語言的工具，言語讓靈魂開口說話，而其內容是崇
　　　高的邏各斯。所以在西方的傳統，文字被鎖在作者的自我意識中，德希達便
　　　從這個故事著手解構柏拉圖，即他所謂的「語言中心主義」，企圖將文字（書
　　　寫）從語言中解放出來。

有，是一漸進式的過程，但這並不表示這個過程是「自然」完成的。而我們要特別注意的是，每一個階段都有一個造成這個轉折點的「聖人」——伏羲、神農和倉頡。他們或許都是虛構人物，但為什麼要「虛構」出這三個人？為什麼非要指名道姓地指出是誰來推動文明的進程？伏羲做八卦的目的是「以通神明之德，以類萬物之情」、「以垂憲象」；神農結繩是「為治而統其事」，因為「庶業其繁，飾偽萌生」；至於倉頡之造書契，更為使「百工以文」。八卦、結繩與書契都不是因為人類溝通需要，而是為了讓愈趨複雜的社會有清楚的規範，有維繫的力量。為什麼需要規範？自然是為了便於管理，也利於提高族群對外的競爭與生存能力。造字傳說將語言的起源歸諸於聖人，語言自此擁有權力，而這個權力是與統治階層相聯繫的。於是我們發現，這個傳說有著權力意欲的導向，人們必須服從語言，一如必須遵循聖人之制。兩者在這裡有了巧妙的連結，並且形成了統治與被統治的權力關係。或許也可以因此而推論出：《易》在漢代成為五經博士之一，以及漢人將《易傳》比附為孔子所作，這些對《易》在漢代的重視和發展，與統治者為維繫一個大一統的政權有著微妙的關係。而《易傳》中藉解析卦爻辭，將「宇宙秩序」和「人生規律」拉在一起的作法，其實可視為一種權力的表徵。這同樣也可以解釋為何許慎在論述文字起源時，幾乎一字不差地引用《易經‧繫辭》的文字。至於做為「書契」起源的「八卦」，其中所象徵的權力秩序，也就不言而喻了。

　　當我們將這些初造語言的傳說與先秦文獻關聯起來時，便可發現「聖人」在中國人思維裡所扮演的角色。「聖人」不僅是人們所效法的對象，也是人類秩序的規範者。所以在古人的觀念中，文字不會、也不可能由一般人所創造。〔註7〕掌握了這個原則，我們就可以發現當代著名的語言學家王力將荀子視為提出了「語言是社會的產物」的語言學原理，這個看法是有問題的。《荀子‧正名》有一段很著名的話：「名無固宜，約之以命。約定俗成謂之宜，異於約

〔註7〕　將語言視為是由社會制約的力量所形成，且非一人一時一地所造，是近代語言文字學的觀念。古籍中或謂沮誦、佉盧作書，但記載最多者仍以倉頡作書為眾。相關資料可參見林尹：《文字學概說》，台北：正中書局，1971年；謝雲飛：《中國文字學通論》，台北：臺灣學生書局，1963年。王力將《荀子》書中的「約定俗成」解成中國自先秦始便已有社會群眾的概念，濮之珍更將「聖人」解為「眾人」，這樣的說法明顯有某種意識形態於其中。參見王力：《中國語言學史》第一章〈訓詁為主的時期〉，台北：駱駝出版社，1987年；濮之珍：《中國語言學史》，上海：上海古籍出版社，1987年。

則謂之不宜。」通常論者提到這句話時，都將其解釋爲：語言文字是「約定俗成」的。問題是，這個「約定」是由誰來約定？就荀子而言，語言文字並非由一般大眾所共同約定的，而是由聖王制名。同樣是《荀子・正名》，便屢屢提及：「王者之制名，名定而實辨，道行而志通，則愼率民而一焉。」「夫民易一以道，而不可與共故。故明君臨之以埶，道之以道，申之以命，章之以論，禁之以刑，故其民之化道也如神，辨埶惡用矣哉！」顯然地，荀子以爲古時民智未開，混亂無章，必待王者道道、申命、章論、禁刑，才能達治。「名」既非大眾所制定，故「俗成」亦非「成俗」，而是說「名」是大家所必須共同遵守的。若有人析辭擅作以亂正名，便是大姦，其嚴重性是對國君統治地位的威脅。所以荀子所言之「正名」，實傾向於政治社會上的權責分明，觀其〈禮論〉、〈富國〉、〈王霸〉諸篇，便可明白。荀子在這裡所談的「名」，已非單純的萬物之名，而含有禮法秩序的意義在裡頭。既然「名」是聖人所定，則「名／實」間的關係便得清楚明白，不容有疑義。如此一來，國家社會才能井然有序，不至於發生臣弑君、子弑父等亂倫情形。這種對「名」的主張實爲儒家一貫強調的「名符其實」，從孔子倡「名正言順」（《論語・子路》），對季孫氏「八佾舞於庭」所提出的批判，以及孟子詳析君臣之道，義利之辨，都已清楚顯示出儒家對名、實間的關係乃是從社會角度來談，爲一經驗主義式的論述。〔註8〕而這種將語言文字與倫理學、政治學拉上關係的作法，從先秦儒家起便成爲中國傳統對語言認知的主流論述。

二、從「正名符實」到「去名體道」

　　如果清楚儒家「正名」論的立場，不難發現「正名」的動機及目的，都與當時禮壞樂崩的社會環境有關；也可藉此看出儒家的基本性格，是一個力求穩定平和、有禮有節的思想。所以，儒家必然會反對名家對「名／實」採

〔註8〕孔子所言之「名正言順」與荀子的「正名」有實質上的不同。孔子是從内心的仁義自發來達到社會倫理的平穩，但荀子卻重禮文從外在的約束力。雖然這是孔子到孟子「法先王」與荀子「法後王」的重大差異，可是儒家重視「名／實」間確定的關係是不變的，兩者可說殊途同歸。勞思光先生在談及儒家之「正名」觀時，亦強調其乃確定道德秩序與政治秩序的標準，與形上學和邏輯無關。可參考勞思光：《新編中國哲學史》（一）相關篇章；另外對儒家「正名」的詳細分析，可參考筆者碩士論文《先秦儒家政治理論研究》，國立成功大學中文所，1998 年 6 月。

分析式的辯證，斥之爲「不法先王，不是禮義，而好治怪說，玩琦辭。」（《荀子‧非十二子》）名家所涉及的語意邏輯，與儒家所論述「名」爲不同層面，兩者確不相涉；但在作用層次上，儒家所言之「名」爲仁義禮智之具，負有維繫社會秩序的責任，自然容不下名家離析事物之屬性與個體的分析方式，也無法深入去了解。〔註9〕但從儒家反對名家的說法，卻也可以清楚看出儒家在名實關係所採取的立場。

相較於儒家將「名／實」明確限定其關係，老子雖不否認「名」有其「實」，但他顯然認爲世間的「名」有所不足，這個不足並非再多造些「名」就可解決，而是「名」有所限制。《老子》第一章最著名的章句：「道可道，非常道；名可名，非常名。」歷來雖有諸般解釋，但基本上都認爲老子所謂的「道」是超越於語言文字的描述，如果給定了一個字或具體的描述，就已不再是「道」了。之所以稱之爲「道」，也僅只是「強字之曰」、「強爲之名」。這似乎在說明人類的語言文字有不及之處，特別是對形而上的本體存在無法用既有的語言文字說出，而且就算創造新的字詞，也沒有辦法達到描述的目的。問題是，如果我們無法從「道」字理解老子欲表達的概念，或老子不得不用「道」字是暗示「道」字仍有不足，則當「道」字提出的同時已然喪失其意義。因爲既然我們無法通過語言而體道，則一切的言說不但無意義，且老子五千言亦無可論，甚至可能據此判定老子反對語言，甚至說老子「反智」。〔註10〕然而，從這樣的思路推導出老子反智，是否可以成立呢？我們不要忘了，當老子藉

〔註9〕儒家「正名」是從社會政治立說，重視一相應於名位的德性；而名家的「名」則偏重形式邏輯的思辯，兩者自然對「名」的看法有很大的出入。相關論述可參見徐復觀：《公孫龍子講疏》，台北：臺灣學生書局，1976年；及唐君毅：《中國哲學原論——原道篇》卷二，台北：臺灣學生書局，1986年。

〔註10〕近代將老子視爲「反智」的論述不少，早期以余英時爲代表，他是從政治的角度來看，認爲老子公開主張「愚民」，是爲了讓人民不要有知識以免造成競爭。（余英時：〈反智論與中國政治傳統〉、〈唐、宋、明三帝老子注中之治術發微〉收入《歷史與思想》，台北：聯經，1976年）余英時的說法與法家的推斷類似，他的推論是從中國歷代中老子注中所引申而出，以注證經是否可行，有待商榷。何俊的〈中國哲學傳統中的反智論傾向〉一文甚至視反智論是中國哲學中一個普遍的傾向，其表現的方向不是認識論而是價值論。（是文見《哲學與文化》，25:5=288，1998年5月，頁461～467）此外，林安梧師的〈中國政治傳統中主智、超智與反智的糾結——環繞先秦儒道兩家政治思想的試探與考察〉一文對這個問題也有發人深省的看法。（是文見《鵝潮》5:3，1979年9月，頁2～11）

由否定語言文字的可能性以達到釋出「道」的意義時，他仍必須透過「否定語言文字」這一個步驟；也就是說，如果沒有世間的語言文字，沒有可以表述的方式，老子是沒有辦法向其他人傳達他心目中的「道」是何種概念的。當然，這裡不是從這麼一個老問題──老子既然否定語言文字，爲何還要著五千言傳世──的角度來反詰老子。假如老子所反對者並非一般理解的語言文字，則這個問題已不成問題。我們或許可以從兩個層次來看這個問題：其一，老子反對的不是語言文字，而是語言文字背後所擁有的政治權力，即典章制度所形成的制約力量。老子欲突破的是加諸於語言文字的各種力量，而非語言文字本身。其二，老子在面臨已然成形的語言文字，並非採取單純地否定，而是思考該如何表述才不致於陷入其權力結構中，故其所使用「正言若反」語法，便是企圖使意義「逸出」語言文字牢籠的一種嘗試。

於是乎，我們看到老子用了許多「大 A 若 B」的句型來描述「道體」及「道用」，B 即非 A，A 與 B 兩者間有語義上正反矛盾的關係，照語法來說是不通的，可是這種邏輯上的衝突卻可逼使人們去思考「反者道之用」的意義。既然老子無法也不能另外創立一套文字，於是在已有的文字體系下衝決網羅的努力便顯然可見。像他用「夷」、「希」、「微」來形容「道」爲「無狀之狀，無物之象」時，卻又要說「夷」是「視而不見」之名；「希」是「聽之不聞」之名；「微」是「搏之不得」之名。既然「視而不見」可以名之爲「夷」，自然老子心中所想的一個超越萬物又能生成萬物且又存於萬物的東西，也可以堂而皇之的命名爲「道」了。更何況，我們還可以再進一步地思考：爲什麼老子不用別的字來指出這個「道」，而非得用「道」這個字？如果改用其他的字，能不能傳達出老子心裡所體會的「道體」？這恐怕不僅僅是「強爲之名」可以說解的。那麼，老子爲什麼要用「道」這個字？「道」這個字能傳遞什麼樣的訊息？這個部分我們會在下面幾章深入討論。

反倒是當老子不斷地提醒後人不要陷入他所用以描述「道」的語言文字，而必須探索其深沈幽微的「道」的境界時，後世所有研究老子的學者或閱讀老子的人，仍然都得從《老子》一書來了解何謂「道」。也就是說，當我們開始思索老子所謂的「道」是否具有超越「道」字本身的另一個境界的意義時，我們已然深陷於「道」字的字形、字義、字音乃至歷代諸多對道的解釋之中。老子極欲闡明脫離「道」字以體「道」的道理，其實就是一個最大的弔詭：如果離開了《老子》文本談「老子」，鐵定不是「老子」，而是論者的自言自

語。事實上，老子也只留下一部《老子》給我們。不從《老子》談「老子」、了解老子的道，又該從哪兒來理解呢？禪宗極言不立文字，卻有許多的論著、公案流傳，關鍵絕非禪宗自相矛盾，而是「道」從語言中展現了存有，「道」在語言中找到了棲身之所。老子和禪宗所擔心的，不是言語道斷，而是人們斟字酌句於形式的討論，爭訟於語法邏輯的討論，反陷溺於語言的大海，迷失了方向。所以老子採用了「正言若反」的書寫方式，企圖顛覆「名／實」之間的絕對關係。

再回來看看制名的問題。老子雖然沒有說「名」是由王者所制，但他卻指出：「始制有名，名亦既有，夫亦將知止，知止可以不殆。」（《老子》三十二章）名從何為始？自然非渾沌不明之時，而是萬物得以成之時，萬物本無「名」，「始制有名」當指人類文明進入語言文字的階段。是誰制名不重要，重要的是「名」已既成，便得明白「名」的限制性，知其將「止」於何處。而「知止可以不殆」究竟該做何解？王弼注解這一章云：

> 始制，謂樸散始為官長之時也，始立官長不可不立名分以定尊卑，故始制有名也。過此以往，將爭錐刀之末，故曰：「名亦既有，夫亦將知止」也。遂任名以號物，則失治之母也，故「知止所以不殆」也。

王弼將立名視為「定尊卑」，即事物因名定而有一定的秩序，不過也因任名號物，於是眾人從此便捨本逐末，在這些名詞之間爭逐，而忘失本源。就老子而言，他認為有一原初的「樸」（或名「道」）是渾然無分的，所謂的「名」與「器」都是這個「樸」在現象界的各種現身。故其二十八章云：「樸散則為器，聖人用之則為官長。故大制不割。」儘管世間諸器從「樸」而來，為一「無」至「有」的過程，但老子始終強調本源的重要，故曰「大制不割」，人們就是因為眩惑於萬物的燦爛紛呈而失其本源。關於這點，老子在第十二章亦作說明：「五色令人目盲；五音令人耳聾；五味令人口爽；馳騁畋獵令人心發狂；難得之貨令人行妨。」所以「聖人為腹不為目，故去彼取此。」「彼」就是感官世界，而「此」即「樸」，為事物的本真。是故，名號是阻礙達「道」之路，「為學日益，為道日損。」（《老子》四十八章）老子反對的是固守名號，因而像儒家識「名」以指「實」，並藉以定長幼尊卑、人倫之序，在老子看來，反倒是天下混亂的根源。所以有「絕聖棄智，民利百倍」的章句，其目的是為了「見素抱樸，少私寡欲。」因而「道常無名」即老子試圖通對「道」以

一種反語言式的描述連繫到對一個已固定的典章制度的反抗，尤其是在政治上針對施政者所強調的無為。

　　世間已定之「名」既然是體「道」的阻礙，那麼，為了體「道」是否必須「去名」？老子雖然沒有明說，但前引聖人「去彼取此」似已暗涵此意。然而我們要留意的是，就老子而言，他所說的「名」是儒家所讚許的周文禮制，而非語言本身；語言文字已沾染上權力的宰制，要去除的、要逃脫的是這層限制。至於莊子更進一步地將語言文字（名）視為工具，只是達到「道」境界的過程，〔註11〕與老子實有不同。也就是說，老、莊雖都反對後天人為對精神的限制，但老子並未如莊子以為要真正體會「道」的境界，必須捨棄語言。王弼在注老時有受到莊子影響，故將老子導至「意在言外」、「言不盡意」的方向以做為其「言意之辨」論題的註解，這點值得注意。所以，體會道的境界就必須捨棄語言嗎？語言是否如同「五音」、「五色」、「五味」般會蒙蔽人們的心靈，造成體道的障礙嗎？老子如果不著《老子》，又該如何讓後人明白何謂「道」？若語言是個障礙，我們又怎能得知老子透過《老子》想要傳遞的訊息呢？當老子西出函谷關，留下的是五千言，而非一隻筆、一件衣服時，其實已暗示了老子欲藉語言文字傳達其意，不論後人是否真能體會、真能準確無誤得知其意。而《老子》五千言，便開啟了老子與後世的對話。

三、詮釋經驗中的閱讀、理解與對話

　　當我們閱讀《老子》時，其實已開始進行與老子的對話。問題是，在對話中該如何達到相互理解？即在何種條件下，才能使對話成功？便關涉著高達美在建立哲學詮釋學中所立基的「對話」基礎是否能成立。高達美認為，在詮釋經驗中的「你──我」關係並非對立不合的，而是建立在互相開放、接納、互動上的來回溝通關係，他說：「講話並不屬於"我"的領域而屬於"我們"的領域。」〔註12〕但這並不表示要放棄自我的立場而服從對方，而是彼

〔註11〕　《莊子·外物》中有一段著名的「荃蹄」之喻，王弼引之與《周易》中「言不盡意」結合，而以「得意忘言」釋《易》、《老》，王弼之後的玄學家幾乎皆遵從此說。湯用彤先生更直言此為王弼建立其易學之新方法，且說：「言為象的代表，象為意之代表，二者均為得意之工具。」言、象只是通往意的工具。（參見湯用彤：《魏晉玄學論稿》，《魏晉思想（乙編三種）》，台北：里仁書局，1995年，頁26）將言語視為達象、至意的工具從古皆然。

〔註12〕　高達美：《哲學解釋學》夏鎮平、宋建平譯，上海：上海譯文出版社，1994

此都能充分說出自己，都能接納對方的意見，而在這個接納的過程中修正自己，達到一個新的視域。對話者彼此觀點不是在對話結束後達成一致，而是對話雙方互相「懂得」對方，明白對方的意思。能明對方的意思，才能進一步反思自我。真正的對話一定是在雙方互有疑慮時所產生，而這個疑慮必須是面對一個共同的課題，於是在對話中不是對話者在主導這場對話，而是讓討論的課題來主導他們。同樣的，在文本詮釋時，詮釋者與文本所進行的對話亦是開放的，為了某一個共同的課題而進行對話。所以談話的前題是為了試圖理解，故而「良善意志」的預設是為了達成互相理解所必須的，談話雙方都同意並願意進行這場對話，談話方能展開。〔註13〕

在詮釋學的歷史經驗中，每一個人都有其「前理解」，所謂一場成功的對話，並非將自己「放空」去理解對方，相反的是儘量陳述自我的意見並聆聽他人。傳統理解的意義是為了追溯作者的原意，想要闡明文本中作者想要表達的意思，但往往出現理解的困難。高達美在談到理解的建立時指出：

> 理解的基礎並不在於使某個理解者置身於他人的思想之中，或直接
> 參與到他人的內心活動之中。……所謂理解就是在語言上取得相互
> 一致（sich in der Sprache Verständigen），而不是說使自己置身於他人
> 的思想之中並設身處地地領會他人的體驗。……語言是談話雙方得
> 以相互了解並對某事取得一致意見的中心點。（Mitte）〔註14〕

真正的理解，並非理解者進入或置身於被理解者的思想中，而是二者達到「共識」的狀態，這個「共識」是建立在「語言」上的。也就是說，理解的成功與否，即在於能否在一個共同的「語言」中達成，如果因客觀的環境出現不同的語言，則有賴翻譯進行對話。但是這會造理解的困難，下一節會進一步說明。

高達美一再強調談話是相互了解並取得一致意見的過程，談話只是過程，並不是結果，甚至也不能以方法或手段視之，因為談話是不斷地在持續進行中。因為我們在談話中不斷反恭自省，而這個反省的過程便不停的改變

年，頁 65。

〔註13〕關於高達美詮釋學中以對話做為詮釋經驗中取得共識的過程，陳榮華曾以「你
  ——我」的關係及「問題——答案」的原則做過詳細的說明，可參看之。陳
  榮華：《葛達瑪詮釋學與中國哲學的詮釋》第四章〈詮釋經驗的對話性〉，台
  北：明文書局，1998 年。

〔註14〕高達美：《真理與方法》第一卷，洪漢鼎譯，台北：時報文化，1993 年，頁
  493～494。

著我們的視域，對問題有了新的認識，而能提出新的問題、新的理解，這時對方亦有新的回應，於是，對話永不止息。

　　閱讀如同與文本進行一場對話，已是一種詮釋活動，而非重覆對方的話語。不論是再怎麼忠於原文的改寫或語譯，其實都已是一種再創作，如果只是對原文的覆誦，則根本不是眞正的閱讀。「眞正的談話的本質就在於，含意總是會超越所說出的話語。」「當某人理解他者所說的內容時，這並不僅僅是一種意指（Gemeintes），而是一種參與（Geteiltes），一種共同的活動（Gemeinsames）。誰通過閱讀把一個文本表達出來（即使在閱讀時並非都發出聲音），他就把該文本所具有的意義指向置於他自己開闢的意義宇宙之中。」〔註15〕這是高達美詮釋理論很重要的一環。即在「前理解」的個人「視域」中展開與文本的「視域」溝通交流，而這個交流並非單向的，也不會停在某一處。「詮釋學循環」絕不是一個往返循環的平面論證，而是一個不斷向下深入的旋渦，在不停地與文本的對話交流中，就能體會更多的含意。因此，閱讀絕非再現，詮釋也不是重述，與文本的交流是沒有止境的。《老子》就在不斷地被閱讀中得到一種存在的增長，就像人們一次又一次地在舞台上演出莎士比亞的戲劇；一遍又一遍地演奏貝多芬的樂曲；或是在梵谷的畫作「星空下的咖啡座」前流連忘返，我們得到這些藝術作品的感召，與之不斷地進行交流溝通而不會止息。試想，當年輕的塞尙向當時名藝評家傑佛瓦（G. Geffory）這麼說道：「單憑一顆蘋果我就要讓全巴黎的人爲之傾城！」他爲什麼敢發此豪語，甚至不只讓全巴黎，還讓全世界的人爲之傾倒。所以，高達美歎服一件眞正的藝術品是永遠不可能被窮盡，永遠不會以同樣的方式來感動人。

　　橋樑與阻礙看似相對立的不同性質，實則語言的一體兩面。語言既是橋樑又是阻礙的詭譎，並非語意邏輯的矛盾，或者說根本就不能從邏輯分析來理解，我們必須從存有學來看待這個既相反卻又相成的關係。故語言是一個不斷在行進中的運動體，不會永遠固定下來。所以高達美致力於對話間的意義交流，德希達看到對話的斷裂阻隔，其實都顯示出語言的能動性，兩者並非毫不妥協。橋樑總會斷裂，柵欄也可以開啓。對話不會停止，而意義也不會因此阻斷，反倒會在「延異」中不斷擴充自身。就像高達美與德希達的對話並不隨著會議的結束而中止，反而能超越時空不斷延續。

〔註15〕高達美：〈在現象學和辯證法之間——一種自我批判的嘗試〉，《眞理與方法》
　　　　第二卷，洪漢鼎、夏鎮平譯，台北：時報文化，1995年，頁23。

第二節　翻譯與詮釋

　　我們都有過被要求重新再說一次或再加以詳細解釋的經驗，除了聽不清楚，通常我們都會改變敘述的方式，甚至使用其他的語言，希望能達到訊息傳遞無誤的目的。而這種再解釋或摻雜使用其他語言的方式，不禁讓我們進一步地思考：若非在一個特別的語境下所造成的誤解，則造成溝通困難的原因何在？而我們爲了使意義表述更加清楚的再解釋過程，是否表示發出與接收訊息者必須立足在同一個「程度」上，像老師在教學的時候往往需要就某些專有名詞或概念詳加解釋，但是在學術論文或討論會上則可以直接用這些名詞或概念進行，因爲不必擔心閱讀者或對談者不明白。同樣的，在解釋某些所謂「外來」的概念或語詞時，有時不得不直接使用原文，因爲翻譯無法正確完整的表達原意。如果我們順著這個方向思考下去，就會得出和高達美一樣的結論：沒有一種譯文能代替原文。〔註16〕

　　問題是，既然譯文無法代替原文，我們該如何看待翻譯？如果譯文只能是原文的附屬，則翻譯是否還有存在的價值？而除了不同語言之間的翻譯，更別說在同一種語言中因時間或地理因素所造成的隔閡，如果不透過翻譯，該如何化解這個隔閡？像是在中文裡，文言文對現代人來說是一種有字天書，每一個字都認得，但是組合起來就是讀不懂，而捨原文就「白話翻譯」的結果，對文言的精彩能了解幾成也可想而知了；但我們也不得不反思，如果沒有這種「白話翻譯」或「白話註解」，則生活在白話文環境的現代人，是怎麼樣也無法去感受文言文中的古代心靈。〔註17〕又如兩岸的隔絕而造成同是使用中文卻有許多對事物的不同表述方式，再加上人爲的劃定繁、簡兩種字體，更加重了溝通的

〔註16〕　見高達美：〈人與語言〉，《哲學解釋學》，夏鎮平譯，上海：上海譯文出版社，1994年，頁68。

〔註17〕　帕瑪（R. E. Palmer）曾指出「詮釋」三個古代基本意義的指向，其中之一便是做爲「翻譯」的意義。因爲「文本世界」與「讀者世界」始終是兩個不同的世界，尤其是在時間、空間及語言上所造成的不同視域，所以勢必藉助Hermes的力量來使溝通兩世界。於是他說：「文學教師需要成爲『翻譯』專家而非『分析』專家。他們的任務是將文學意義中陌生的、不熟悉的東西帶入『說我們的說言』之有意義的某物中。」（帕瑪：《詮釋學》，嚴平譯，台北：桂冠圖書，1992年，頁33）對作品形式進行結構性的分析並沒有「進入」作品之中，而文本喪失了論述主體便如遊魂般，找不到歸宿；同樣的，如果面對文言作品只從語言結構、詞性、句法進行討論或轉化成白話文，則文言文也將如失根的浮萍。所以，該如何看待「白話翻譯」，是一個值得省思的課題。

困難。於是，因爲語言的多樣性，以及時空因素，而必須進行翻譯。那麼，翻譯負有帶領意義穿越語言的區隔和不同時空的任務，而這個過程便不斷地進行著理解與詮釋。事實上，翻譯並非只是單純的從一個語言轉換成另一個語言，也不僅僅只是按一定程序便可加工成產品的技術。〔註18〕所以我們從翻譯來討論詮釋的問題，不但能釐清在詮釋進行中所衍生出對文本解釋的歧異，更能進一步思考在中國經典的詮釋中，以何種標準來判定注解好壞，而這些標準是否能成爲「標準」的諸般問題。事實上，在高達美看來，翻譯亦是一種詮釋活動，甚至翻譯突出了不同語言在迻譯過程中無可避免的語意轉換問題。因此透過對翻譯的討論，有助於我們深思在閱讀過程中該如何理解文本的問題，所以在本節中，我們主要以哲學詮釋學與解構理論來討論翻譯，〔註19〕還同時以《聖經》

〔註18〕傳統中國學界對翻譯一向以技術視之，尤其是訓練同步口譯時，都要求口譯者將自己「清空」，而這些口譯者在經過一場翻譯後，往往記不得翻譯的内容。這個看似可以將語言視爲一個符號系統，而能充分達到「直譯」的教育方式，以爲語言只不過是一個透明載體的工具，其實恰好可以反証語言的流動性與創造性在一個強制的規範下被抹然了。而這裡所涉及的權力關係便值得探究，孫歌在《語言與翻譯的政治》一書的〈前言〉裡提到同傳訓練中隱藏著一個重大的眞實，「它指示著翻譯的政治所處的隱蔽位置：當意義可以通過識別加以傳達的時候，意義的政治性就有可能被最大限度地遮蓋起來，于是傳達變得安全和很少被質疑。識別，就這樣成爲了意義的同謀，或者反過來，成爲意義的暗殺者。」（是文見《語言與翻譯的政治》，許寶強、袁偉選編，北京：中央編譯出版社，2001 年，頁 10）如果同步口譯僅僅如鸚鵡學舌般的是一個傳聲筒，甚至譯文也只能以語法及邏輯做爲判定優劣的標準時，話語内部複雜且豐富的意涵被「清空」了。所以在高達美的眼中，口譯者如果只是把一方所說的字句傳化成另一種語言的字句，往往會使談話變得不可理解。因此他必須做的是略去許多話，而把一方想說的或已說的翻譯出來。這時，他只有參與所談論的事情之中，才能使談話者達成眞正的理解。高達美稱這種詮釋的特殊情況爲：「談話雙重化」，即談話一方面是翻譯者同對方的談話，另一方面是自己同翻譯者的談話。（參見《哲學解釋學》，頁 59～69；《眞理與方法》卷二，頁 493～518）所以，當我們在討論翻譯時，並非將其視爲一種技術，而是詮釋。

〔註19〕西方的翻譯學有深厚的傳統，從翻譯《聖經》開始，可追溯到古希臘時期。原文的「可譯／不可譯」及「直譯／意譯」的問題也一直是翻譯理論中纏訟不休的問題。翻譯在詮釋學中有深厚的傳統，高達美藉翻譯來說明不同語言之間的對話問題，以闡明其如何達於一致性的觀點。至於當代詮釋學與翻譯學之間的關係，可參看王建元：〈詮釋學與翻譯〉。（是文收於《翻譯再思──可譯與不可譯之間》，范文美編，台北：書林，2000 年）此外，對於德希達而言，翻譯雖非其關注的重點，但從他對翻譯的態度對照高達美，可使兩人之間的差異更清楚浮現，同時也可促使我們反思相關問題。

中的「巴別塔」神話和中國的「絕地天通」神話相比較，藉以討論語言多樣性
的起源及在不同文化中所呈現的不同意義。

一、「巴別塔」神話

在《舊約聖經·創世紀》中有個著名的故事，記載人們曾有能力和願望
建築一座直通上天的高塔，但是遭上帝破壞，導致人類語言混亂，無法彼此
溝通。故事是這樣說的：

> 第十一章　巴別塔　那時，天下人的口音、語言都是一樣的。他們
> 往東邊遷移的時候，在示拿地遇見一片平原，就住在那裡。
>
> 他們彼此商量說：「來吧！我們要做磚，把磚燒透了。」他們就拿磚
> 當石頭，又拿石漆當灰泥。他們說：「來吧！我們要建造一座城，和
> 一座塔，塔頂通天，爲要傳揚我們的名，免得我們分散在全地上。」
> 耶和華降臨，要看看世人所建造的城和塔。耶和華說：「看哪，他們
> 成爲一樣的人民，都是一樣的言語，如今既作起這事來，以後他們
> 所要作的事，就沒有不成就的了。我們下去，去那裡變亂他們的口
> 音，使他們的言語彼此不通。」
>
> 於是耶和華使他們從那裡分散在全地上，他們就停工，不造那城了。
> 因爲耶和華在那裡變亂天下人的言語，使眾人分散在全地上。所以
> 那城命叫巴別。(就是「變亂」的意思)。〔註20〕

「巴別」(Babel)是什麼？是一個城、一座塔。從中文譯名來看，顯然是個音
譯詞，沒什麼意思。但它可不是座普通的塔，而是上帝變亂天下人言語的地
方。聖經中譯者擔心譯成中文的「巴別」不能顯其義，於是加上一個按語：「就
是變亂的意思。」爲什麼翻譯時不直接譯爲「變亂之城」？「巴別」此名與
這個故事有什麼關聯？德希達曾引述伏爾泰(Voltaire)的話來談這個問題，
伏爾泰指出：在東方語言裡，"Ba"指父親；"Bel"爲上帝。Babel 是上帝
之城、聖城之意。但是，Babel 的原意卻是「混亂」，上帝藉著混亂來粉碎人
們的意志。〔註21〕如此一來，「上帝」豈不又名「混亂」？「巴別」不但是聖
城，也是混亂之城？！顯然的，「巴別」具有雙重意義，而且這個雙重意義卻

〔註20〕見《聖經——新國際版研讀本》，更新傳道會，1997 年 6 月修訂版，頁 29。
〔註21〕Jacques Derrida, "Des Tours de Babel", trans. Joseph F. Graham, in J. F. Graham, ed., *Difference in Translation.* Ithaca: Cornell Univ. Press, 1985, p.165～208

又是相對、無法迻譯的,「巴別」是混亂,還是上帝之城?如果語言因受到上帝的變亂而出現了多樣性與歧異性,那麼,「巴別塔」是象徵著翻譯的不可能性,還是暗示人們對於一個原初語言的渴望?當初那些建造者想要造一座城以宣揚自己的名字,以自己的名字改寫上帝賜予的名字,而上帝害怕此事成真,因而變亂天下的口音。將人類語言變亂,表面上是一場上帝神通的展示,但顯神通竟是源自於恐懼,害怕人類取而代之。上帝為何害怕,是因為人類有可能成功?還是上帝的全知全能畢竟有其限度?建巴別塔一事,從表面上看來是人們不自量力,欲篡奪上帝之位,但這卻象徵著人類對自我主宰的渴望,為人類的未來尋求一個自我掌握的可能。塔,是一種特別的建築,於平地拔起而高聳入天;建塔,為了直達天聽,為了與天交通,甚至為了取天而代之。如果這座塔建成了,人類的世界就不再有「建築」、沒有「歷史」、也失去「理想」。一如夏娃和亞當吃了智慧樹的果實而知善惡,卻再也吃不到生命樹的果實了,如果人類同時擁有了智慧與長生,歷史不但要改寫,也會因此而終止,因為永恆是沒有歷史的。德希達說:「正是因為巴別塔無法建成,而另一種建築——語言——才有機會發展它的歷史。」〔註 22〕這個看似弔詭,魚與熊掌不可得兼的兩難,卻又有著深層的相互辯證性,這也正是以德希達為代表的後現代解構理論想要闡述的一種閱讀的可能性。

同樣的,語言曾是上帝的恩賜,為了宣揚上帝的名;但是築塔計劃的懲罰並非收回語言,而是使天下有多種語言,則多變的語言還能準確無誤地稱頌上帝嗎?以有限和多義的語言,又該如何描述上帝所代表的全知全能?Babel 所象徵的究竟是上帝的偉大,還是暗示人類有取代上帝的可能?語言是上帝所創造,而變亂語言的也是上帝。於是我們最終發現:上帝竟是語言多變的「混亂」之源!「上帝/混亂」看似相衝突對立,實則系出同門。在巴別塔的故事中,「統一/差異」也預示著現代與後現代的區別。現代,自理性主義興起,笛卡爾、康德都力求主客二元對立後的意義統一,結果,像巴別塔一樣倒塌了。而後現代則見到尋求一個統一論述的不可能,也體驗到巴別塔計劃的失敗,於是開啟了多元性的差異行動。語言的混亂,導因於築塔;語言欲統一,便直接挑戰上帝的權力。透過建塔計劃,象徵人類以建築傳達內心的渴望;而建塔的失敗,象徵著人類語言走向多元性,每一個論述(discourse)本身即是多元的、無法統一、無法找到固定意義,因此不可能找

〔註22〕同上註。

到一個放諸四海皆準的「正當性」（validity），同樣地，一個統合的「全體性」（totality）的語言亦是不可得。〔註23〕所以當語言走向混亂後，人們雖一再尋求或企圖創造一種能放諸四海皆準的語言，但最終都失敗了。像萊希尼茲（Leibniz）意圖建構一套能用以精確表達意義的「普遍文字」，重回巴別塔之前的同一語言；或是羅素（Russell）處處譴責自然語言，揚言可以建立完美的人工語言，然而到了最後，這些努力都沒有成功。

　　德希達雖然消解了一種形而上的語言意義，而謂構築巴別塔只是一種可望而不可及的迷思；但是人們似乎並不放棄，從古至今的教堂都建有一座座拚命爭高的尖塔，進入上天的渴望，從未斷絕。天人之間，看似遙不可及，卻又有著溝通的可能性。這個可能性，或許就得從多樣的語言尋找，試想，如果今天大家的語言都一樣，又何須對話，也無從對話。所以高達美解讀這個神話時，就特別指出對話的可能性。他說：

　　　巴比倫語言混亂並不像聖經流傳物所認爲的，僅僅意指語言家族的多樣性和導致人類罪孽的語言多樣性。毋寧說，它包含著人與人之間顯示出來並始終製造著新混亂的全部生疏性。不過，在其中卻也包含著克服這種生疏性的可能性。因爲語言即是交談。我們必須尋找語詞，並且能找到達於他的語詞。所有這一切都是語言本身能夠做到的。〔註24〕

無疑的，高達美秉持一貫樂觀的態度，認爲人們有相互溝通的需要，也有相互理解的意願，於是才能在多樣的語言間找尋對話的可能。我們尤其可以注意到，高達美認爲在「多樣性」中含著「生疏性」與「可能性」，多樣性不是一種束縛，語言對意義也不是禁錮。在他看來，多樣性雖然造成疏離，但也因而有了對話的空間。「統一／差異」不是不可克服的兩個相對立面，而可從「效果歷史」的角度來直視兩者，因爲統一與差異都蘊涵著歷史的累積，並可從來回兩者中達到超越對立的目的，這便是高達美「視域融合」的概念。

〔註23〕關於建築「巴別塔」神話中所隱含語言混淆寓意的討論，以及從「巴別塔」故事中「現代／後現代」、「延續／斷裂」的隱喻關係，可參考 Gillian Rose, "Architecture to Philosophy — the Post-Modern Complicity", Theory, Culture & Society 5(1988):357-71；廖炳惠：〈從巴別塔談建築性的思索 —— 巴別塔與語言混淆〉，《當代》，第四十三期，1989.11，頁 30～43。

〔註24〕Hans-Georg Gadamer: *Gesammelte Werke*, Tübingen, J. C. B. Mohr. Band 2: *Hermeneutik II*, 1986.中譯引自嚴平：《高達美》，台北：東大圖書，1997 年，頁 164。

差異並非消彌於統一之中，而是在交流中讓對話者擴大自己的視域，與其它視域相交融。這個交融不僅僅是歷時性的，還是共同時性的，在視域交融中，主體與客体、現在和歷史、自我和它者構成了一個無限的整體。所以，「巴別塔」神話被視爲是一個歷史的流傳物，其意義並非一成不變，反而在我們的參與中開啓了對話，它不是溝通的阻礙，反而是溝通的起點。

二、翻譯 —— 克服語言障礙？

　　德希達在談論翻譯 Babel 的困難後，又進一步論及平常翻譯的問題：即一般所謂「翻譯」，指的是將一種語言轉換成另一種語言，但是如果一個文本中有多種語言時，究竟是要全部轉變成一種文字，亦或雜然並陳？若處理一個具有普遍名詞作用的專有名詞時，又該如何？如果將多種語言並置，還能夠稱之爲翻譯嗎？德希達說：「翻譯是必要而且是不可能的，就像必須爲一個專有名詞的意義而努力譯介，但在兩個已具有固定意義名詞之間的距離，卻又是被禁止跨越的。」〔註 25〕德希達似乎在力陳翻譯的不可能性，但是我們又必須不斷地進行翻譯的工作，這個看似矛盾的命題，到底是怎麼一回事？德希達提醒我們，巴別塔這個故事最具反諷意味的是：我們恰好是最經常在翻譯中讀到這個故事，可是人們似乎對於這個事實視而不見，而一再重申翻譯的不可能性。也就是說，這個故事不但被翻成各種語言，同時卻在各種語言中宣揚語言的多樣性與不可翻譯性。可是，巴別故事被翻譯成各種語言是不爭的事實，人們不是通過各種各樣的語言來閱讀這個故事嗎？被上帝變亂而形成多樣性的語言，暗示人們企圖藉由翻譯來追溯上帝初造的「元語言」，但問題是沒有任何一種語言可完全化約成自身以外的語言，而且翻譯只能是通過一種語言來解釋另一種語言，這麼一來，就無可避免會產生認識上的暴力，即翻譯時的權力宰制關係。

　　在德希達看來，這種權力關係是源生於對一種先驗所指的原初意義的渴望，期待翻譯能合攏語言差異，不啻爲緣木求魚。翻譯並不是尋求一個唯一、正確的譯文，也不是受限於語言的多樣性而跚跚怯步；而是儘量將文本的意義「撒播」出來，使翻譯突出能指與所指間的差異。也就是說，翻譯不再是某一絕對的、純粹的、透明的視野內，語言之間意義轉換的問題。「我們絕不

〔註 25〕Jacques Derrida, "Des Tours de Babel", trans. Joseph F. Graham, in J. F. Graham, ed., *Difference in Translation*. Ithaca: Cornell Univ. Press, 1985, p.165～208

會而且事實上以前也不曾把純粹的所指從一種語言「移送」（transport）到另一種語言中，或者在同一種語言中進行「移送」，而且使能指工具保持純潔無瑕。」〔註 26〕因此，德希達所謂翻譯的不可能，與高達美的立場並無不同，但是翻譯之所以必須，正是其摧毀語言中心形上學的手段。於是翻譯是一種「添補」（supplement），它有兩重意義：既指「取代」中心，也指「額外」添加。他在其著名的論文〈結構、記號與遊戲〉中這樣解釋：「能指的過剩（overabundance），其添補性乃是一個有限性的產物，也就是說，是一個必須得到添補的缺漏的產物。」〔註 27〕此外，在《立場》一書中，德希達把添補界定爲一種「不可確定」之物，「無法被包括在哲學的（二元）對立範圍內」，但它又是在「從不建立第三端」的原則下，「棲居於哲學的對立中，抵制並瓦解著哲學的二元對立」。所以「添補既不是加，也不是減；既不是外在的，也不是內在的補充；既不是偶然的，也不是本質之所在。」〔註 28〕於是，在《撒播》（Dissemination）中，德希達「添補」了柏拉圖；《言語與現象》（Speech and Phenomena）中，「添補」了胡塞爾；在《論書寫學》（Of Grammatology）中「添補」了盧梭和李維・史陀，這是他一貫的書寫策略，也是解構閱讀的方式。閱讀不是重述文本已有的意義，而是發現意義不斷在增殖。對德希達來說，他善於運用詞語的矛盾與荒謬，充滿隱喻的文風，大玩文字遊戲，讓翻譯者無法著手的寫作風格，其實也正是一種對自我的解構閱讀。也難怪史碧娃克（Spivak）在翻譯德希達的《論書寫學》時，開了這麼一個玩笑：「德希達和我都粗通兩種語言，他的英文能力甚至還勝過我的法文程度，可是，哪裡是法文的結束和英文的開始呢？」〔註 29〕史碧娃克是將德希達引進英文世界的關鍵人物，但是她的翻譯何嘗不是對德氏的一種閱讀？《論書寫學》的第一章標題是「書本的結束和書寫的開端」，當德氏企圖取消傳統語言的界限而開始文字的書寫時，對史碧娃克來說，在翻譯的過程裡也觸及到法文和英

〔註 26〕 德希達：〈符號學與書寫學〉《立場》，劉北成譯，台北：桂冠圖書，1998 年，頁 22。

〔註 27〕 Jacques Derrida, 'Structure, Sign, and Play in the Discourse of the Human Sciences' in Writing and Difference, trans. Alan Bass, Chicago: University of Chicago Press,1978. p.290

〔註 28〕 Jacques Derrida, 'Positions' in Positions, trans. Alan Bass, Chicago: University of Chicago Press.1981.中譯見《立場》，楊恆達、劉北成譯，台北：桂冠圖書，1998，頁 48，本文所引中譯已稍做修改。

〔註 29〕 G. C. Spivak, 'Translator's Preface', in Jacques Derrida, Of Grammatology, trans. Gayatri Chakravorty Spivak, Baltimore: John Hopkins Univ. Press, 1976, p.lxxxvi.

文不可通約卻又交錯的模糊地帶。也無怪乎史碧娃克在她長長的〈譯者序言〉最後，藉用德氏自己的〈序言〉第一段，用斜體字穿插其中而形成獨特的「序言中的序言」。以德希達之道，還施彼身，她的導言已經參與、滲入了德氏的文本，而與其交織成一片。那麼，她是不是也「添補」了德希達呢？

　　解構理論在面對翻譯時，以「延異」、「播撒」、「添補」文本的方式爲之，來對抗語言轉譯中的權力關係。相較於此，高達美所代表的詮釋學同樣也主張語言的不可翻譯性，但是在面對多樣的語言所採取的方式，卻與解構理論有很大的不同。在中譯本《眞理與方法》中，洪漢鼎道出了一段在翻譯這本書的過程中，與高達美相識並討論相關譯名時的情形：

> 1989 年我應邀參加了德國波恩舉行的國際海德格爾研討會，會議期間我與加達默爾相識，並討論了此書中的一些概念的譯名。使我大爲驚訝的是，加達默爾本人對此書的翻譯並不感興趣，而且相反地提出了一條"不可翻譯性"（Unübersetzbarkeit）的詮釋學原理。〔註30〕

顯然地，高氏對於翻譯所表現的冷漠及否定，不下於德希達對翻譯的看法。他在《眞理與方法》中也這麼說：「我們的歷史意識越是敏感，就越能感覺到外語的不可翻譯性。」〔註31〕；「任何翻譯都似乎是不可能的。」因爲「凡是產生相互了解的地方，那就無需翻譯，而只是說話。理解一門外語的意思就是說，無需再把它翻譯成自己的語言。誰眞正掌握了一門語言，那裡就無需再翻譯。……理解一門語言本身根本不是眞正的理解，而且也不包括任何解釋過程，它只是一種生活過程（Lebensvollzug）。」〔註32〕翻譯之所以困難，在於語言同理性、同它所命名的事物關係密切，在不同的語言中幾乎不可能找到合適的語詞可以通約一個概念。從高氏的說明，我們發現他與德希達同樣都否定翻譯，但是德氏認爲翻譯的任務是讓文本擴散，它之所以必須，正因其無法翻譯（its necessity as impossibility）。高氏也認同翻譯的不可能性，因爲要進行談話，必須談話者都操同一種語言，而當理解一門語言時，是眞正生活在其中，這是不需要翻譯的。但是，我們如果因此而封閉在我們所說的語言之中，怎麼可能去理解一件陌生的、它者的語言流傳物呢？高達美說：

〔註30〕　見洪漢鼎翻譯之高達美：《眞理與方法》第一卷之〈譯者序言〉，台北：時報文化，1993，頁 xxviii。

〔註31〕　《眞理與方法》第一卷，頁 514。

〔註32〕　《眞理與方法》第一卷，頁 495。

> 翻譯的煩惱歸根到底就在於，原文的語詞和所指的內容似乎不可分
> 離，因此爲要使某一文本可以被人理解，我們就必須經常對它做詳
> 盡的解釋性的改變，而不是對它翻譯。〔註33〕

在高氏看來，「翻譯」絕非是一種語言轉換的技術，如果僅從語詞的能指和所指的內容之間的關連來討論翻譯，之所以必要，就是因爲語言的多樣性會造成相互了解的阻礙和困難，在兩種不同的語言之間只有進行翻譯和轉換才可能進行談話。所以他不同於德氏對於翻譯以擴散衍生意義爲手段，而抱持較積極的態度，認爲可以從翻譯中進行意義的交流與溝通，進而達到相互理解的目的。簡單的說，就語言的多樣性與「不可翻譯」性，高氏與德氏的立場並無不同，但是高達美對此提出一個更高的「同一性」來審視這個差異，即翻譯或對話都是爲了促進了解，在不斷地交流過程中，雙方愈趨近於「同一性」的共識；而德希達卻認爲翻譯不是向一個共同理解靠近，反而是開創出更多豐富意義，即形成更多不同語言的文本，在各自的語言文化中獲得新生命。〔註34〕

　　高達美不僅僅將翻譯當做一個活動，更將翻譯視爲一種解釋行爲，從文本中突出一種我們覺得重要的意義，使其他的意義不顯現出來，甚至將之壓抑下去。翻譯的過程，便是這種突出重點的活動。顯然地，高氏把翻譯視爲是詮釋

〔註33〕《眞理與方法》第一卷，頁514。

〔註34〕德希達在近年仍持同樣的看法，只不過他更深刻地正視了多樣語言間的交流。在一個訪談中，他提到因爲有愈來愈多的外國讀者和聽眾，使他在寫作時會特別注意並預先構思某些詞譯成英文或德文的情形，但是他卻無法顧及其他的語言。也因此，他認爲翻譯是在多種文化、民族間的「邊界處」所發生的東西，故翻譯不僅僅是對國家、民族權威進行質疑的解構，更在自己所說的語言內部發生。所以他不相信有一種普世語言，在寫作時便刻意以一種「抵抗」翻譯的法語去寫。（這或許是德氏的著作難譯甚至難讀的原因）但是他更發現了翻譯的「不可抗拒性」，他說道：但悖論的是，正是那種抗拒翻譯的東西在召喚翻譯。也就是說譯者正是在他發現了某種限制的地方，在他發現了翻譯之困難的地方，才會產生翻譯的欲望，就如像是文本"欲求"被翻譯一樣，同時他還必須爲了翻譯而對他自己的語言進行轉化。翻譯可以說是一種對接受語言的轉化。正是在這種語言的轉化影響之下，翻譯促使了文本在另一種語言重生，「即便最忠實原作的翻譯也是無限地遠離原著、無限地區別於原著的。」「因爲，翻譯在一種新的軀體、新的文化中打開了文本的嶄新歷史。」由此觀之，德氏對翻譯的態度其實已傾於肯定，並對其能透過中譯在漢語世界獲得新生命感到高興，雖然他無法掌握其命運。以上訪談參見張寧譯德氏《書寫與差異》一書的〈訪談代序〉，北京：三聯書店，2001年9月。

的問題,而謂「一切翻譯就已經是解釋(Auslegung),我們甚至可以說:翻譯始終是解釋的過程,是翻譯者對先給予他的語詞所進行的解釋過程」,〔註35〕翻譯同「解釋」(interpretation)一樣,並不是文本的重現(reproduction),而是對文本的「再創造」(re-creation)。突出重點的活動雖然是一種再創造,但是可以開啟不同語言間的對話。對於參與對話的雙方而言,都會儘量相互了解,但是在不同的語言中企圖達到理解是一件更困難的事。而翻譯者在處理文本時,會意識到一種與原文的距離,事實上,這種距離在詮釋的過程中是必然的,於是翻譯者便扮演著詮釋者的角色,他必須參與到文本之中,把文本的意義釋放出來。可是高達美強調,意義的釋放並非一種複製或重現,在他看來,翻譯所要求的「信」(faithful)無法消除語言的根本差別。所以他說:

> 在對某一文本進行翻譯的時候,不管翻譯者如何力圖進入原作者的思想感情或是設身處地把自己想像成原作者,翻譯都不可能純粹是作者原始心理過程的重新喚起,而是對文本的複製(Nachbildung),而這種複製乃是受到對本文內容的理解所指導,這一點是全清楚的。同樣不可懷疑的是,翻譯所涉及的是解釋(Auslegung),而不只是純粹的共同經歷(Mitvollzug)。〔註36〕

當我們翻譯某一文本時,不管翻譯者如何試圖進入原作者的思想心靈,或是如何努力設身處地想像原作者的情況,都是不可能的。就像浪漫主義時期的詮釋學家如施萊爾馬赫(Schleiermacher)試圖透過「直觀」(intuition)的方式,將自己置入文本中的作者情境,原本是為了「客觀」地解譯文本,但最後反倒流於更「主觀」的個人感受。所以不管再怎麼心靈相通,詮釋者仍無法取代原作者。

高達美的意思很清楚了,他以為翻譯者的任務絕非僅僅把原文照搬過來,而是把自身置入原文的意向中,這樣才能把原文所說的意思保存在翻譯者的意向中。要求翻譯者摒除自我意識,或是忠實原文的直譯,不但不能將原文的意義翻出,事實上也幾乎無法做到。所以,假若使譯文直譯於原文,譯文便失去了與原文溝通的空間了。高達美指出這是缺少了「第三個維度」,而原文的含意是在這個第三維度中建立。〔註37〕這個「第三維度」就是語言

〔註35〕 《真理與方法》第一卷,頁494。
〔註36〕 《真理與方法》第一卷,頁496。
〔註37〕 高達美:〈人與語言〉《哲學解釋學》,夏鎮平譯,上海:上海譯文出版社,1994

的多樣性所蘊含的詮釋空間。好比一部經典作品，值得翻譯者不斷投入，不但不會有一個「定本」，還可以百花爭妍，這豈非讀者之福？〔註38〕就這個角度言，如果我們進一步探究《老子》翻譯成它國的語言時，譯文與中文有何翻譯上的「可譯／不可譯」間的交集，以及在翻譯過程中所涉及文本的理解與解釋相關問題，或可對《老子》詮釋提供一個新的研究方向與深入這「第三維度」的詮釋空間。〔註39〕

如果我們回顧當年嚴復所提翻譯三準則——信、達、雅，不難體會要三者兼具有多困難，至於傅雷所提出的「神似」與錢鍾書所言之「化」境，該要具備何種條件，在什麼標準下才能做到？〔註40〕像傅雷對譯稿通常不滿意，不但多次易稿，甚至還乾脆重新譯過，便可想見「翻譯的不可能性」。至此，我們已經可以確認翻譯不僅僅只是一個語言轉換的技術問題，也無法單純以技術問題視之，在「再現／創造」、「直譯／意譯」、「形似／神似」的爭辯中，原文與譯文的張力始終在譯者與論者手裡緊繃著。緊繃，但不會造成緊張，反而可以藉由張力引發彈力，讓譯文得更開闊獨立自存的空間，而非原文的附屬品。

年，頁 68。

〔註38〕 翻譯的過程是艱難無比的，尤其是翻譯經典名家的作品。像愛爾蘭作家喬伊斯（James Joyce）的《尤利西斯》（Ulysses）是公認難讀的作品，本書至今已出現三種中譯本，姑且不論優劣，單是本書多達數種語言及其意識流的寫法，連閱讀都顯困難，更何況是翻成中文。翻譯家蕭乾在年輕時稱其為「天書」，而謂「四十年代，我初讀此書時，就常抓耳撓腮。實在看不懂時，就只好跳過去。如今，作為它的譯者，多麼艱難我也沒法逃避了。」讀者可以不懂，可是譯者如果不懂，該如何譯呢？這是從事翻譯的人真實的心聲。而其他苦心孤詣，為譯文字斟句酌的情形更是令人動容。像傅雷為求品質，曾在初譯巴爾扎克《高老頭》後，又二次徹底重譯。相關文章可參考《因難見巧——名家翻譯經驗談》金聖華、黃國彬主編，台北：書林，1996 年。

〔註39〕 對於這個問題目前並沒專門的研究成果，一般多見於論翻譯時以《老子》為例，（如劉宓慶：《翻譯與語言哲學》，台北：書林，2000 年）或在以老子作語言分析時有所觸及，（如劉福增：《老子哲學新論》，台北：東大圖書，1999 年）是一個極待開發的領域。

〔註40〕 嚴復是中國近代史上第一個有系統介紹西方學術的啟蒙思想家。他在大量實際的翻譯基礎上提出「信、達、雅」三原則為「譯事楷模」。對於這三個原則後人有諸多討論，或贊同、或反對、或在其基礎上擴充，不論如何，我們可以發現，從事實際翻譯的譯者，都會面臨原文、作者與讀者，以及兩種語言間的差異，因而衍生出種種對翻譯的主張。關於近代討論翻譯的文章，可參考《翻譯論集》，劉靖之主編，台北：書林，1989 年。

從翻譯的例子，詮釋學更清楚地顯示詮釋問題並不是正確地掌握語言的問題，而是對於在語言媒介中所發生的事情相互了解。高達美清楚指出：

> 在翻譯的例子以及超越自己語言界限而可能達到相互理解的例子中所指出的東西証明：人所生活於其中的眞正的語言世界並不是一種阻礙對自我存在認識的柵欄，相反，它基本上包含了能使我們的觀點得以擴展和提升的一切。〔註41〕

我們能達成相互理解的願望，不會因爲語言的不同或時空的障礙，對於這點，高達美是相當有信心的。於是，我們可以進一步反思：當我們試圖開始「正確的」理解經典文本時，是不是已經走入一個死胡同？而在中國的注釋傳統中，文本以什麼樣的身份出現？即讀者是站在何種角度來理解文本？當注釋與再注釋構成一個層層疊疊的注解傳統，注解到底是一個通往文本的捷徑還是一個難以出走的迷宮？如果注釋讓人陷入泥沼而無法自拔，則我們該如何避免被重重注釋所纏繞？盡信書眞得不如無書嗎？

讓我們從中國的一個神話 —— 絕地天通 —— 繼續深入。

三、「絕地天通」神話

相較於《聖經》的「巴別塔」神話，中國也有一個「絕地天通」神話。兩者的主題同樣都是在一個原始時期天與人之間的關係，前者隨著巴別塔的倒塌，天人之間嚴格分明，人不可能成爲天、成爲神；而後者雖然也在上帝命重黎絕地天通後呈現天人斷絕，但是並非從此成爲一個天人永隔的二元世界，反而促成了天人合德的契機，顯示出的聖經文化與中國文化兩個不同的思維模式。〔註42〕

中國學者一般都同意中國很早便已經脫離原始的宗教信仰崇拜，而進入所謂的人文教化禮樂之制。徐復觀先生稱之爲「宗教人文化」，〔註43〕說明宗

〔註41〕《眞理與方法》，頁571。

〔註42〕 到底一個文化是受其神話的影響，還是神話是由一個民族意識所產生的呢？謝林（Schelling）認爲神話決定了一個民族的特色與命運；但是卡西勒（Cassirer）卻以爲人首先有原始巫術的行動與儀式，爾後才產生神話來解釋這些儀式。

〔註43〕「宗教的人文化」一詞是徐復觀先生提出。他認爲春秋時代以禮爲中心的人文精神發展，並非將宗教完全取消，而是將宗教也加以人文化，使其成爲人文化的宗教。人文化的意義表現在各方面：諸神具有道德精神；原有宗教性的天，也演變成道德法則的天；祭祀也從原始宗教的神秘氣氛解脫出來，而

教脫下迷信的色彩，由祭祀禮儀演變成對人類行為的規範，並探討天人關係的轉變所呈現的意義。陳來也指出：「在西周的思想中已可看到明顯的理性化的進步。與殷人的一大不同特色是，周人的至上觀念"天"是一個比較理性化了的絕對存在，具有"倫理位格"，是調控世界的"理性實在"。西周的禮樂文化創造的正是一種"有條理的生活方式"，由此衍生的行為規範對人的世俗生活的控制既深入又面面俱到。」〔註44〕中國宗教從夏以前的巫覡祭祀發展到周代禮樂文化的成形，經過了一段漫長的時間，而儒家重視文化教養，避談鬼神，便是承襲這個發展而來。《尚書‧呂刑》記載了上古時代原始宗教的一次大變化：

> 若古有訓，蚩尤惟始作亂，延及於平民。罔不寇賊，鴟義姦宄，奪攘矯虔。苗民弗用靈，制以刑；惟作五虐之刑曰法，殺戮無辜。爰始淫為劓、刵、椓、黥，越茲麗刑并制，罔差有辭。

> 民興胥漸，泯泯棼棼；罔中於信，以覆詛盟。虐威庶戮，方告無辜於上。上帝監民，罔有馨香德，刑發聞惟腥。皇帝哀矜庶戮之不辜，報虐以威，遏絕苗民，無世在下。乃命重黎，絕地天通，罔有降格。群后之逮在下，明明棐常，鰥寡無蓋。皇帝清問下民，鰥寡有辭於苗。德威惟畏，德明惟明。〔註45〕

蚩尤作亂、苗民為禍，上帝為了拯救百姓，遂絕苗民，並命重、黎分司天地，使天人斷絕。問題是，上帝懲罰的是苗民，為什麼從此之後不再讓天神下臨人世？上帝既然哀憐無辜的百姓，為何不讓人民再上告於天？至此之後，天人關係便斷絕了嗎？《國語‧楚語下》記載了同一件事，而且描述的更為詳細：

> 昭王問於觀射父曰：「周書所謂重、黎寔使天下不通者，何也？若無然，民將能登天乎？」對曰：「非此之謂也。古者民神不雜。民之精爽不攜貳者，而又能齊肅衷正，其智能上下比義，其聖能光遠宣朗，其明能光照之，其聰能聽徹之，如是則明神降之，在男曰『覡』，在

成為人文的儀節。道德理性的提升，使得宗教走向人文化，並漸漸開出後來人性論中的性與命結合的道路。參見徐復觀：《中國人性論史‧先秦篇》第三章〈以禮為中心的人文世紀之出現，及宗教的人文化 —— 春秋時代〉，台北：臺灣商務印書館，1969年。

〔註44〕陳來：《古代宗教與倫理 —— 儒家思想的根源》，北京：三聯書店，1996年，頁9。

〔註45〕見屈萬里《尚書集釋》，台北：聯經，1983年，頁252～253。

女曰『巫』。是使制神之處位次主，而爲之牲器時服，而後使先聖之後之有光烈，……而恭敬明神者，以爲之祝。……而心率舊典者爲之宗。於是乎有天地神明類物之官，是謂五官，各司其序，不相亂也。民是以能有忠信，神是以能有明德，民神異業，敬而不瀆。故神降之嘉生，民以物享，災禍不至，求用不匱。及少皞之衰也，九黎亂德，民神雜糅，不可方物。夫人作享，家爲巫史，無有要質。民匱於祀，而不知其福，烝享無度，民神同位，民瀆齊盟。無有威嚴，神狎民則，不蠲其爲，嘉生不降，無物以享，禍災存臻，莫盡其氣。顓頊受之，乃命南正重司天以屬神，命火正黎司地以屬民，使復舊常，無相侵瀆，是謂絕地天通。」〔註46〕

照觀射父的說法，中國原始宗教的發展有三個階段：第一階段已有專職事神的人，而一般人民不參與事神的活動，故民神不雜，而公共的祭祀活動有專司其職的巫、覡、祝、宗一起主持。第二階段時人人祀神，家家作巫，任意通天，故民神雜糅，民神同位。造成祭品匱乏，人民不再得到福佑的結果。於是第三階段遂絕地天通，恢復民神不雜。照歷史演變的過程來說，觀射父所謂第一階段巫覡具有職務專業劃分，應爲晚出；「民神不雜」的狀態不可能是最原始的文化，反而「民神雜糅」才人類原始社會的普遍情形。〔註47〕觀射父爲何將「民神不雜」列爲第一階段，值得推敲。陳來認爲，「觀射父的講法只是把民神異業的理想狀況賦予上古，以便爲顓頊的宗教改革提供一種合法性。」〔註48〕以爲這裡頭帶有「復古」的意味。觀射父這段話表面上似乎試圖爲「絕地天通」尋找一個正當性，以古有其制爲效法的對象，可是我們不要忘了，他是對著發問的楚昭王回答的，這個解釋是說給昭工聽的。首先，根據《國語‧楚語》中另一篇「楚昭王問祀」觀射父回答楚昭王的問話，不難發現他所闡釋「上下有序」的道理，目的顯然是教導昭王必須依禮法治理國家，祭祀之所以重要，是爲了

〔註46〕見《國語譯注》，鄔國義等撰，上海：上海古籍出版社，1994年，頁529。
〔註47〕張光直從巫的職能與巫術做過考証，認爲能溝通天地的巫覡已是較成熟的「薩滿」，並非原始巫師。參見張光直：〈商代的巫與巫術〉《中國青銅時代第二集》，台北：聯經出版事業，1990年。弗雷澤（Frazer）實地考察了澳大利亞的土著宗教形式，也可以佐證「家爲巫史」才人類社會最原始的狀態。見弗雷澤：《金枝——巫術與宗教之研究》，汪培基譯，台北：久大桂冠，1991年。
〔註48〕陳來：《古代宗教與倫理——儒家思想的根源》，北京：三聯書店，1996年，頁26

讓天地神人君民之間井然有序。〔註49〕其次，據《山海經》所記載的神話傳說，上古的三皇五帝個個都有上天下地、呼風喚雨的神力，不僅僅是國君，也是超凡入聖的神。《大戴禮記‧五帝記》記顓頊能「依鬼神以制義」、「乘龍而至四海」，故他命重黎絕地天通，是神力的展示，更是一個仲裁者的角色。但是《尚書‧呂刑》中的「皇帝」是指「上天」，然而《國語》記載的同一件事卻直謂「絕地通天」者為「帝顓頊」。「上帝」、「天」與「皇帝」的角色是混淆的。楚昭王的「民能登天乎？」一問，實則擔心人民能否能通天，甚至取天而代之，而他自己就是那個天。所以，與其說觀射父解釋「絕地天通」的神話是為顓頊的宗教改革提供一種合法性，不如說是為楚昭王的統治尋求一個合法性。

於是，我們發現，《尚書》所載與《國語》中觀射父的描述兩者並不相同。《尚書》中的「絕地天通」是因為苗民做亂，上帝為懲罰、也為警告世人所做的決定，目的是希望人類因此得到教訓，方能戒慎恐懼，勤勉修德，使「穆穆在上，明明在下，灼於四方，罔不惟德之勤。」（《尚書‧呂刑》）與觀射父解釋為宗教發展的三個階段不同。《尚書》所載相傳是周穆王誥呂侯之辭，這篇誥辭主要在勸勉為君者要謹慎地施用刑罰，要做到公正不濫刑，甚至在有疑的時候寧可赦免也不宜判刑，只有明智、有德的人才能主持刑罰。為什麼要這麼做呢？因為上天所定的刑罰由人執行，若不戒慎恐懼，妄用刑罰，上天便會降下災禍。故「永畏惟罰，非天不中，惟人在命。天罰不極庶民，罔有令政在于天下。」這裡所顯示的思想，實為中國哲學重道德性的一個源頭，即徐復觀先生所提出的「憂患意識」，因憂患意識故「敬天」、「敬德」而由此產生道德意識，在《尚書》、《詩經》、《左傳》中皆處處展示這樣一個思想源頭。〔註50〕如此一來，「絕地天通」不僅不是天人永隔，反

〔註49〕 《國語‧楚語》中有一段觀射父告誡昭王祭祀不能廢止的原因：「祀所以昭孝息民、撫國家、定百姓也。」且祭祀可以達到的效果為：「於是乎合其州鄉朋友婚姻，比爾兄弟親戚。於是乎弭其百苛，殄其讒慝，合其嘉好，結其親昵，億其上下，以申固其姓。上所以教民虔也，下所以昭事上也。」祭祀的重要性已不完全是敬天事鬼，更重要的是藉由祭祀達到身份地位的穩固。天子祭祀，不是給神看的，而是給百姓看的。

〔註50〕 「憂患意識」的提出是中國哲學從原始宗教走向人文化一個重要的里程碑。《易傳‧繫辭》下：「易之興也，其於中古乎？作易者其有憂患乎？」「其出入以度，外內使知懼，又明於憂患與故。」憂患表示一種從對天的依賴轉而為對自我要求的戒慎恐懼，徐復觀先生還特別提出一個「敬」字，使人的信心根據，漸由神而轉移到對自己本身行為德性的努力。牟宗三先生繼續擴展深化這個概念，建立起中國哲學中天道性命相貫通的天人合一之旨的道德形

而是天人合一，天人合德的一個契機。〔註51〕但是在《國語》中觀射父所描述的「絕地天通」，便不是天人合德的取向，而是一個身分嚴明的政治取向；雖然還不是法家重法術的君王統治之術，但其描述的宗教發展三階段，卻又暗含天地之別與君民之別的對應。在觀射父看來，帝顓頊此舉是爲了一個日漸龐大的政治體系所做的規劃，將人與天交通的任務由民眾收回交由少數人的「巫」來執行，而他自己管理地上的群巫，這個舉動便是將權力集中的一種手段。原本是人人都可以和天直接溝通，亦即天人關係是密切的，但是對於統制階層來說，這種情形是不被容許的，特別是國家的體制逐漸完備並走向統一形式的時候。也因此觀射父要創造一個「復古」的條件，「絕地天通」是爲了回復他所謂的上古時民神不雜，而事實上第一個階段是不存在的。

　　觀射父的動機我們可以明白，但是他所說的宗教發展也非全不可取。如果從政治的角度言，這個文獻恰可讓我們審視宗教的專職化與政府權力的集中有密不可分的關係。張光直說：「他（帝顓頊）所代表的階段應當是階級社會開始形成的龍山文化時代。到了殷商時代，巫師與王室的結合已趨於完備。巫師的主要職務應當還是貫通天地，但天地的貫通是只有王室才有獨佔的權力的，所以巫術也和城郭、戰車、刑具等一樣是統治階級統治的工具。」〔註52〕王室成爲掌握權力的中心，是一個國家形成的必然趨勢。所以從《國語》中觀射父所描述的「絕地天通」這樣一個傳說，透露出原始宗教的演變，與整個政治社會結構的發展有密不可分的關係。統治者取得了掌控人與天交通的權力，使得國

上學。原始文獻的徵引及論述可參閱徐復觀：《中國人性論史》第二章〈周初宗教中人文精神的躍動〉，台北：臺灣商務印書館，1969 年；牟宗三：《中國哲學的特質》、《中國哲學十九講》，台北：臺灣學生書局。

〔註51〕由天人分際的倫理關係，到天人合德的德性圓成系統，「絕地天通」可以視爲一個「神話原型」（mythological archetype），這個原型發展出中國哲學特有的「天道性命相貫通」理論。林師安梧曾討論王船山《尚書引義》，謂王船山的天人合一方式不同於宋明儒，而爲一「社會歷史意識及宗教道德心靈之辨證的同一」，恰可說明正是這個神話原型所發展出的不同詮釋之路。至於「絕地天通」的「絕」，林師釋爲「絕限的絕」而非「絕斷的絕」，也對「絕」字做了一個「添補」，讓「絕地天通」有了「播散」的機會。參見林安梧：〈船山論『天人人際』——《尚書引義》〈皋陶謨〉一文疏解〉，是文收於《王船山人性史哲學之研究》，台北：東大圖書，1987 年；〈「絕地天之通」與「巴別塔」——中西宗教的一個對比切入點之展開〉，《鵝湖學誌》第四期，1990 年 6 月，頁 1～14。

〔註52〕張光直：〈商代的巫與巫術〉《中國青銅時代第二集》，台北：聯經，1990 年，頁 49。

君不但是上帝與人的中介角色,更為後代「君權神授」的觀念開啓源頭。〔註53〕
而宗教也在這個轉變中緊緊與政治結合為一,為統治者掌握權力的重要手段。

　　從以上的分析,我們可以看出西周穆王時對諸侯的詔告中,含有敬天祭
祖的戒慎恐懼之情,但是在東周時的觀射父答楚昭王的「絕地天通」便著重
於制法定儀,上下有序。這也與春秋時期各方勢力興起,隱然有取周天子代
之的歷史背景有關。此外,如果我們進一步對比於與楚昭王同時的孔子,可
以更清楚地看出觀射父告昭王全然重於制度面。孔子雖然也對當時諸國亂制
引發尊堯舜、崇周公的復古思想,但其復古並非僅是確立一政治法統的地位,
更重要的是告誡為政者要以修身養性,以「德」治天下。孔子也對季孫氏八
佾舞於庭的混亂禮樂感到不可忍,但他不能忍的不全然是表面上違法亂紀,
更重要的是人有沒有發自內心來祭祀行禮。這是儒家論政的一個核心觀念,
也可藉以對比出「絕地天通」神話在《國語》中所呈現的意義。

四、注解的標準

　　在檢討了「絕地天通」神話之後,我們再來回顧「巴別塔」神話。在《聖
經》故事裡,人類雖一度住在伊甸園,與神一起,但是人並不具備神的能力,
更何況一個最基本的問題是:人由上帝所造。上帝所展示的全知全能是人類
所無法企及,也不可能達到的。於是天人的關係從一開始便是一個有差等,
不容淆混的二元對立。於是從「巴別塔」神話裡的天人隔絕,象徵一個二元
的世界觀,神與人、男與女、中心與邊陲、理型本體與物質現象,於是在面
對語言的多樣性時,人類始終陷入致力於「元語言」追尋的迷思,語言系統
一直為「邏各斯」所籠罩控制。

　　然而在中國的「絕地天通」神話裡,人與神的關係並非在「重司天以屬
神,黎司地以屬民」的分隔下使天人永隔,相反的,在經歷這次的事件後更
讓人重新思考身而為人所應有的責任,以及如何修業成德不負於天,甚至進
而在道德精神上超越人身的限制而與天地萬物相往來。這是周初詮釋「絕地
天通」神話所引發的宗教人文化,中國文化從原始的宗教信仰轉而為成就歷

〔註53〕「絕地天通」的意義在於天人關係的中介為少數人所壟斷,也顯示巫術與政
　　　　治結合下一個權力運作的生成。這個論述歷來有不少類似論者,可詳見王健
　　　　文:《奉天承運——古代中國的「國家」概念及其正當性基礎》第二章〈天
　　　　人關係及其中介角色〉,台北:東大圖書,1995 年。

史中的人性價值。這一條思路從周初經孔子、孟子發揚，下貫至整個中國歷史中「良知」對內對外所呈現的道德精神，這也正是中國文化中「天人合一」的基礎所在。

　　但是除了這條思路，我們也在「絕地天通」神話中讀出了語言與權力的關係。在《國語》中的「絕地天通」明顯讓宗教祭祀與國君統治合一，這裡便隱藏了權力關係，爾後在中國政治的發展上，便走上一個君尊臣卑、上下階級嚴明的大一統政治體制。當然，中國的政治形式並不單純，各朝不同，形成原因也複雜多變，不能一概論之。但是我們在這裡並非針對中國政治論說，而是欲藉神話中的政治意識所表露的力量，反思詮釋在語言中所承受的壓力，從外而內，再由內而外釋放出來，成為中國獨特的思維模式，自然而然，不著痕跡。

　　如果我們思忖一下卡西勒（Ernst Cassirer）所提出的「神話意識」（Mythical Consciousness），那種潛藏在人心中的一股孕育神話的力量。便能體會到神話中除了屬於想像的、歷史的概念，還有屬於象徵的、隱藏的權力。他在《國家的神話》（The Myth of The State）中提到神話一直被視為是無意識活動的結果或自由想像的產物，但是卡西勒告訴我們：神話是按照計劃來編造的。在原始社會裡，巫術的語言具有政治語言的力量，甚至時至今日，巫術語言並未消失，而為政治家以巧妙的手法編織成政治神話。〔註 54〕也因此不管在政治、宗教或語言中，人們總是去尋找一個「多樣的同一性」。而這種「同一性」不但是一種政治選擇的正確，也影響到語言中文本詮釋的正確。這也是我們必須嚴肅思考的一個問題：在中國經典的詮釋中，傳統的注疏之學是否能盡到解釋經典的責任？注疏依什麼樣的角度或立場來解經？甚至是藉注經來闡明己意，而有「六經皆我註腳」之說？判斷注疏高下的標準為何？而這個標準又是否能成其為標準？

　　王力先生認為中國歷史上對於語言的研究是屬於「語文學」（Philology），而非「語言學」（Linguistics），「前者是文字或書面語言的研究，特別著重在文獻資料的考證和故訓的尋求，這種研究比較零碎，缺乏系統性；後者的研究對象則是語言的本身，研究的結果可以得出科學的、系統的、細緻的、全面的語言理論。」〔註 55〕這個觀點與分類是否無誤，還有很大的討論空間。但

〔註54〕卡西勒：《國家的神話》，范進等譯，北京：華夏出版社，1999 年。
〔註55〕王力：《中國語言學史‧前言》，台北：駱駝出版社，1987 年。

是我們可以從這裡看出,中國的語言學研究——「小學」,在為解經、治經服務的目的之下,只能淪為經學的附屬。中國傳統的目錄學著作大多把小學書視為經書的附類,自《隋書‧經籍志》至清代《四庫全書》,只要採四部分類法的目錄書,一概把「小學類」附於「經部」之末。這種情形顯示出中國傳統學術對於語言文字以工具視之的態度,於是涉及詮釋問題的中國訓詁學,自漢代開始只在字詞意義下工夫,逐字、逐詞的推求其本義,竟很少觀照字詞意義在全文中所含有的獨特意義,更遑論對詮釋工作所進行的詮釋學研究。

清代陳澧在《東塾讀書記》中說:「蓋時有古今,猶地有東西、有南北,相隔遠,則語言不通矣。地遠則有翻譯,時遠則有訓詁。有翻譯則使別國如鄰國,有訓詁則使古今如旦暮,所謂通之也。」這種認識是很常識性的論述,從漢代《爾雅‧序篇》中:「〈釋詁〉、〈釋言〉,通古今之字,古與今異言也。」到晉郭璞注《爾雅‧釋詁》第一條說:「此所以釋古今之異言,通方俗之殊語。」我們看到歷數千年間,中國學者對文本需要解釋的觀點基本上沒有變化,都明白古今地域造成語言通溝、文字記述的隔閡。問題是,我們並沒有深入去討論詮釋的方法,詮釋的正當性、有效性,及其有限性。當然,這裡不是以今非古,也非指責中國傳統語言學研究的局限,只是要藉由這個現象,說明中國的詮釋傳統一直籠罩在一個「正確」的標準下,即以經為準,以儒家為準,以政治取向為準。從這個角度言,相較於西方從解釋《聖經》開始詮釋學的傳統,中國的注疏之學也隱隱有一個以經典,以儒家為標準的解釋傳統。而這個解釋傳統在上面透過對「絕地天通」神話的解析,我們不難發現其中所蘊含的權力關係。

權力影響詮釋,這也不難証諸中國歷代的注疏傳統中有一條儒家思想的伏流在貫通流動,對文本的詮釋批評也一向以儒家立場為正統。顯然地,這不但是一個政治外力的介入,更已深入在中國人的思維結構,與權力脫不了關係,也成為一種封閉的詮釋。當然,要深刻地展示這個問題必須對中國經典注疏做較全面的考察,或至少能集中焦點於儒、道經典注疏一一剖析,唯此論題龐大,亦非本文主旨,故僅於此論及,做為進一步考察老子「道」的基礎。

第三節　小　結

本章以中國注釋傳統中所隱含的儒家正統對經典詮釋所造成的影響為討論主線,從有關權力與歷史的角度展示出對文本的詮釋所面臨到的一種「習

以爲常」的理解傳統。如此論述欲指出二個觀點：其一，一個解釋傳統的建立，包括語言本身意義的積累，對後世進行文本閱讀時既然會造成影響，則我們該如何謹愼的在其中做一分判。如高達美所謂得區分合法的、眞的成見與不合法的、假的成見，使得理解非漫無目的而成爲可能。其二，我們並不是由此得出中國傳統的經典詮釋只有儒家觀點的結論，而是要藉此反省在面對文本的注疏時，應謹愼於對此注疏的評價，尤其是下文即將以老子注中頗富爭議性的韓非和獲得後世讚賞的王弼兩人做爲討論對象時，猶應小心以對。

　　至於本章中以高達美和德希達的爭議展開對老子的討論，重點並非陳述高氏與德氏兩人的差異，而是藉此促成一種對話的可能。因爲不管是中西哲學的對話，還是經典穿過遙遠的時空與現代對話，都朝向高達美所認爲的：眞理是在不斷對話中顯示其自身。我們可以發現，對話雙方的歧異性愈大，對話的空間便愈大，對話不是爲了某個預設的結論在進行，而是有無限的可能性。一但我們中止對話，或關起門來各說各話，則眞理將永遠隱蔽在層層塵土中。畢竟，眞理如果現身，或某個學說成爲眞理，則哲學的未來將如一灘死水。儘管高達美認爲德希達根本不想了解別人的想法，而德希達也不重視對話，或是拒絕對話；老子似乎也認爲「多言數窮，不如守中」（五章）、「知者不言，言者不知」（五十六章）。老子的立場看似與德希達一致，然而如果從兩者不同的文化底蘊來比較之，兩者的差異可能比表面的相似還來得大。〔註56〕同樣的，高達美與德希達兩人看似格格不入的論點，其實在某種意義上都是對傳統閱讀詮釋觀的一種突破與反動。德希達透過「閱讀」來解構文本的眞理，從柏拉圖到尼采，從黑格爾到海德格，還有許多文學家和詩人的作品，他的閱讀並非尋求文本的意義，而是抓住文本的矛盾和歧義進行重寫。在作者死亡之後，閱讀不再是意義的重複，而是意義的閱讀；不是將文本再重述一次，而是讓文本開展自身的可能性。如果從這個角度來看，高達美在論及閱讀及相互理解時，亦有相類似的觀點。只不過文本雖是開放的，但也並非讓大家各說各話，隨意引申解釋。

〔註56〕德希達欲挑戰整個西方形上學傳統，因此他從非西方拼音文字的中文尋求一個足以支撐其解構語音中心論的觀點，只不過，漢字是否就是就是以意義爲中心？再者，德氏爲對抗他所謂的語音中心論形上學，本身是否又成爲一個中心與邊陲的二元論述？看似與老莊同路的德希達，在不同的文化脈絡下還有許多討論的空間。相關問題可參考劉鑫：〈德希達與道家之道〉，《道家文化研究》第八輯，上海：上海古籍出版社，1995 年 11 月，頁 382～397；陸揚：《德希達‧解構之維》，武漢：華中師範大學出版社，1996 年，頁 51～56。

高達美雖以爲文本的詮釋並非重述，也不是重回作者的立場，可是文本的詮釋必須要在一種互相理解中達成共識，才能是一次成功的詮釋，否則文本任由詮釋者隨心所欲的操控，便眞的會陷入一個不知所云，不明所以的境地。

於是當我們不斷地追問文本詮釋的空間、詮釋的理由及詮釋的可能，就愈能感受到多種語言間的轉譯已是困難重重，更何況單一語言的文本詮釋亦是人言人殊，則我們勢必得面對選擇，選擇何種解釋較好，何種解釋能站得住腳。像《老子》僅五千言，但後世的解讀卻不下數百千種，老子如果再世，會同意哪一種說法，還是無一可取？何者的詮釋是「較好的理解」？又或者這些成篇累牘的注解非得老子認可才能算數嗎？在羅蘭·巴特宣告「作者死亡」之後，所引起的震撼不下於尼采的「上帝死亡」，作者不再擁有對文本的掌控權，甚至文本也不再以單一的意義姿態出現，那麼，詮釋的目的爲何？又該如何分判詮釋的好壞？同樣的，高達美將詮釋學導向本體論的建構，也遭到來自傳統詮釋學、批判理論和解構理論的大力撻伐。〔註 57〕質疑者無不以爲取消了一個「客觀」的標準，則詮釋是否會陷於漫無目的的胡言亂語；不談方法的詮釋理論是否還能掌握眞理？〔註 58〕至於像德希達完全一反傳統

〔註57〕 當高達美的哲學詮釋學針對傳統詮釋學的「客觀性」提出批判，施萊爾馬赫和狄爾泰的追隨者亦起身迎戰，其中最著名的是義大利法律史家貝諦（E. Betti）和美國的文學史家赫施（E. D. Hirsch）。貝諦承繼狄爾泰的一個普遍人文科學方法論，追求客觀上的理解方法和眞理標準；赫施則提出必須區分「含義」（mening）與「意義」（significance）才能獲得客觀有效的詮釋，前者指作者本人所持有的、不會改變的詞語意義；後者則是文本與不同的讀者、環境、文化接觸所產生的歷史性的、不確定的意義。他認爲高達美所談的即是後者，但卻將兩者相混淆。高達美則答覆貝諦，說他提出的不是一個方法，而是試圖描述「什麼是」（What is），兩人還進行過一些論辯。（以上可參考帕瑪：《詮釋學》，嚴平譯，台北：桂冠圖書，1992 年；赫施：《解釋的有效性》，王才勇譯，北京：三聯書店，1991）此外，高氏還面對來自同爲哲學詮釋學內部的批評，像哈伯瑪斯（J. Habermas）著重於「交往」的語言社會功能和呂格爾（P. Ricoeur）試圖從語言的「隱喻」（metapher）功能調合本體與方法的路線之爭。哈伯瑪斯與高達美的論爭持續經年，其中雙方的重要論文在 1971 年由 Suhrkamp 出版社編成一部文集《解釋學與識形態批判》（Hermeneutik und Ideologiekritik），相關論文中譯可參閱《理解與解釋——詮釋學經典文選》洪漢鼎主編，北京：東方出版社，2001 年。至於高達美與德希達的論爭，本文已有述及。

〔註58〕 對哲學詮釋學所涉及的注釋與原典間的關係問題反思，可參考張鼎國：〈「較好地」還是「不同地」理解？——從詮釋學論爭看經典註疏中的詮釋定位與取向的問題〉，《中國文哲研究通訊》，9:3，1999 年 9 月，頁 87～109。

的處處標新立異的作法，自然更引起許多不知將何去何所從的擔憂。

這樣的擔憂在當代的西方漸漸引發一股對後現代的批判，姑且不論這些批判對後現代的潮流起到多少作用，至少從許許多多的觀點和批評中，我們看到了一個充沛的生命力在活動著。如果我們反思中國哲學，正是在先秦百家爭鳴的時代呈現出最旺盛的思考風氣。於是乎，本章通過詮釋學與解構理論的激盪，一步步由神話和翻譯揭露出中國傳統注疏學中所隱含的權力、意向和關係取向之後，接下來便要進入韓非與王弼的老子詮釋，將老子的「道」從傳統的包袱中釋放出來。我們還是深信，老子通過他獨特的語言向我們展示一種真實的存在，不在世界之外，而在語言之中。

第三章　韓非的老子詮釋

　　所有治中國思想史者，大概都同意莊子思想與老子有密切關係，並豐富了先秦道家思想。姑且不論老莊先後問題，如果說莊子承繼了老子思想，這個承經顯然不是重述老子。儘管《史記》稱莊子之說「其要本歸於老子之言」、「以明老子之言」，然兩者之觀點實有不同。這個不同卻往往爲後人所忽略，而以「老莊」並稱，使得兩者的差異泯滅在這個並稱中。當然，本文並非要強調莊子與老子到底有多大不同，事實上，從莊子的人生論與政治論的思想理路來看，與老子的「無爲」與「反樸」觀念實有互相闡發之處。尤其是對「道」的超越性與內在性的關聯，很難捨莊談老或直言老而不取莊，與其說莊子繼承老子，不如說老子與莊子一前一後構築了道家從形上學、倫理學、知識論到工夫論一套完整的思想體系。

　　但是我們仍得重新思考老莊的關係，如果莊子所提出的概念是建基在老子之上，問題是：以老子思想爲基礎再發展自己的理論還能不能算是「闡發」老子？或者說吸收了老子思想，便是「歸本於老子」嗎？如果這個說法可以成立，韓非同樣有對老子所做的「闡發」，爲何在後世謗多於譽，一般咸認爲他扭曲了老子的思想。就算太史公於《史記》中指出其學說「歸本於黃老」，也說莊子「其要本歸於老子之言」，但是「老莊」並稱無人懷疑，以「老韓」並稱卻不能見於後世呢？而我們究竟要以什麼標準來界定一個後起的學說與前人理論的關係？更何況與莊子相較，韓非至少還有在形式上的專章注解老子之文。當然，我們絕不認爲有專篇文章注解老子便更合於老子、更深入老子，相反地，我們可以進一步思考：韓非子花了工夫著作〈解老〉、〈喻老〉及其他闡發老子的〈主道〉、〈揚摧〉等篇，爲什麼會得到與老子無關或「曲解」、「誤解」老子的看法呢？如果老子對韓非而言只是引爲己用，以做爲法

家學說的理論根據，那麼，韓非與荀子的關係可能更爲密切；不僅兩人有師承關係，韓非重法與荀子重禮的精神更是有所關聯，爲什麼太史公沒說韓非之學「歸本於荀子」呢？所以，如果僅據《史記》所載，而得出「韓非之學與老氏之學，本來相通」的結論，〔註1〕那麼我們是不是也可以同理得出「韓非之學與荀子之學，本來相通」，甚至「韓非之學與莊子相通」的論點，因爲韓、莊者都源於老子。這樣一推論下去，先秦學術皆可相互融通，諸子百家的區分亦泯於無形。因爲一通百通，沒有什麼學說不可相通，問題是，得出這樣的結論是否恰當。

我們再來把問題整理一下。《史記·老子韓非列傳》中記莊子爲「其要本歸於老子」；記申不害爲「本於黃老」；記韓非爲「其歸本於黃老」。姑且不論「黃」指誰，太史公記莊子、申不害、韓非三人的學說都是本於老子，「本」是不是「相通」大有討論的空間，但是他們各自的學說與老子有關係是毫無疑問的。問題在於到底這個關係要怎麼界定？他們的關係有多密切？要有什麼樣的關係才能說他們與老子是「同一路」的？這裡不僅涉及到老子的詮釋，還有韓非等人對老子的詮釋，以及我們對韓非詮釋老子的詮釋。這一層又一層的關係不但不似剝洋蔥般層層剝除便可讓眞相顯現，相反的，這一層層的關係是互相涉入、交錯進行的。如果我們以高達美詮釋學的「效果歷史」來談這個問題，便可了解這些對老子所做的詮釋並不能孤立來談，因爲我們從屬於傳統，一旦進行理解便已經被「拋入」傳統，所以我們只能在傳統中進行理解。〔註2〕而這個傳統所構成的，正是一個讓老子顯現其自身的整體，我

〔註1〕 語見王靜芝：〈韓非釋老兩篇繹探〉（《輔仁大學人文學報》，第六期，1977年6月，頁467）。王靜芝先生認爲太史公所說的「歸本」兩字用得十分恰當，而謂「韓非的思想結構，理論的條貫；初出發於自然，終歸趨於無爲的至治，其本末合於老子之學。」王先生扣住司馬遷的這句話，認爲韓非釋老子之學，以爲法家之用。其論韓非思想之源有所出，蓋老子思想已發其端，故韓非所言非憑空而來，尤以〈解老〉、〈喻老〉兩篇爲據。我們以爲，韓非思想固有所本，但並非全然出於老子，而其主要淵源可能與法家的關係更爲接近。（見趙海金：〈韓非思想之淵源〉，《韓非子研究》，台北：正中書局，1970年；陳啓天：〈韓非及其政治學〉，《增訂韓非子校釋》，台北：臺灣商務印書館，1969年；朱守亮：〈韓非子之學術淵源〉，《韓非子釋評》，五南圖書，1992）是故，學術思想本是前有所承，但絕非一成不變的照搬，甚至某些相同的字詞在不同人的理論中即有不同的意義，否則也不會另以韓非爲法家以別於老子，故不能以一些引用的文字有所雷同便斷言某些學說「本來相通」。

〔註2〕 在《眞理與方法》中，高達美花了很大的篇幅在討論傳統、歷史對理解的影

們的詮釋參與其中。

　　而在同為歸本老子的三人中，我們暫且不討論莊子，而選擇了在老子詮釋系統中最富爭議的韓非。因為在老子之後所形成的老學系統，莊子實有一個特殊的地位，莊子一方面闡發了老子哲學，一方面也建立其獨特的精神超越境界，故相較於韓非或王弼採隨文注釋方式解老，莊子在老學傳統中似乎更應該別立為一個莊學的系統。至於申不害，一則他並沒有文獻留下，二則韓非思想中已吸收了申不害的權術之論，故亦不論申氏。而韓非則留有〈解老〉、〈喻老〉兩篇專章注老的文獻，同時後代對韓非承繼闡發老子學說有兩極化的評價，故我們在本章討論韓非，並且將韓非視為老子注疏傳統中重要的一環。如果討論老子一開始便將韓非排除在外，直接以「不合老子」的理由將韓非封殺出局，便會喪失了解老子的一個契機。不管韓非所說與老子有多大出入，我們何妨藉《老子》第二章所言：「天下皆知美之美，斯惡已；皆知善之為善，斯不善已。」來對韓非的詮釋老子開啟一個更開闊的視界。畢竟，有人認為韓非「曲解」老子，亦有人稱讚韓非對老子的解釋時，該如何判定誰是對的？我們該如何依從呢？人云亦云是老子所擔心的，老子也時時提醒我們從另一個角度看事情，如此一來，後人對韓非解老的不同看法是否正是老子學說的一個最好例證，值得我們思考。

響，他不斷地提醒必須以開放的態度正視由傳統所形成的「前見」，才能展開「視域融合」。而這個「前見」並非是一個僵化不變的概念，事實上，傳統總有自由的因素，有歷史的因素。連最堅實穩固的傳統，也不會因為以前有的東西的一種慣性作用而存在，必須要不斷地肯定、掌握和培養。他說：在我們經常採取的對過去的態度中，真正的要求無論如何不是使我們遠離和擺脫傳統。我們其實是經常地處於傳統之中，而且這種處於絕不是什麼對象化的（vergegenständlichend）行為，以致傳統所告訴的東西被認為是某種另外的異己的東西——他一直是我們自己的東西，一種範例和借鑑，一種對自身的重新認識，在這種自我認識裡，我們以後的歷史判斷幾乎不被看作為認識，而被認為是對傳統的最單純的吸收或融化（Anverwandlung）。（《真理與方法》，頁371），這是高達美在說明作為理解的「前見」（傳統），一段重要的文字。歷史並不屬於我們，而是我們從屬於傳統，從一開始便被「拋入」傳統，所以我們只能在傳統中進行理解。「真正的歷史對象根本就不是對象，而是自己和他者的統一體，或一種關係，在這種關係中同時存在著歷史的實在以及歷史理解的實在。一種名副其實的詮釋學必須在理解本身中顯示歷史的實在性。因此我就把所需要的這樣一種東西稱之為『效果歷史』（Wirkungsgeschichte）。理解按其本性乃是一種效果歷史事件。」（《真理與方法》，頁392～393）所以，對任何事物及歷史遺傳物的理解必定已具有效果歷史意識，故我們在效果歷史中溝通過去和現在。

在後代對《老子》的注解中，《韓非子》的〈解老〉、〈喻老〉兩篇可以說是最早以隨文注釋的方式注解《老子》篇章的文獻，但也是爭議最大的文獻。現代學術界有兩派論點，其一：認爲這兩篇深得老子之旨，解、喻精到；其二：謂這兩篇是韓非藉老子來申述法家之意，是曲解老子原意的一個解釋，更有人據以推論這兩篇是僞作，不是韓非之意。不論持何種看法，判斷的標準只有一個：是否符合老子。只不過，我們不禁要問：什麼是老子的原意？韓非的解釋當眞一無可取嗎？當我們在判斷誰的解釋較切合老子時，是否已預設了一個評判的標準？而這個評判的標準又從何而來？而同樣的文獻，卻可以有截然不同的解讀，到底韓非又是何意？如果連韓非這兩篇文本都搞不清楚，更遑論藉以判斷這兩篇到底與老子有何關聯，或是與韓非自己有何關係了。

韓非與老子間的關係，不僅涉及對韓非與老子的詮釋，甚至衍生出〈解老〉、〈喻老〉兩篇或其他篇章是否爲韓非所作的爭論。我們不擬進行考據，也不打算對《韓非子》進行全面考核，僅把焦點放在對〈解老〉與〈喻老〉兩篇的討論，並儘量使用近代學者已論及的證據與結果。首先將近代學者對〈解老〉、〈喻老〉篇的討論做一整理並分析之，隨後針對這兩篇與老子進行詮釋學討論。

第一節　近代學者對〈解老〉、〈喻老〉篇的討論

近代討論韓非的學者，大致可分成對韓非肯定或否定兩種論點。對韓非肯定者，認爲韓非能夠抓住老子的意思，發揚老子學說的精義。至於對〈解老〉、〈喻老〉兩篇持反對看法者，還分成兩種論點，一是從根本上否定這兩篇是韓非所作；一是肯定這兩篇是韓非所作，但是曲解了老子的原意。前者的觀點雖然認爲此二篇不是韓非所作，卻間接肯定這兩篇對於老子解釋有精到之處。所以後者才認爲〈解老〉、〈喻老〉兩篇並不能解釋老子，是曲解了老子，與老子並無關係，純粹是韓非藉老子來闡揚自己的學說。

下面便將這三種不同看法做一整理。

一、贊同〈解老〉、〈喻老〉的解釋

自漢代以來，法家淵源於道家的說法一直爲學界所爭論，尤其是太史公於《史記》中記載愼到、申不害和韓非的思想皆歸本於黃老，更是引發後人

討論的焦點。《史記》中所云之「黃老」歷代多有爭議,「黃」或指黃帝,如果「黃老」並稱,顯然法家所歸本者不僅是「老子」,還有「黃帝」。而這個在戰國中晚期開始興起的學說與法家的關係便極為密切,事實上,從晚近出土資料研究中,也肯定「黃老」學說中有極濃厚的道家思想。〔註3〕「黃老」與「老莊」之道家雖不是同一思想,然前者之「道」論及政治思想源於後者是不爭的事實。〈太史公自序〉錄司馬談〈論六家要旨〉一文中「因陰陽之大順,采儒墨之善,撮名法之要」之「道家」,其實更近於「黃老」,韓非所歸本者,是「黃老」而不是「老子」。〔註4〕也就是因為《史記·老子韓非列傳》中說韓非「喜刑名法術之學,而其歸本於黃老。」使得後世學者多據此談論韓非思想的源流,而老子與韓非並傳,也引發學者從這個角度聯想兩者的關係,更有因《韓非子》中有〈解老〉、〈喻老〉兩篇,韓非承襲老子學說幾成定論。

　　當然,繼承前代學說本是學術發展一重要過程,在中國學術的傳統往往以「注疏」來表現,於是當《韓非子》中的〈解老〉、〈喻老〉被視為是最早以專注形式來闡述老子者,後世討論老子時就得面對韓非的解釋而做出一判定。以近代學者來說,便有反對與贊同韓非兩種不同看法。近代學者中肯定韓非對老子的解釋者,可舉梁啟超、章太炎及熊十力先生為例。梁任公提到韓非〈解老〉、〈喻老〉篇時,說這兩篇「專訓釋老子。蓋韓非哲學根本思想『歸於黃老』也。〈解老〉篇精語尤多,為治《老子》者首應讀之書。」雖然如此,但他卻把這兩篇列為《韓非子》中「次要諸篇」,不僅沒有詳細說明原因何在,也沒有專門針對這個問題做深入的解析討論。〔註5〕至於章太炎先生

〔註3〕戰國中晚期迄秦漢時,出現了一種稱之為「黃老」的學說,然其理論與道家和先秦諸子的關係歷來一直爭議不斷,直到一九七三年長沙馬王堆三號漢墓《老子》、《黃帝四經》和〈伊尹九王〉帛書的出土,才大致上使學界對「黃老」思想中吸收老子學說和兼採儒家、陰陽家的理論有了初步共識。相關問題可參考陳麗桂:《戰國時期的黃老思想》,台北:聯經,1991年。

〔註4〕「黃老」不同於「老子」在學界已成定論,特別是漢帛書提供了許多佐證。康韻梅:〈從《經法》等佚書四篇與《韓非子》思想的關係論韓非之學本於黃老之說〉一文有詳細分析,她認為「黃老」思想中所言的道論與《老子》論道相近,但是在「形名」、「刑德」和「君臣」關係的問題則完全違背老子。是文見《中國文學研究》,台灣大學中國文學研究所,第六期,81年5月,頁99~128。

〔註5〕見梁啟超:《要籍解題及其讀法》,台北:華正書局,1974年台一版,頁95~103。

則在《國故論衡‧原道上》中大讚韓非解老之深遠，謂「知此者韓非最賢」，並說：

> 凡周秦解故之書，今多亡佚，諸子尤寡。《老子》獨有〈解老〉、〈喻
> 老〉兩篇，後有說《老子》者，宜據韓非爲大傳，而疏通證明之。
> 其賢於王輔嗣遠矣。韓非他篇亦多言術，由其所習不純。然〈解老〉、
> 〈喻老〉未嘗雜以異說，蓋其所得深矣。〔註6〕

章氏認爲韓非解、喻兩篇的成就高過於王弼，爲什麼呢？因爲「老聃所以言術，將以擅前王之隱慝。取之玉版，布之短書。使人人戶之知其術則術敗。」原來老子言術是因爲講出來，人人都知道了，國君想要再言術便行不通，於是他稱讚韓非能夠抓到老子這一重點，〈解老〉、〈喻老〉當然便成爲上乘之作。不過韓非推衍法、術太過，或《韓非子》其他篇章夾雜了許多不同派別的法家觀點，故皆不如解、喻老篇來的精到。章氏同時也舉了一些他所謂的「玄家」（指魏晉玄學）與韓非的解釋做比較，甚至還引了一些史事以明「老子韓非所規深遠」，儼然將兩人視爲同路人。章氏雖然費盡心力說明韓非解老之精到，然並沒有針對老子與韓非兩者做比較，論述其理由何在，反而是先立一標準謂韓非深得老學，之後據此批評其他諸子及解老之說。然而我們要注意的是，章太炎先生在〈原道下〉批評「韓非雖解老，然佗篇娓娓以臨政爲齊，反于政必黜。故有六反之訓，五蠹之詆。」〔註7〕他所稱讚的只是《韓非子》中的〈解老〉、〈喻老〉篇，對於韓非的富國強兵、君執權術之道卻有所批判，謂「韓非雖賢，猶不悟。」章氏將〈解老〉、〈喻老〉獨立於《韓非子》，然而這兩篇實與韓非整體思想有莫大關聯，且《韓非子》書中還有其他許多地方談到老子。於是乎，章氏的論點能否成立，不無疑問。

此外，熊十力先生曾於《十力語要》云：〈解老〉、〈喻老〉兩篇是援道入法，或爲韓非後學所作；但在《讀經示要》又斷定爲韓非本人所作，因韓非書中談及道家之旨者，多精到之處，未可疑此兩篇不知其手也。熊先生甚至判韓非不是法家正統，因他雜採儒、道諸家，應正名爲「法術家」。〔註8〕他對於韓非之言「法」、「術」皆有評論，唯可注意者，是他以爲韓非「主獨裁、

〔註6〕 見章炳麟：《國故論衡‧原道上》，台北：廣文書局，1967年，頁158。
〔註7〕 同上註，頁169。
〔註8〕 參見熊十力：《十力語要》，台北：明文書局，1989年；《讀經示要》，台北：明文書局，1987年；及《韓非子評論》，台北：臺灣學生書局，1978年。

主極權，但其持論亦推本於道。」、「必有道者而後可行」、「此則於本體論上，尋得極權或獨裁之依據。」〔註9〕「道」成了韓非主勢用刑之本體論，這個看法非常特別，不同於他人。《韓非子·主道》有云：「道者，萬物之始，是非之紀也。是以明君守始，以知萬物之源；治紀，以知善敗之端。」「道」不僅是萬物的本源，更是其運行的規則。只不過韓非更關心「是非之紀」，〈主道〉通篇論此而不及「萬物之始」。而且韓非講「道」往往以「理」訓之，爲了突顯對「道」的把握以及對「道」的認識，故韓非在使用「道」字時，似以爲其法術之學建立一形上學。熊先生對韓非推本於「道」以爲其極權或獨裁理論之本體論依據，對於我們探討「道」在韓非觀念中的性格有一定啓發。

二、否定〈解老〉、〈喩老〉爲韓非所作

近代許多學者都在這兩篇上爭議作者爲誰，肯定爲韓非所做者，或贊同韓非對於老子的解釋確有精到之處，或認爲這兩篇充滿法家的思想，與老子扞格不合；反對這兩篇是韓非所作者，咸認爲這兩篇在寫作風格與思想內容上與《韓非子》其他篇章並不相合，故認爲作者另有其人。

胡適、容肇祖及蔣伯潛均認爲此二篇不出於韓非。胡適以「學說內容」爲根據，認爲〈解老〉、〈喩老〉大概是另一人所作，〔註10〕但是他並沒有詳細舉証，說明「學說內容」是指哪些部份。容肇祖則認爲老子所說之「道」爲虛無恍惚，〈解老〉、〈喩老〉是解釋微妙之言，而「韓非一方面指斥老子的學說，一方面爲老子學說作解釋，這種思想的衝突，似是不可能的。」〔註11〕容氏的看法大有問題，因爲對一個學說作解釋與否定這個學說，兩者是不相衝突的，甚至可以說必先有解釋才能進一步判斷是否肯定這個學說；此外，韓非在〈五蠹〉篇批評「微妙之言」，〈忠孝〉中謂：「恍惚之言，恬淡之學，天下之惑術也。」

〔註9〕 見熊十力：《韓非子評論》，頁 31；38。

〔註10〕 胡適：《中國哲學史大綱》，台北：遠流，1986 年，頁 320。胡適認爲《韓非子》中僅有十之一二是韓非所作，其他都是後人加入。如此一來，胡適所認可的韓非僅能是信仰歷史進化論的功用主義。

〔註11〕 容氏曾於 1927 年作《韓非著作考》，八年後修訂此書，更名爲《韓非子考證》。前者原稿刊於國立中山大學語言歷史研究所《週刊》第一集第四期，後收於《古史辨》第四卷；後者列爲中央研究院歷史語言研究所單刊乙種之三，1935 年出版，1972 年台北重版。容氏不但認爲這兩篇不是韓非的作品，甚至以〈解老〉所說的「道」與《淮南子·原道》相同。所以其書中篇題〈黃老或道家言混入於韓非子書中者〉已清楚顯示他的看法。

容氏認爲這兩篇所批判的「微妙之言」與「恍惚之言，恬淡之學」是指老子學說。然而我們細察這兩篇所言，皆非老子虛無之道，〔註12〕故容氏證明這兩篇不是韓非所作的論點，無法成立。至於蔣伯潛曾於一九四六年撰《諸子通考》，認爲「韓非之書，十九爲其自著。」但是〈初見秦〉與〈存韓〉兩篇自相矛盾，故有後人羼入痕跡，且〈解老〉、〈喻老〉兩篇疑亦羼入。〔註13〕蔣氏自加按語說明其由：

> 〈解老〉篇爲《老子》之解釋，絕似西漢經師解釋諸經之故訓。所解《老子》之語，見今本《老子》第十四、三十八、四十六、五十五、五十三、五十四、五十八、五十九、六十、六十七各章，〔註14〕不見於今本《老子》者僅一條。〈喻老〉篇引古時遺文軼事以說明《老子》，絕似《韓詩外傳》。所喻說之《老子》語，見今本《老子》第二十六、二十七、三十三、三十六、四十六、四十七、五十二、五十四、六十三、七十一各章。〈喻老〉之體裁，又極似《淮南子》之〈道應訓〉，且兩篇所說《老子》語，無重複者。〔註15〕疑〈喻老〉與〈道應〉本爲一篇，漢初崇尚黃老，尊《老子》爲「經」，爲之作「傳」、作「說」，錄於漢志者，已有四種。疑〈解老〉、〈喻老〉及〈道應〉本爲《老子》之「傳」或「說」，而後來羼入韓作及淮南者。《史記》言韓非之學歸本黃老，而司馬談從習道論之黃生又祖述韓非，豈〈解老〉、〈喻老〉即黃生所作之《老子傳》或《老子說》歟？

〔註12〕封思毅曾對這個問題有所釐清，他認爲〈五蠹〉與〈忠孝〉兩篇所討論的主題與老子無關；並舉韓非對老子原文的徵引及闡發老子思想者，遍及十七篇之多，幾達全書三分之一，故這麼大量的引用，「可見韓非子對老子思想醉心之甚。」以所徵引篇幅的多寡來證明韓非推崇老子思想，這樣的論證是有問題的，因爲引用多並不一定順服之。唯細察引用老子思想諸篇，並不見韓非對老子的批評，故從思想脈絡來證明韓非吸收老子，是可以成立的。參見封思毅：《韓非子思想散論》，台北：臺灣商務印書館，1975年，頁19～21。

〔註13〕蔣伯潛：《諸子通考》，台北：正中書局，1961年台再版。頁472～477。下文所引蔣氏語，亦見此。

〔註14〕〈解老〉篇中尚有解釋《老子》第一章，蔣氏漏列。

〔註15〕〈喻老〉與〈道應〉確實在體例上相似，都是引史實以說明《老子》章句，可是蔣氏說「絕無重複者」卻大有問題。像兩文皆有解釋《老子》三十六章及五十四章，且〈道應〉解《老子》第五章和四十七章所引事例皆見於〈喻老〉，可見兩文確有相承襲關係，若以成書年代論，應是《淮南子》襲用《韓非子》者。

此臆度如果不謬，則《韓非》之纂輯成書，當在西漢之初矣。

蔣氏的說法可能源於容肇祖，因容氏曾云：「〈解老〉篇所說的道，和《淮南子‧原道訓》相同。」「今以〈解老〉的話與《淮南子‧原道訓》比較，則知〈解老〉所說頗有和《淮南子》相合的地方。」〔註 16〕只不過蔣氏將〈解老〉易爲〈喻老〉；將〈原道〉易爲〈道應〉。容肇祖懷疑〈解老〉篇是淮南王劉安的賓客田生所作，蔣伯潛則臆測〈喻老〉與〈道應〉原是一篇，不論是誰，都只是臆度，而非肯定。然詳其觀點，皆有可議之處。基本上兩人都以爲〈解老〉、〈喻老〉篇和〈原道〉、〈道應〉篇的體例相合，問題是，體例相似並不能做爲是同出一人之手的證據，也不能是同一時代的證據。更何況《淮南子》一書綜合百家，書中語句及徵引事例常出現襲用先秦諸子各家的著作；還有在編書的目的、宗旨和方法都受到《呂氏春秋》的影響，甚至有大量的文字段落承襲之；〔註 17〕此外，《文子》有十之八九的文句都出現在《淮南子》中。〔註 18〕由此觀之，《淮南子》是以之前的諸子爲本，視〈解老〉和〈喻老〉篇與〈原道〉、〈道應〉爲同時代的作品，甚至本是一篇的說法，是不能成立的。〔註 19〕

除此之外，梁啟超雖然肯定〈解老〉篇，但認爲〈喻老〉篇是「本書中次要的一篇」。〔註 20〕郭沫若反而認爲〈喻老〉篇在思想體系上與《韓非子》全書

〔註 16〕同註 11，頁 41。

〔註 17〕關於這個問題，可參考牟鐘鑒：《呂氏春秋與淮南子思想研究》，濟南：齊魯書社，1987 年。

〔註 18〕畢沅說：「今《道藏》中《文子》十二篇，淮南王書前後採之殆盡，間有增省一二字、移易一二語以成文者，類皆當時賓客所爲，而淮南王又不暇深考。」（見畢沅：《呂氏春秋新校正》序，台北：世界書局，1955 年）熊鐵基亦云：「《文子‧道原》內容，《淮南子‧原道》基本上照抄了，或是整段整段地抄，或是抄一段之後加些事例和說明，或是顛倒前後順序，或是詞句上有些改動，不過，詞句的改動一段是更加醒目一些。」（見熊鐵基：《秦漢新道家略論稿》，上海：上海人民出版社，1984 年，頁 57）

〔註 19〕鄭良樹曾於〈韓非子解老篇及喻老篇初探〉一文中，對〈喻老〉與〈道應〉的關係做過詳細分析，否定蔣伯潛的說法，這個部分可以參考。唯鄭氏提出〈解老〉與〈喻老〉是不同人的手筆，且〈喻老〉非韓非所作，〈解老〉是韓非早期作品等論點，在舉證上亦不無可議之處。像他舉二篇在（1）解說方式（2）解老有重複處（3）稱引老子體例有異，說明兩篇作者非同一人。然這三個証明恰正好說明一篇是「解」、一篇是「喻」，所以自然有解說重複的章句，蓋因解說方式有別。所以他的考辨還有討論空間。（是文見《漢學研究》，6:2，1988 年 12 月，頁 299～332）

〔註 20〕梁啟超：《要籍解題及其讀法》，台北：華正書局，1974 年台一版，頁 102。

相符合，而〈解老〉篇不但與儒家思想過於相近，且這兩篇的筆調、思想和對於老子的解釋都不太相同，所以他肯定〈喻老〉，否定了〈解老〉。〔註21〕至於陳啓天則認爲〈解老〉篇「爲道家說，而非法家說」；〈喻老〉篇「道家之意味多，法家之意味少」，兩篇「均在發明老子，不類純法家言，或非韓非所作也」，但是他肯定這兩篇「多切合老子之旨，爲攻讀老子者所必讀」。〔註22〕

從以上說明，我們可以發現對於這兩篇的作者是誰，有諸般說法，但多是臆測之詞，無充分證據，甚至對這兩篇是否能解讀老子也有截然不同的看法。在眾說紛紜中，我們該如何取捨？事實上，在沒有十分肯定的證據之前，對於作者是誰的論爭是不會有答案的。姑且不論作者爲誰，〈解老〉、〈喻老〉兩篇對於「發明」老子確實帶給後世一定的影響，不管是持肯定的意見或否定的態度，當論者選擇其中一邊時，其實無形中已經將此二篇做爲是老子思想，甚至是韓非思想的一個判準。執此之故，對於這兩篇的作者是誰的爭論，遠不如深入檢討這兩篇解讀老子的作品爲後世帶來什麼樣的影響。我們可以承認這兩篇是研究《老子》之必讀，也可在某一程度上承認它與韓非思想或有些出入，但是不是「切合」老子之旨，則暫且持保留態度。

三、認爲〈解老〉、〈喻老〉曲解老子

從上面論述，不難看到近代論者對於作者是誰的關注遠超過對這兩篇論文內容的解析，或是以思想內容判定作者爲誰。然而，人言人殊，問題仍然沒有解決。於是我們得回到這兩篇的內容來仔細考察〈解老〉、〈喻老〉兩篇，是否如許多學者所認爲這兩篇是對老子的「曲解」，或是韓非藉解老來闡揚自己的思想。

梁啓雄認爲〈解老〉「雖以『解老』名篇，但作者不是全用道家思想來解老，而夾雜著一些儒家思想和法家思想於其間。」而〈喻老〉篇中有時跟原文意思不合，是韓非借此篇來表達自己的思想。〔註23〕梁氏對於這兩篇作者也抱持著懷疑的態度，尤其是〈解老〉篇第三節以下論仁義的部分，他以爲全是儒家思想，與韓非思想體系不合，故謹慎地做了個結論：本篇中確實像有後人的作品夾雜其間。所以純就解釋老子而言，已混雜了許多偏離道家的論述。

〔註21〕見郭沫若：〈韓非子批判〉，《十批判書》，北京：東方出版社，1996年。

〔註22〕見陳啓天：《韓非子校釋》，台北：臺灣商務印書館，1969年，頁721；764。

〔註23〕梁啓雄：《韓子淺釋》，台北：臺灣學生書局，1984年，頁138；168。

　　勞思光先生在論述法家與道家的關係時，就顯得明確許多。他雖承認法家源於道家，但是這個淵源是負面的，即「法家者流盜取道家之『靜觀之智慧』，以爲統治技術之助。」〔註24〕他用了「盜取」這個動詞，可以想見對法家之嚴厲批判。對於法家與道家關係，他做了如此結論：

> 因此，道家之「無爲」，在法家學說中轉爲御下之術；道家之智慧，在韓非子思想中轉爲陰謀。總之，法家一切皆爲統治；而道家之說雖被其利用，基本精神則不相容。苟吾人取老子書中涉及智術之言爲據，而謂老子學說之流弊表現於法家，亦屬可通。然法家之於道家，亦如法家之與儒家，雖受影響，所趨實不同。

> 總之，韓非子之思想，生於性惡之論，又雜取道家之言，而與荀卿之關係尤深。至道家之本義，則亦爲韓子所不能接受者。蓋韓子僅利用道家之「智」以補成其術；非果循道家之價值觀念而立說者。

勞氏的立場十分清楚，他將法家與道家區隔開來，尤其是對韓非，更視之爲「法家學說之代表」，其餘多爲僞作，所以他論述法家幾等同於論述韓非。在他看來，法家的來源多處，其中源於道家者盡皆曲解道家本義；與儒家關係只能源於荀子，然又較其更走極端；於墨子則僅採其政治威權主義。故韓非「雖與儒道兩家之言皆有淵源，然其方向則是否定二家之價值觀念，截取其言，以爲權術之用；此所以法家思想爲中國古代思想中一大陰暗，一大陷溺也。」有意思的是，若法家源於儒、道、墨者皆其糟粕，如何能成爲先秦末期甚至影響中國歷史中重要的思想呢？若法家是中國思想中的「負面者」，其學如何與「正面者」抗衡之？

　　勞先生以其一貫的「基源問題研究法」來論法、道兩家，謂其「基源問題既殊，價值觀亦異。」然對於兩者所關注的「政治」問題言，法、道的出發點皆是爲統治者所設想，基源問題並無不同，所不同者在於韓非對老子的解釋。勞氏所舉兩家不同處不是出發點不同，而是欲達成的目的不同。此外，對於韓非學說，他以一「淺」字評之，故韓非之學不足觀，「無純哲學之價值」。以此立場進行文本詮釋，能不能深入，不無可疑。至少，勞氏在論述法家時帶有許多情緒性的價值論斷，諸如：「盜取」、「破壞」、「悲劇」、「劫運」等，視韓非爲洪水猛獸的語言論述是否恰當，也有待討論。最後，我們還可留意

〔註24〕見勞思光：《新編中國哲學史》（一）第七章〈法家與秦之統一〉，台北：三民書局，1991年增訂六版，頁357，以下所引勞思光語均同，不另註頁碼。

到他說：「韓非自居於反儒墨之地位，故對此兩大派時有批評。但對道家則罕有抨擊之語。」對於前一句他引〈顯學〉篇說明，但對後一句則戛然而止，不見任何解釋。然而，這可能才是韓非與道家的關係最關鍵之處，《韓非子》中直接或間接引用《老子》者多處，更借老子來說解，這裡所暗藏的思想關連，可能遠較表面所見者爲多。於是，韓非的解老僅是粗淺的、浮面的，僅得道家之流弊嗎？若云道家有流弊，是怎樣的流弊？是誰的問題。韓非的？還是老子的？

與勞思光先生看法相同的，還有蕭公權與錢穆兩先生。蕭公權先生亦承認法家與道家有歷史上的淵源，然「僅據思想之內容論，則道法兩家思想之相近者皮毛，而其根本則迥不相同。」〔註25〕蕭氏認爲法家在表面上看似使用道家語詞，但實際上是完全不同的。而其不同處，他歸納出途徑、目的與君主地位三者爲論，唯蕭氏將重心放在法術之上，忽略了韓非論道與解道爲其法術之本，這層關係很難以「表面／根本」二分的。錢賓四先生亦持相同的論調：「韓非是荀子學生，他書中屢次推揚老子。但韓非只接受了荀、老兩家之粗淺處，忽略了兩家高深博大處。」〔註26〕所謂的「粗淺處」指韓非僅重視統治階層，所云富強、刑賞、法術都是爲統治者服務。所以「先秦學術思想，由韓非來做殿軍，那是中國思想史裡一黑影，一污點。」〔註27〕爲什麼勞思光、蕭公權和錢賓四諸先生這麼痛恨韓非呢？〔註28〕如果我們將目光

〔註25〕 蕭公權：《中國政治思想史》（上），台北：聯經，1982年，頁262。

〔註26〕 錢穆：《中國思想史》，台北：臺灣學生書局，1980年再版，頁62。錢先生不但批評韓非，更深惡老子之權謀詐術，開啓法家影響政治的源頭，見其《莊老通辨》，台北：東大圖書，1991年。

〔註27〕 同上註，頁68。

〔註28〕 不只他們三位，當代新儒家的代表唐君毅、牟宗三、徐復觀三先生亦認爲韓非承襲的道家非原始老莊，而是黃老一系，並常以儒、道對比，對法家殊無好感，只不過他們的批評不似勞、蕭、錢三位先生如此激烈。特別是對道家的討論也不似錢賓四先生「崇儒貶道」，而有一較爲開放客觀的比較。像唐君毅先生在論述韓非〈解老〉篇時，提到其中「無爲無思爲虛者，其意常不忘虛，是制爲虛也。」與佛教言「空空」同理，點出道家言虛之大乘義，此老莊所未及。當然，我們若進一步追問如果老莊未及，則韓非所者是否爲老莊？還是韓非開啓了道家的新路線？這樣又把問題帶遠了。但是我們的確可發現唐先生在談這個問題時是開放的，比較沒有預設立場。（見唐君毅：《中國哲學原論·原道篇》，台北：臺灣學生書局，頁428。）此外，牟宗三先生曾藉由疏解王弼來論述其對道家的看法，其中將道家判爲「境界型態的形上學」更是一突出的論點，尤其是視道家爲一相對於儒家太陽教之太陰教，將

放在清初王船山將老子與韓非同列爲三害之一，或許能發現這個問題有一個
深層的文化正統意識隱藏其間。《讀通鑑論》有云：

> 蓋嘗論之，古今之大害有三：老莊也，浮屠也，申韓也。三者之致
> 禍異，而相沿以生者，其歸必合於一。不相濟則禍猶淺，而相沿則
> 禍必烈。〔註29〕

王船山是綜觀中國歷史的興衰以爲此論，更直以「儒者之統」與「帝王之統」
爲百世不易之正宗，儒者所肩負之「道統」的責任更甚於「政統」。〔註30〕
「道統」一直是中國傳統文化中一個重要的精神指標，而這個指標是以「儒
家」爲尊，以儒家肯認之道德精神爲讀書人安身立命、修齊治國的依歸。當
然，討論中國文化中儒家精神及其影響非三言兩語所能析論，但儒家深入中
國文化的深層甚至成爲傳統知識份子一個無形的「道統」論卻也是不爭的事
實。〔註31〕也難怪王船山有如此激烈言論，或言其有歷史使命感，視「老莊」、

「原始道家」與後來演變的道家區分出來。並云：「道家以及後來之佛教，在
中國歷史中，說毛病流弊，儘可說出很多，但如其自性，亦盡有許多好處。」
（《才性與玄理》，台北：臺灣學生書局，頁 377）雖不脫以儒爲宗的根本思想，
但與宋明儒者對道家的批判已有很大的不同。唯其判儒釋道三教，以佛道兩
家只是作用層的存有論而非創生層的存有論，故均爲偏虛的圓教，只有儒家
直接從道德意識契入才是「大中至正之圓教」，顯然三教有了高下之分。但他
曾特別指出：「吾人若不能洞曉道家『無』之性格與佛家般若之性格之共通性，
則不能解除後世儒者對於佛老之忌諱，此一忌諱是儒家義理開發之大障礙。」
（《圓善論》〈序言〉，台北：臺灣學生書局，頁 xiii）顯見牟先生在會通三教
所做的努力。高柏園曾將當代新儒家對韓非的詮釋分爲 a.貶斥派 —— 牟宗
三；b.肯定派 —— 王邦雄；c.中立派 —— 熊十力，這種分法尚有討論的必要，
連作者都云其所分之各派的立場亦非鮮明區隔。然當代新儒家既重視傳統文
化在面臨現代的挑戰，又關心民主法治的問題，自然對韓非的思想有較強的
批判。（參見高柏園：《韓非哲學研究》第六章〈論當代新儒家對韓非思想之
詮釋〉及第七章〈唐君毅先生對韓非哲學之詮釋與發展〉，台北：文津，1994
年）。

〔註29〕王夫之：《讀通鑑論》卷十七〈梁武帝〉，台北：漢京文化，1984 年，頁 580。
〔註30〕《讀通鑑論》卷十五〈東晉文帝〉有云：「儒者之統與帝王之統並行於天下，
　　　而互爲興替，其合也，天下以道而治，道以天子而明；及其衰，而帝王之統
　　　絕。儒者猶保其道以孤行而無所待，以人存道，而道可不亡。」「道統」與「政
　　　統」若能「並行」則天下以治，否則「政統」亡，「道」雖不興卻不絕，這個
　　　想法在該書中隨處可見。
〔註31〕若說儒家文化是中國文化的代表，毋寧說儒家文化在中國所形成的「道統」
　　　深入中國文化的各個層面而成爲中國的一部分。而這深化的過程與影響，絕
　　　非能一刀切的割斷，從民國初年反傳統到文革十年的破壞，儒家竟然不死，
　　　甚至還對所謂外來思想的馬克思主義進行「中國化」的工作。金觀濤曾探索

「浮屠」、「申韓」爲三大害。勞、蕭、錢之論也許是船山所論之延續，更有可能是以儒家思想爲正統來詮解其他諸子。他們三人雖不似王船山如此過激排斥儒學以外諸學，但是對韓非始終無法釋懷而將其列爲黑名單，這其中所含有的儒學精神，或可藉詮釋學所論在一個語言文化所籠罩下的「視角」或「視域」，來說明中國知識份子所受到傳統文化的影響；〔註 32〕也許可以再援引榮格（C. G. Jung）的「集體潛意識」（Collective Unconscious）來說明一個民族所擁有的共同記憶，以及對幽微不覺的歷史層累下所形成的一種「正統論」進行心理分析。如果能進行這樣的研究分析，大概可以爲韓非在中國

在中國近代反傳統的運動中，傳統不但沒有消失，反而對這些運動進行著更深層的影響，他說：

> 最初，人們從徹底反傳統開始，不斷地追求、批判。在幾十年後突然發現，我們企圖批判的傳統仍然如高山般地堅定屹立在我們面前。這一切給人一種毛骨悚然的感覺：一個民族的傳統似乎是一種無法超越的群體意識。（〈儒家文化的深層結構對馬克思主義中國化的影響〉）

對反傳統的人來說，傳統可能是一座無法超越的大山，所以會有毛骨悚然的感覺，但能體認傳統是無法割除的人來說，可能會視傳統爲一條淵遠流長的河流，不是要去超越，而是身處其中。張隆溪在〈傳統：活的文化〉一文中指出文化並非僵硬不變的過去，而是與時俱新的活著。這也讓我們看到反傳統的五四文人受傳統的影響反而遠較一般人更深，而儒家文化所形成的「道統」，不管是支持或反對，其實都無法自外於這個傳統。以上所引金文及張文，均收於《告別諸神：從思想解放到文化反思 1979～1989》，林道群，吳讚梅編，香港：牛津大學出版社，1993 年。

〔註 32〕高達美曾提出「一切理解都必然包含某種前見」，（《眞理與方法》，頁 357）他看待「前見」的態度是以一種開放式的包容來面對，即我們既無法自外於傳統，對傳統的任何批評與貶斥都無法眞正達到脫離傳統的目的，所以想排除傳統所構成的「前見」以進行一種最「客觀」的批評是不可能的。他論述到：

> 偏見並非必然是不正確的或錯誤的，並非不可避免地會歪曲眞理。事實上，我們存在的歷史性包含著從詞義上所說的偏見，爲我們整個經驗的能力構造了最初的方向性。偏見就是我們對世界開放的傾向性。它們只是我們經驗任何事物的條件 —— 我們遇到的東西通過它們而向我們說些什麼。……詮釋學經驗的本質並不是什麼等在外面渴望進來的東西，相反，我們是被某種東西所支配，而且正是借助於它我們才會向新的、不同的、眞實的東西開放。（〈解釋學問題的普遍性〉，《哲學解釋學》，頁 9）

高達美所談的「偏見」指我們一出生所身處的文化傳統情境，而這也正是中國知識份子在學習中國經典時所無可自外的一個文化傳統，而這個傳統顯然是以儒家文化爲核心。不管對儒家文化採取批判或肯定的態度，傳統始終不是一個對象，也無法將其對象化，我們是生活在其中而得以存有。但是，面對傳統並非一味的陷溺其中，高氏還強調以一種開放式的心態與傳統交談，在「視域融合」中趨向「一致性」。

歷史中尋求一個新的定位也未可知。

　　其實，對文獻的解讀若先有了情感好惡於其中，對於理解的方向會有很大的影響。海德格的「前理解」僅以歷史知識層面為考量，〔註 33〕尚未及於心理因素，如果混雜感情於理解中，問題便更為複雜，這也是為什麼呂格爾要運用心理分析的方法走出存在主義現象學的一條路。如果我們認真深入這個問題，詮釋者的主體性與文本的社會性所構成的一個詮釋學上對傳統的「成見」，勢必能逼使在不同意識形態思維下所進行的詮釋系統做進一步的反省。高達美對「成見」的寬容遭到呂格爾（P. Ricoeur）的批評，卻也證明了「成見」對詮釋的影響，〔註 34〕尤其是其中若涉及到「意識形態」在詮釋過程中的作用。哈伯馬斯（J. Habermas）便曾強烈批評高達美對傳統歷史的過份依賴和寬容，因為傳統就是權威，而權威左右我們的信念，權威和成見支配著我們的思維觀點。〔註 35〕這些論爭都涉及到理解的一個最根本的問題：對真理的認識與方法的運用是否受到歷史或社會意識形態的影響而導致詮釋的困難？當然，這個問題已經討論許久，亦值得繼續深入。我們除了了解文化傳統對理解的影響，亦不能忽略了社會意識所形成的理解作用。

　　讓我們看看大陸學者談韓非與老子，當可發現另一個「正統論」影響詮釋的例子。大陸學者在談這個問題時，多依馬克思主義辯証唯物觀來分判，或將老子劃為唯物，也有稱老子是唯心主義者。有學者將老子的「道」解釋為唯物

〔註33〕海德格首先提出「前理解」（Vorverstandnis）的觀念，即任何理解及解釋都有賴於詮釋者處於世界中的境況，不管人有沒有意識到此點，當人被拋擲於世時，事實上已在理解著，並以理解的方式展示其存在。（見海德格：《存在與時間》，台北：久大、桂冠圖書，1993 年，頁 206～212）而高達美更進一步提出人的理解結構包含三個部分：「前有」（Vorhabe）──人所置身的環境、「前見」（Vorsicht）──之前已有的解釋、「前把握」（Vorgriff）──自身所具備的理解能力。（見高達美：《真理與方法》第一卷，頁 352～359）不論是海德格或高達美，「前理解」的概念皆涉及歷史在詮釋經驗中的影響。

〔註34〕關於呂格爾對高達美的批評及其相關論點，可參考呂格爾：《解釋學與人文科學》，陶遠華等譯，石家莊：河北人民出版社，1987 年；《詮釋的衝突》，林宏濤譯，台北：桂冠圖書，1995 年。

〔註35〕關於這種論爭，呂格爾有一總結式的文章，對雙方的論點都做了討論。參見呂格爾：〈解釋學和意識形態的批判〉，《解釋學與人文科學》，石家莊：河北人民出版社，1987 年；譯文另見《理解與解釋──詮釋學經典文選》，洪漢鼎編，北京：東方出版社，2001 年。另外還可參看張鼎國：〈文化傳承與社會批判──回顧 Apel, Habermas, Gadamer, Ricoeur 間的詮釋學論爭〉，《國立政治大學哲學學報》，5，1999 年 1 月，頁 57～75。

主義的自然規律,「自然無爲」爲素樸的唯物主義天道觀,「有無相生」爲唯物主義的辯証法,以及其政治思想是打擊奴隸主階級的社會思想,於是,韓非承繼了老子的唯物主義和樸素的辯証法。〔註36〕或者將老子劃爲唯心主義,以爲「道」是「無」,既是「無」,便是唯心不是唯物;且感覺經驗無法認識「道」,故有神秘主義的影子;而其循環論也缺乏積極鬥爭的辯証精神。至於韓非則沒有「恍惚」之言,也不「微妙」,他對老子的「道」做了唯物主義的解釋,將老子「改造」成唯物主義。〔註37〕這些帶有極大意識形態的評論在討論初始其結論已明,對於一個學說的討論竟是以一個二分法來劃線選邊。如此一來,所有的學說被單純化了,人類的思想史也只能是一個唯心與唯物的鬥爭史。倘若將韓非視爲唯物主義,則韓非學說中尚術、尊君等爲統治階級服務的論點,竟也被輕輕揭過而成爲一個政治鬥爭必然過程,那麼,標準何在?更有意思的是老子到底是唯心還是唯物?同樣是依馬克思主義來評價老子,爲何會出現截然不同的論斷?是因爲對馬克思主義的認識不同,還是老子之辭「微妙難識」不易歸類?眾所皆知,馬克思主義本身都不斷地在演變,德國的「法蘭克福學派」(Frankfurt school)已打破傳統馬克思主義原有的體系而開創出「批判理論」;「後馬克思」及「新馬克思」(neo-marxism)主義早已超越並全面地批判了「傳統馬克思」主義;甚至連馬克思自己都不承認是一個「馬克思主義」者,則大陸運用馬克思主義進行思想劃分,自然問題重重。於是有學者認爲這種二分法有缺失,無法單純地將老子劃爲是唯心或唯物,便出現爲折衷派或創造出「主觀唯心」和「客觀唯心」等名詞,〔註38〕甚至還有認爲老子的哲學上半截是唯心

〔註36〕 主張老子是唯物主義者,有范文瀾和楊興順。見范文瀾:《中國通史》,北京:人民出版社,1986 年,頁 243～248;楊興順:《中國古代哲學家老子及其學說》,北京:科學出版社,1957 年,頁 53～54。

〔註37〕 將老子視爲是徹底唯心論者,有呂振羽和楊榮國。見呂振羽:《中國政治思想史》,北京:三聯書店,1955 年,頁 57～59;楊榮國:《中國古代思想史》,北京:人民出版社,1973 年,頁 276～288。

〔註38〕 任繼愈在其主編的《中國哲學發展史──先秦》(北京:人民出版社,1983年)中,曾分析了這兩派,並認爲兩派都是片面的。他也承認在其早年主編的《中國哲學史》中將老子視爲是唯物主義,於今發現有所困難。唯心與唯物是截然對立的世界觀,兩種體系不可調和,但卻可同時存在一個人的腦中。任繼愈是想解決這兩派對立的問題,也藉此尋求從老子之後分成韓非、黃老的唯物一系及莊子唯心一系的歷史解釋。其實,他在說明這個問題時,已不經意的表達出我們想強調的一種開放性的詮釋空間,他說:「因爲《老子》書中確實有含混不清的概念和字句,可以做出不同的解釋。」「後來的唯物主義

主義，下半截是唯物主義的說法。〔註39〕這些說法不但沒有解決問題，反而讓這個問題更陷於混亂，關於老子是唯心還是唯物的爭論無法得到解決，還是會持續下去。是故，若以馬克思主義做爲評判的標準，則已先面臨一個標準判定的問題。那麼，論定韓非對老子改造的人，不也正是改造了韓非嗎？這裡面所隱藏的「馬克思正統」論較傳統的「道統」論所引起的詮釋問題，其造成的影響更是深遠的難以估計。

　　最後，我們再舉兩篇文章爲例。王曉波在〈《解老》、《喻老》——韓非對老子哲學的詮釋和改造〉一文中，將重點放在「道」、「德」的解析。〔註40〕本文先說明老子的「道」和「德」，再論韓非對老子的詮釋，藉以展示韓非所不同於老子者。這種討論是以平列的方式來展示兩種不同的思想，原本可以清楚看出兩者的不同或韓非用什麼角度來詮釋老子，問題是：王曉波已先預設了「韓非對老子進行了唯物的改造」一個前題。因此其後論韓非以一個客觀規律的「理」來說明「理」與「道」、「理」與「德」的關係是一個有意的改造，以及在辯証及認識論上較老子爲一經驗的唯物論，於是韓非篡改、附會老子以建立自己的學說，便視爲理所當然了。只不過，這樣的結論對於我們了解韓非的思想，以及如何看待韓非解老是否有所幫助？此外，王煜的長文〈韓非子之發揚、修改諸前驅及曲解老子〉中謂：「法家所關注的焦點，不在形上學、知識論與倫理學，而在政治學。因此，法家絕非繼承，更非發揚道家哲學，而僅將涉及政治的道家術語，隨便加以扭歪。」〔註41〕這個推論似是而非，法家固然最重視政治，但發揚道家哲學不是要面面俱到才算；就算每個層面都談到，一樣可能任意曲解。倒是王文論及這個新解，「居然自圓其說，完成政治哲學系統。」他也承認韓非自創的一個系統性的政治哲學論

　　與唯心主義兩大流派，對老子思想都有所本，是發展、修正，而不能簡單說是篡改。」（見是書頁 260：267）大陸對老子是唯心還是唯物之爭，在另一個層面上，恰可做爲文本詮釋的開放性及多義性的最好例證。

〔註39〕提出這種看法的是侯外廬。他還說從根本上來看，老子是唯物主義。見其主編《中國思想通史》，北京：人民出版社，1957 年，頁 263～272。

〔註40〕見王曉波：〈《解老》、《喻老》——韓非對老子哲學的詮釋和改造〉，《文史哲學報》，國立台灣大學，1999 年 12 月，頁 5～30。

〔註41〕本文見《新亞書院學術年刊》第十七期，1975 年 9 月，頁 189～220。王文用了很大的篇幅引證管商申慎諸子與老子和韓非的文獻，可惜其一些基本立論，如：荀子是非正宗儒家，道家的刑法是寬簡的，還有所謂「道家型態的性善論」等，都有待商榷，若據以討論老、韓的關係，則更須加以討論。

述，而這個論述不管是不是曲解老子，其源頭仍是來自老子。

從詮釋學來看，設身處地以直覺老子的想法是不可行的，同時也不可能，因爲我們連老子是誰都還搞不清楚。那麼，我們該以什麼樣的角度來看待〈解老〉、〈喻老〉這兩篇文獻呢？德希達挖掘出柏拉圖〈裴德羅〉篇中的「藥」有雙重意義，卻沒有人指責德希達背離柏拉圖原意，或德希達的解讀有任何踰越之處。事實上德希達的閱讀策略本就擺明了不是一種對原著的重述，更不是忠於原著的解釋，而是對文本意義的發掘，開啓文本詮釋的空間。而《老子》對韓非的思想有著深刻的啓發性，對韓非而言，他不會僅止於浮面的望文生意或任意引爲己用，如果韓非僅是「利用」老子，爲何他不利用其他在當時或許更爲重要的諸子？爲何他僅針對《老子》作〈解老〉、〈喻老〉兩篇，卻沒有詮解其他文獻？這個問題的答案其實已經明顯，姑且不論他是怎麼解老子，老子對他的影響絕不會是「皮毛」或僅得老子的「粗淺處」而已。

綜合以上的論述，我們發現對〈解老〉、〈喻老〉的作者進行探究是問題的外緣，根本不是問題的重心；不管兩篇作者是誰，這兩篇是對老子所做的詮釋是毫無疑問的。再者，這兩篇會出現在《韓非子》一書，絕非偶然，事實上，我們也可看到不論是對韓非解釋老子讚譽有加，或是大罵韓非曲解老子，其實都承認韓非吸收了老子的思想，也同意老子對韓非的影響。於是，我們有必要重新檢討韓非詮釋老子的問題，這不是一個價值判斷的問題，重點不在於韓非是否曲解老子，而是韓非如何解釋老子。

第二節　重新審視韓非解老問題

先不管韓非解老解得「好不好」，也不論老子對韓非的影響有多深，更先不談《韓非子》有多少不是韓非所作，至少，〈解老〉〈喻老〉兩篇對《老子》中的一些篇章進行詮釋是毫無疑問的。因此探索這兩篇文章在詮釋上的問題，或許能幫助我們重新思考其與《韓非子》全書的關係，進而對韓非與老子的關係能有一個新的視野。

〈解老〉與〈喻老〉兩篇文獻的特別之處，在於其主題是針對一個文本進行有計劃、有系統的詮釋，而非隨意徵引一兩句或大段抄錄或引申論述的文章所能比擬。也因爲如此，這兩篇文章是現存《老子》注疏中最早也最重

要的文獻。前已有論，就詮釋學的角度而言，爭論這兩篇是不是韓非所作並非問題所在，辯論韓非是否忠實地闡述老子更是個不成爲問題的問題。問題的關鍵在於：〈解老〉、〈喻老〉兩篇如何詮釋《老子》，在詮釋的過程中對老子進行了何種意義的開顯。以下便針對兩個問題重新檢討這兩篇對老子的詮釋，一是論者多受解、喻兩篇影響，認爲老子思想中有權謀之術；或認爲是韓非將老子導向權謀之術，根本是韓非藉老子以爲己用，那麼，老子是否爲權謀之術？第二個問題是韓非如何詮釋老子的「道」，對後世解老甚至是整個中國哲學有何影響。

一、老子是權謀之術？

　　韓非詮釋老子最爲後人所詬病者，在於將老子解爲是一權謀詐術的思想。由於〈解老〉一共說解了十一章老子，〈喻老〉則是十二章，兩文僅重複兩章，若一一討論則過於冗長且易模糊焦點，於是，我們舉許多論者以爲韓非「曲解」老子的三十六章，以及《老子》三十八章，即〈德經〉之首篇，來討論韓非如何詮釋老子，直探問題本源。本節所引《老子》文爲王弼本，因下一章續論王弼，正可見王弼與韓非之別。

（一）《老子》三十六章

> 將欲歙之，必固張之。將欲弱之，必固強之。將欲廢之，必固興之。
> 將欲取之，必固與之。是謂微明。柔弱勝剛強。魚不可脫於淵，國
> 之利器不可以示人。

本章歷來具有高度爭議性，所爭論的焦點在於本章云「國之利器不可以示人」，似乎在說國君要深藏不露，不能讓他人看出決策爲何，才能控制臣下。暫且不論這一句，前面數句實爲老子說明現象界中的「相對」循環觀，亦即正反兩面的能動性是自然界力量的泉源。《老子》四十章提到：「反者，道之動；弱者，道之用。」如果不以王弼把「反」解成「返回」到「無」之本，〔註42〕「反」也可是「往返」之意。而這個來回往復之意實是「道」在現象界的動能，當然

〔註42〕　王弼在本章注云：「高以下爲基，貴以賤爲本，有以無爲用，此其反也。」前
　　　　　兩句借用《老子》三十九章，後一句則見第十一章。王弼東挪西借《老子》
　　　　　本文的章句來解釋本章，看似以經解經，四平八穩。然而我們如果留意這幾
　　　　　句在各自章節中的意義，便會發現王弼重新組合這幾句是爲了說明從「有」「返
　　　　　回」到一個原初、根本的「無」，「反」字在王弼的解釋成了單程的「回到」。

不是「道」自己在促使萬物活動，而是由「歙／張」、「弱／強」、「廢／興」、「取／與」的正反來回顯示「道」的能動性。於是原文若將其改爲「將欲張之，必固歙之。將欲強之，必固弱之。將欲興之，必固廢之。將欲與之，必固取之。」意義是一樣的。《老子》第二章已提到「有無相生，難易相成，長短相形，高下相傾，音聲相和，前後相隨。」這種因相對而生的價值判斷，正是老子極力指出人們常蔽於一偏，這也是爲什麼原章句將「歙」放在「張」之前，且老子要強調「柔弱勝剛強」的道理，因爲其「微明」，故衆人不易見。我們還可發現，原本老子之「道」是「無狀之狀，無物之象」，爲一「惟惚惟恍」之存有，韓非卻將其釋爲國君之道也必須不可捉摸。〈主道〉云：「道在不可見，用在不可知，虛靜無事，以闇見疵。」〈有度〉也說：「人主之道，靜退以爲寶。不自操事，而知拙與巧；不自計慮，而知福與咎。」國君是隱藏在幕後的，其心中所想不可讓臣子知道，才能完全收到控制人臣的效果。也因爲如此，「魚不可脫於淵，國之利器不可以示人。」兩句在韓非眼裡便成爲「人主之道」的最好註解。〈喻老〉做如此解：

> 勢重者，人君之淵也。君人者，勢重於人臣之間，失則不可復得也。簡公失之於田成，晉公失之於六卿，而邦亡身死。故曰：「魚不可脫於深淵。」賞罰者，邦之利器也，在君則制臣，在臣則勝君。君見賞，臣則損之以爲德；君見罰，臣則益之以爲威。人君見賞，而人臣用其勢；人君見罰，而人臣乘其威。故曰：「邦之利器不可以示人。」越王入宦於吳，而觀之伐齊以弊吳。吳兵既勝齊人於艾陵，張之於江、濟，強之於黃池，故可制於五湖。故曰：「將欲翕之，必固張之；將欲弱之，必固強之。」晉獻公將欲襲虞，遺之以璧馬；知伯將襲仇由，遺之以廣車。故曰：「將欲取之，必固與之。」起事於無形，而要大功於天下，是謂「微明」。處小弱而重自卑謂「損弱勝強」也。〔註43〕

〈內儲說下——六微〉也有對這章的解讀，可做爲〈喻老〉的補充說明，原文如下：

> 勢重者，人主之淵也；臣者，勢重之魚也。魚失於淵而不可復得也，人主失其勢重於臣而不可復收也。古之人難正言，故託之於魚。賞

〔註43〕 本文所引《韓非子》原文，據陳啟天：《增訂韓非子校釋》，台北：臺灣商務印書館，1969年。

罰者，利器也。君操之以制臣，臣得之以擁主。故君先見所賞則臣
鬻之以爲德，君先見所罰則臣鬻之以爲威。故曰：「國之利器，不可
以示人。」

　　韓非舉史實爲例，其解釋完全將老子本章導向政治理論。首先，「魚不可
脫於淵」在這裡成爲國君與權勢的關係。「魚脫於淵」自然失去了「淵」的保
護，所以他在〈六微〉中告誡國君的第一件事，便是「權勢不可以借人」，而
此說正是「在老聃之言失魚也。」這個比喻原本淺顯，但比喻就是在這種模
糊性中開啓了詮釋空間。再者，老子又於其下指明「國之利器不可以示人」，
看似替上句做了解釋，可是問題又來了，「利器」是指什麼？「國之利器」若
是「淵」，則「魚」是指國君嗎？韓非顯然將方向導向爲人君需擁有權勢，而
「賞罰」便是具體施行權勢的「利器」。韓非做這樣的解釋並不令人意外，徵
諸其〈勢難〉、〈功名〉、〈人主〉、〈主道〉諸篇，皆可見權勢是國君所需掌握
獨操者，自然不能輕易旁落，這個想法貫穿於《韓非子》全書。至於國君需
善用「賞罰」的觀點，也非韓非獨創，《管子》、《尹文子》、《商君書》都有相
同論述，於是賞罰不僅是國君所掌握的利器，更是國君賴以御臣治民的「二
柄」。然而，這樣的觀點並不見於《老子》，也不見老子談論任何國君御臣之
術，後人若依此而非難老子自然不妥，〔註44〕因爲這顯然是韓非所理解的「國
之利器」，而非老子所言的「國之利器」。

　　後有更有許多注家多爲老子辯解，認爲老子並無權詐之意。〔註45〕我們

〔註44〕後人受韓非影響，有謂此章爲老子權詐之術，其中又以宋儒爲最。如程明道
　　　　說：「予奪翕張，理所有也。而老子所言非也。予之之意，乃在乎取之，張之
　　　　之意，乃在乎翕之，權詐之術也。」（《二程粹言·論道》）；程伊川：「老氏之
　　　　學，更挾權詐。若言與之乃意在取之，張之乃意在翕之。又大意在愚其民而
　　　　自智。然則秦之愚黔首，其術蓋亦出於此。」（《二程集·遺書》，卷十五）朱
　　　　子對老子的批評更是不遺餘力，甚至直言「如老莊之徒，絕滅禮法。」（《朱
　　　　子語類》，卷四十二）宋儒批評老子固是站在儒家的立場，然其謂老子爲權詐
　　　　之術，卻是受到韓非影響，而往往將其歸於一類。朱子云：「老子說話大抵如
　　　　此。只是欲得退步占姦，不要與事物接。……故爲其學者，多流於術數，如
　　　　申韓之徒皆是也。」（《朱子語類》，卷一二五）「機關巧便，盡天下之術數者，
　　　　老氏之失也。故世之用兵算數刑名，多本於老子之意。」（《朱子語類》，卷一
　　　　二六）朱子對老子的批評，正可看出韓非解老所形成的一個老學系統，而宋
　　　　儒批評老子者尚有對漢初黃老的反駁，這裡正顯示了在歷史中所構成的一個
　　　　傳統視域對文本詮釋的影響。
〔註45〕宋·范應元《老子道德經古本集註》：「張之、強之、興之、與之之時，已有
　　　　翕之、弱之、廢之、取之之幾，伏在其中矣。幾雖幽微，而事已顯明也。故

暫且不論韓非解得如何，先看下文韓非所舉越王與夫差以及晉公和知伯的史事，便可知韓非「以退爲進」是爲了達到目的的一種手段，讓敵人更強是爲了加速其滅亡。盛極而衰本是老子論事物發展的一種自爲的能動性，這種變化是不待外力而成的。韓非所論顯然是一種「操之在我者」的主動性，即歙張弱強可以藉由外力所引導，是有所爲而爲，故用之於世便成爲權謀之論。但這是不是一種「曲解」，或是老子到底是否眞有此意，只是說得委婉？我們以爲，問題的核心不在於老子是否有此意，而是可不可從老子的文本中讀出此意。就韓非的解釋言，對於局勢的掌控是必須了解事物的生成變化，於是歙張弱強既是事物發展之理，人力只是加速其變化。老子雖沒有明說其是針對政事而言，但其「國之利器不可以示人」卻多了讓人聯想的空間。於是，我們不得不承認，不管老子有沒有權勢之意，從老子中確可讀出這個方向，或說老子之言本就不局限在哪一個層面，對於政治而言，強弱變化本也可以是一個循環的史觀。「微明」不僅僅指這種變化是隱微不顯的，更可以說是欲明事物變化的一個源頭。

所以，我們認爲韓非對老子的解釋是一種引申詮釋，但這種詮釋卻也不完全是空穴來風，隨意比附創造，而是老子文本所具有的開放性。因此對韓非做出一些情緒性的評價，是有失公允的。像陳鼓應說：「本章第一段乃是老子對於事態發展的一個分析，亦即是老子『物極必反』、『勢強必弱』觀念的一種說明。不幸這段文字被誤解爲含有陰謀的思想，而韓非是造成曲解的第一個大罪人。」〔註46〕老子或許沒有權謀思想，但從老子中讀出權謀思想並非罪過，同時亦非絕無可能。若說韓非曲解老子，在某種意義上，任何對老

曰『是謂微明』。或者以此數句爲權謀之術，非也。聖人見造化消息盈虛之運如此，乃知常勝之道是柔弱也。蓋物至於壯，則老矣。」（《無求備齋老子集成初編》，嚴靈峰編，台北：藝文印書館，1965 年，頁 35）明‧薛蕙《老子集解》亦云：「程子嘗曰：『老子書，其言自不相入處如冰炭，其初意欲談道之極玄妙處，後來卻入權詐上去，如「將欲取之，必固與之」之類。』……雖大儒之言，固未可盡執以爲是也。竊謂此章首明物盛則衰之理，次言剛強之不如柔弱，末則因戒人之不可用剛也。豈誠權詐之術，而與二篇之言相反哉？夫仁義聖智，老子且猶病之，況權詐乎？」（《無求備齋老子集成初編》，嚴靈峰編，台北：藝文印書館，1965 年，頁 25）薛蕙駁難程子視老子爲權詐之術的誤解。薛蕙解此章與范應元同，都認爲老子此章所談爲事物自然之理，並不涉及任何人事上的權詐。

〔註46〕見《老子今註今譯及評介》，陳鼓應註譯，台北：臺灣商務印書館，1974 年修訂版，頁 143。

子的詮釋都可能是曲解，則這個問題的辯論便無結果可言。

（二）《老子》三十八章

> 上德不德，是以有德；下德不失德，是以無德。上德無爲而無以爲；
> 下德無爲而有以爲。上仁爲之而無以爲；上義爲之而有以爲。上禮
> 爲之而莫之應，則攘臂而仍之。故失道而後德，失德而後仁，失仁
> 而後義，失義而後禮。夫禮者，忠信之薄，而亂之首。前識者，道
> 之華，而愚之始。是以大丈夫處其厚不處其薄，居其實不居其華。
> 故去彼取此。

本章是《老子》〈德經〉之首篇，其重要性不下於〈道經〉之第一章。老子在本章區分「德」、「仁」、「義」、「禮」的兩個層次，即將這四者分爲上下。「上德」，是老子所讚賞的，因爲這是對道的實踐，更重要地是無意爲之，非刻意經營或強求德行之名，與此相反，便正是老子所批判的「下德」。同理，「仁」、「義」、「禮」在老子心中亦是如此，他只舉其最上者，分別論說。唯此四者亦有上下之別，從老子對其做一「失之而後之」的推衍可知。於是我們可以明白爲什麼老子要說「禮」是「忠信之薄，而亂之首」，因爲連「上禮」在老子的評斷中都是一種強求，一種強加於外的制約。人們往往以禮要求別人，希望別人能合乎自己所認定的「禮」，對老子而言，這當然是違反自然的。《老子》全書只此一處提到「禮」，但論及「仁」、「義」者卻有多處，其中可以十八章及十九章做一註解。十八章云：「大道廢，有仁義；智慧出，有大僞；六親不和，有孝慈；國家昏亂，有忠臣。」老子以其一貫的「反向」思考，提出了這章極爲重要的觀點，「仁義」的提出証明「大道」已經放失，且兩者之間有一反向的動能，即「大道廢，有仁義」；故欲回復「大道」，便需從「仁義」著手，此即「仁義亡，大道興」。十九章可與此並觀，其云：「絕聖棄智，民利百倍；絕仁棄義，民復孝慈；絕巧棄利，盜賊無有。此三者，以爲文，不足，故令有所屬。見素抱樸，少私寡欲。」三者，指「聖智」、「仁義」與「巧利」，將「巧利」與前兩者並稱，是老子表示「聖智」、「仁義」與「巧利」爲同一層次，都是混亂社會的根源嗎？還是「聖智」與「仁義」爲後世所誤用，喪失了原本的意義呢？顯然地，老子反對的是「以爲文」，即後天人爲的巧飾，故「素樸」便成爲老子所嚮往的一種純眞狀態。

於是乎，我們看到老子似乎批評「聖智」，詆毀「仁義」，但若不能明白老子所反對的是經過「文飾」的「仁義」，而以儒家的立場來反駁老子，自然

不能相應。於是在三十八章云「禮」為「忠信之薄而亂之首」，便是針對「禮」之用為一種文飾而加以批評，其弊為易使人們只知被動的遵循或模仿，更糟糕的是「有心」為之，這也是老子在區分「上德」與「下德」一個重要關鍵。前者是「無以為」，後者是「有以為」，此二者處世之法皆是「無為」，但居心不同，故分上下。〔註47〕不管怎麼說，老子反對後天人為的一切規範是殆無疑義的。

　　至於韓非則用了很大的篇幅來解說老子這一章，首先我們來看看他如何談「德」：

> 德者，內也；得者，外也。上德不德，言其神不淫於外也。神不淫於外則身全，身全之謂德。德者，得身也。凡德者，以無為集，以無欲成，以不思安，以不用固。為之欲之，則德無舍，德無舍，則不全。用之思之，則不固。不固則無功，無功則生於德。德則無德，不德則有德。故曰：「上德不德，是以有德。」

> 所以貴無為無思為虛者，謂其意無所制也。夫無術者，故以無為無思為虛也。夫故以無為無思為虛者，其意常不忘虛，是制於為虛也。虛者，謂其意無所制也。今制於為虛，是不虛也。虛者之無為也，不以無為為有常。不以無為為有常則虛，虛則德盛，德盛之謂上德。

> 故曰：「上德無為，而無不為也。」

老子將「德」分為「上德」與「下德」，但韓非卻將「德」另外分出一義──「得」，「德」指內，「得」指外。「德」字本作「悳」，《說文解字》云：「悳，外得於人，內得於己也。悳直心。」「直」之本意原為目不斜視，與「心」結合成一會意字「悳」，意指內心之純正不阿。許慎將其解為「外得於人，內得於己」，顯然與儒家「內聖外王」的觀念有關。至於「德」與「得」雖為通假字，〔註48〕但兩者之本義實不相同，我們回頭看韓非將「德」與「得」二分，他所言的「德」較偏於「內得於己」，而「得」則是「外得於人」。這個解法

〔註47〕 此章以王淮所論為是，故引用之。見王淮：《老子探義》，台北：臺灣商務印書館，1990 年九版。

〔註48〕 《廣雅・釋詁三》：「德，得也。」；《墨子・節用上》：「是故用財不費，民德不勞，其興利多矣。」孫詒讓《墨子閒詁》：「德與得通。」；《荀子・解蔽》：「宋子蔽於欲而不知得。」俞樾《諸子平議》：「古得、德字通用。」另於《孟子》、《管子》、《潛夫論》中皆有其例，顯見「德」與「得」通假至漢代仍普遍通行。

與韓非所做的老子詮釋有密切關係，因爲他所說的「德則無德，不德則有德」，意爲「得則無德，不得則有德」，而此「德」並非無心無欲，而是不輕易顯露，不著痕跡。因爲就韓非而言，這是帝王的統治之術，「德者」必須「神不淫於外」，甚至不能常將「無爲」、「無思」掛於心中，否則便易著了形跡，而非眞正的「虛」了。這正是〈主道〉所云之「函其跡，匿其端，下不能原。」才能「明君無爲於上，群臣悚懼乎下。」因此對於「德」的解釋，關連到韓非下面解「上德無爲，而無不爲」這句。

　　本句的「無不爲」或作「無以爲」，歷來有兩個不同版本，若是「無以爲」則意爲「以無爲之」，與前句「上德無爲」似有重複，但也與下句「有以爲」成一對比，可清晰顯示老子所強調的「無爲」；至於「無不爲」則帶有目的或結果，這也是法家用以轉而爲統治者之「術」的重要關鍵。在今日所見《老子》諸本中，「無爲而無不爲」句並不見於帛書甲、乙本，高明先生曾做過詳細論證，而得出結論：

> 通過帛書甲、乙本之全面校勘，得知《老子》原本只講「無爲」，或曰「無爲而無以爲」，從未講過「無爲而無不爲」。「無爲而無不爲」的思想本不出於老子，它是戰國末年出現的一種新的觀念，可以說是對老子「無爲」思想的改造。〔註49〕

然而，在郭店楚簡中的乙本簡文，卻出現「亡爲而亡不爲」一句，丁原植遽以推翻高明的結論。〔註50〕事實上，竹簡的出土只是更證明了《老子》一書在戰國流傳時有諸多版本，姑且不管《老子》最初有沒有「無爲而無不爲」一句，此句在《韓非子》一書卻有重要地位。之所以言其重要，便在於「無不爲」使「無爲」有了目的與效果，「無爲」有了動機便不再單純，不管再怎麼說明「虛者之無爲也，不以無爲爲常有」，或是「爲之欲之，則德無舍」，都在「無爲而無不爲」這一句顯示了法家的思想。無任於心，不泥於外物的「無爲」，成爲人君治國所需的御下之術，因而能使臣子「無不爲」。是故，若時時以「無爲無思」掛寄心中，仍達不到眞正的「術」；至於「意無所制」之虛，即超越了有意爲虛，才能完全發揮「無爲而無不爲」的功效。〈主道〉篇說的更清楚：「道在不可見，用在不可知。虛靜無事，以闇見疵。」人主的

〔註49〕關於高明先生的校勘論證，見其著《帛書老子校注》，北京：中華書局，1996年，頁 3；55～57；421～425。本句引文見頁 425。

〔註50〕見丁原植：《郭店竹簡老子釋析與研究》，台北：萬卷樓，1998 年，頁 93。

深不可測，才是「虛」，才是「道」，才能達到控制群臣的目的，這就是「道用」，亦爲人君所用之「術」。〈難三〉云：「術者，藏之於胸中，以偶眾端，而潛御群臣者也。」〈定法〉亦云：「術者，因任而授官，循名而責實，操殺生之柄，課群臣之能者也，此人主之所執也。」「術」的隱密性配合「法」的運用，便構成韓非所論人君治國最重要的原則，而「道」之「惟惚惟恍」的不可言說性，就成爲人主的無爲之道，這實爲韓非對於老子學說的一個最關鍵的詮釋。

至於本章之後解「仁」、「義」與「禮」者，基本上韓非順著「無以爲」、「有以爲」及「攘臂而仍之」的層次來解釋。其中尤可注意的是他對「禮」的說解，他說：

> 禮者，所以貌情也，群義之文章也，君臣父子之交也，貴賤賢不肖之所以別也。中心懷而不諭，故疾趨卑拜而明之。實心愛而不知，故好言繁辭以信之。禮者，外飾之所以諭內也。故曰：「禮以貌情也。」凡人之爲外物動也，不知其爲身之禮也。眾人之爲禮也，以尊他人也，故時勸時衰。君子之爲禮，以爲其身；以爲其身，故神之爲上禮。上禮神而眾人貳，故不能相應。不能相應，故曰：「上禮爲之而莫之應。」眾人雖貳，聖人之復恭敬，盡手足之禮也不衰，故曰：「攘臂而仍之。」

「禮」之由來，是「外飾之所以諭內」，即內心對師長國君的恭敬藉由行禮來表達，是一種外在的、可觀的、可用於檢視的標準。問題是，一旦成爲外在客觀化的標準之後，便往往會流於形式。孔子其實早已指出這種流弊的危險性，他重視禮，亦認爲禮是踐仁行義的具體方式，但其出發點必須是「表裡合一」的，亦即「行禮」是發自內心的恭敬，而非做做樣子，否則極易使「禮」成爲一個表面功夫，甚至爲有心人所利用。〔註51〕相較於孔子對禮的態度，

〔註51〕孟懿子向孔子問孝，孔子對曰：「無違。」至於「無違」所指爲何？孔子解釋道：「生，事之以禮；死，葬之以禮，祭之以禮。」（《論語・爲政》）不違背父母的具體方式，便是以禮事之。禮即「理」，是一種自然的人倫關係，並非強硬的規定。所以人的一切行爲必須依禮而行，否則便會造成社會的混亂。孔子云：「恭而無禮則勞，慎而無禮則葸，勇而無禮則亂，直而無禮則絞。」（《論語・泰伯》）指出無禮所產生的四弊，恭、慎、勇、直都是良好的德性，可是如果沒有禮來節制，便是太過，反而不好了。不過，禮畢竟只是行仁的一種方式，它不是死板板的規定，若以僵化的態度來看待禮節，就會產生嚴重的後果。不論禮樂的施行規則爲何，如果不能掌握根本的精神，就會變成

老子採取較激烈的反禮治主義，他明白「禮」既然是外在的行爲規範，就不可避免會成爲一種外在約束人們的強制力量，尤其是和統治者的權力結合之後。是故，老子要說：「夫禮者，忠信之薄而亂之首。」韓非在解這一句時，亦順著此意，他說：

> 禮爲情貌者也，文爲質飾者也。夫君子取情而去貌，好質而惡飾。夫恃貌而論情者，其情惡也；須飾而論質者，其質衰也。何以論之？和氏之璧，不飾以五采，隋侯之珠，不飾以銀黃。其質至美，物不足以飾之。夫物之待飾而後行者，其質不美也。是以父子之間，其禮樸而不明，故曰：「禮薄也。」凡物不並盛，陰陽是也；理相奪予，威德是也。實厚者貌薄，父子之禮是也。由是觀之，禮繁者實心衰也。然則爲禮者，事通人之樸心者也。眾人之爲禮也，人應則輕歡，不應則責怨。今爲禮者，事通人之樸心，而資之以相責之分，能毋爭乎？有爭則亂，故曰：「禮者，忠信之薄也，而亂之首乎。」

前有言，《老子》十九章將「仁義」視爲「文」，爲一後天的矯飾，故需對治這個問題，而需「見素抱樸」。韓非釋三十八章時，顯然把握住這一個觀點，而提出「情／貌」、「質／飾」的相對應關係，「禮」是一文飾，與「忠信」相對立。值得注意的是：韓非在「內／外」相對的架構下，提出了一個「彼消我長」的流動性概念。這個概念在《老子》中是一個相當重要的關鍵，即老子指出了事物的相對性，更強調了這個相對性的動能，前已論及，便是在這個動能之下，才能顯發自然生長之道。四十二章云：「萬物負陰而抱陽，沖氣以爲和。」清楚地顯示萬物皆稟賦陰陽二氣，而此二氣之調和與流轉使萬物得以生生不息。「故物或損之而益，或益之而損。」反覆循環，益之即損，損之即益。韓非顯然抓住了這個概念，而說禮愈豐盛繁備，實則情意愈淡薄，藉以突顯重禮之形式更甚於重精神之內涵的弊病。

　　乍看之下，韓非對於禮的批判與老子並無二致，有論者便認爲〈解老〉篇深得老子之意，故作者並非韓非。然而，韓非反對文飾之禮，反對繁複的禮，卻贊成有制度之禮，更贊同嚴格之刑罰，這是與老子不同之處。老子的

僵化的教條主義。孔子很擔心只講禮會有這種後果，所以他說：「禮云禮云，玉帛云乎哉！樂云樂云，鐘鼓云乎哉！」（《論語・陽貨》）；「人而不仁，如禮何？人而不仁，如樂何？」（《論語・八佾》）禮的背後精神是仁，在行禮的時候如果只是依照禮節一一去做，心中卻完全沒有誠意在，不過是做表面功夫而已。

政治立場很鮮明，就是清靜無爲之治，他說：「清靜爲天下正。」（四十五章）
又說：「爲無爲則無不治。」（三章），無爲無欲，則彼此相忘於道，如魚相忘
於江湖。是故其無爲是上下皆無知、無欲而無爲。也因此他不但反對禮，更
反對法。他說：「天下多忌諱而民彌貧。民多利器，國家滋昏。人多伎巧，奇
物滋起。法令滋彰，盜賊多有。」（五十七章）天下之治與不治，關鍵就在於
「無爲」與「有爲」，愈是嚴刑峻罰、橫徵賦斂，天下愈是紛擾不斷。可是韓
非卻在〈十過〉中舉出「國小無禮」是處理國事主要十過之一，足以危身亡
國；在〈亡徵〉中云：「國小而不處卑，力少而不畏強，無禮而侮大鄰，貪愎
而拙交者。」是亡國的徵象之一。如此一來，〈解老〉與韓非其它篇章豈不有
了衝突，到底韓非是重禮還是非禮呢？〈外儲說左上〉有這麼一個故事：

> 利之所在民歸之，名之所彰士死之。是以功外於法而賞加焉，則上
> 不能得所利於下；名外於法而譽加焉，則士勸名而不畜之於君。故
> 中章、胥己仕，而中牟之民棄田圃而隨文學者，邑之半；平公腓痛
> 足痺而不敢壞坐，晉國之辭仕託者，國之錘。此三士者，言襲法則
> 官府之籍也，行中事則如令之民也，二君之禮太甚。若言離法而行
> 遠功，則繩外民也，二君又何禮之？禮之，當亡。且居學之士，國
> 無事不用力，有難不被甲；禮之，則惰耕戰之功，不禮，則害主上
> 之法。國安則尊顯，危則爲屈公之威，人主奚得於居學之士哉？故
> 明王論李疵視中山也。

中章、胥己因名聲而獲趙襄子重用，叔向因能禮讓爲國，孔子稱其古之遺直。
但是這三人在韓非看來，不但有沽名釣譽之嫌，更會危害君主之威信，是不
合法度的。此外，在〈難一〉中，韓非亦批評雍季之迂闊及晉文公之爵賞失
當，蓋舅犯所言：「繁禮君子，不厭忠信；戰陣之間，不厭詐僞。」才是眞善
言也。可見國家的利益及富強是擺在第一要位的，忠信之道不是絕對不移的。
再者，本篇針對管仲告誡齊桓公除去豎刁、易牙及開方三人，桓公不聽，以
至死後蟲出戶不葬，批評管仲並沒有說明上下之法度，韓非進一步說明「明
主之道」爲何，是一段很重要的話。他說：

> 設民所欲，以求其功，故爲爵祿以勸之；設民所惡，以禁其姦，故
> 爲刑賞以威之。慶賞信而刑罰必，故君舉功於臣，而姦不用上，雖
> 有豎刁，其奈君何！且臣盡死力以與君市，君垂爵祿以與臣市。君
> 臣之際，非父子之親也，計數之所出也。君有道，則臣盡力，而姦

　　不生；無道，則臣上塞主明，而下成私。

原來，君與臣的關係不是如父子般的親愛忠信，而是建立在賞罰制度上，一如商品交易之契約，按規矩辦事。而這個規矩就是──禮法，言「禮」者，實爲法之包裝。所以〈難一〉中有謂：「仁義者，不失人臣之禮，不敗君臣之位者也。」〈難勢〉、〈忠孝〉中皆大倡尊君之道，顯見其重視的是君尊臣卑之階級劃分的禮法，而且必須嚴格執行，而不是繁文縟節、應酬做作之禮文。因此，我們得認清在〈解老〉中似與老子一般地反禮言論，實則與老子整體學說有所區別，且有韓非重法學說隱藏於其中。

二、以「理」釋「道」的形上學轉向

　　綜觀《韓非子》全書，韓非重國家法治，企圖建立一君主集權制度的思想，顯明清楚，自不待言。然就此中心思想言，韓非與儒、道皆不相同，爲何他要釋老？如何釋老？前已分析其解老時所關注的「無爲而無不爲」及「絕聖棄智」等看似道法相通之處，而一般論者也都以此論韓非承襲老子思想處。只不過，韓非既然集諸子之大成，對於老子的吸收運用絕非僅只於從「將欲歙之，必固張之」、「無爲而無不爲」等句引申爲君主執勢任術之用；其中更重要的關鍵是他通過對老子「道」的「形上學」化，將其轉變爲君主駕馭人臣、統治全國的理論基礎，構造了一個終極的道（君主）與萬理（臣子百姓）間「道稽萬理」的形式，君主由此獲得了主勢之正當性，故「勢之爲道也，無不禁。」（〈難勢〉）

　　老子對於「道」有許多描述，其中涉及「道」與天地萬物關係的部分，老子有一些類似宇宙論的說明，「道」似乎是先於萬物而存在；但「道」又是個「惚恍」的「無狀之狀，無物之象」，（《老子》十四章）似不能以一實體視之，更何況「致虛極，守靜篤，萬物並作，吾以觀復。」（《老子》十六章）「道」並非一超越萬物的獨立實體，而是在「萬物並作」的自然運行中才能顯「道」之存在，「道」與「萬物」不是一個二分的形而上與形而下的區別。尤其是「道」與「德」的關係，《老子》二十一章云：「孔德之容，唯道是從。」似乎在說明「德」從屬於「道」，「道」是「德」之本；然本章後云：「道之爲物，唯恍唯惚。惚兮恍兮，其中有象。恍兮惚兮，其中有物。」「道」與「象」並非清楚可分，這正是「大象無形」的一個「恍惚」的境域。而韓非對於「道」與「德」的論述，卻明顯地將之導向爲「德者道之功」（〈解老〉）的路上。〈揚

揚榷〉篇中有一段重要的文獻：

> 夫道者弘大而無形，德者覈理而普至。至於群生，斟酌用之；萬物
> 皆盛，而不與其寧。道者，下周於事，因稽而命，與時死生；參名
> 異事，通一同情。故曰道不同於萬物，德不同於陰陽，衡不同於輕
> 重，繩不同於出入，和不同於燥溼，君不同於群臣。凡此六者，道
> 之出也。道無雙，故曰一。是故明君貴獨道之容。君臣不同道：下
> 以名禱，君操其名，臣效其形，形名參同，上下和調。

「道」能稽理萬物，故其弘大無形，而能爲萬物所有者則爲「德」，故「道」
爲一、爲本。〔註 52〕最特別的是，韓非將「君／臣」對比爲「道／萬物」的
關係，即「萬物」自「道」而生，以「道」爲依循的準則；同理，國君操「形
名之術」，便得御使臣下，達到無爲而無不爲的目的。是故「有言者自爲名，
有事者自爲形。形名同參，君乃無事焉。」（〈主道〉）人主持賞罰二柄，不自
操事，便得以形名收臣，而此術數，竟與「道」相比附。

「道」雖是弘大無形，但藉著「德」而使萬物得以體察「道」之意，於
是韓非要求君主也能效法「道」之無爲無形，這就是國君統御臣子的「術」。
〔註 53〕值得注意的是韓非並不僅將老子的「無爲」橫向移植爲其君主之「勢」，
他更透過〈解老〉、〈喻老〉、〈主道〉、〈揚榷〉等篇對「道」的詮釋，爲其政
治理論尋求一個根源性的支持。〔註 54〕正如同熊十力先生所指出的，「道」成

〔註 52〕 關於韓非這幾句話，馮友蘭曾做說明：「道是構成萬物的實體，『其大無外』
所以說是『弘大』，但又是『視之不見，聽之不聞』，所以說是『無形』。德是
一個事物所得於道的一部分，事物有了這一部分，就有它的性質，所以說是
『覈理』。每一個事物都有它的德，所以說是『普至』。所有的事物從道得
到多或少的一部分，有或大或小的德（『至於群生，斟酌用之』）。一切事物都
有所得於道，都有其德，然後才能成其爲某種事物（『萬物皆成』）。道並不是
有目的地使萬物安寧，而它們自然安寧（『而不與其寧』）。」（見馮友蘭：《中
國哲學史新編》第二冊，北京：人民出版社，1984 年，頁 440）而任繼愈與
侯外廬亦視「德」爲「道」的體現。

〔註 53〕 《韓非子》書中常見法術並舉，但「術」較「法」更關係到國君能否有效的
駕馭臣子，所以全書不厭其煩地一再說明人臣所以成奸之方法，君主該如何
預防並執術的道理。而其中的關鍵在於：「術者，藏之於胸中，以偶眾端，而
潛御群臣者也。」（〈難三〉）此深不可測的權術，在韓非而言，是脫胎於老子：
「是以聖人處無爲之事，行不言之教。」（《老子》第二章）、「上德無爲而無
不爲」（《老子》三十八章）等章句。

〔註 54〕 韓非的整體學說若少了「道」是否能自足一個系統呢？蔡英文持肯定的立場，
認爲韓非思想中若不論「道」，仍無損於其法治學說。然蔡英文在論及「道」

了韓非主勢用刑之本體論，韓非引老子充實其形上學；〔註55〕而就另一個角度言，我們也可說老子經過了韓非的詮釋，使得「道」「形而上學化」了。韓非有一段非常重要的解釋「道」的說明：

> 道者，萬物之所然也，萬理之所稽也。理者，成物之文也；道者，萬物之所以成也。故曰：「道，理之者也。」物有理，不可以相薄。物有理，不可以相薄，故理之為物之制，萬物各異理。萬物各異理，而道盡稽萬物之理，故不得不化。不得不化，故無常操。無常操，是以死生氣稟焉，萬智斟酌焉，萬事興廢焉。

韓非以「理」釋「道」，「道」成了天地萬物之普遍法則。這是一個非常關鍵的詮釋，「道，理之者也」一句不見《老子》各本，論者或以為是韓非將《老子》第十四章：「以知古始，是謂道紀。」之「紀」誤為「理」，或是根本將「紀」改成「理」。〔註56〕不論韓非是有意或無意，都透顯出韓非以「理」釋「道」的用意，當「道」成為萬物之「理」時，「道」便被客觀化為一個具體的原理原則；「道」成為一常存不變的客觀主體，變的是從「道」而各有所得之「萬物」。故：「天得之以高，地得之以藏，維斗得之以成其威，日月得之以恆其光，五常得之以常其位，列星得之以端其行，四時得之以御其變，……凡道之情，不制不形，柔弱隨時，與理相應。」「道」是永恆不變的，而「理」則應時而變，於是〈解老〉中釋《老子》第一章時，便以「道／理」相應於「不變／變」來說明「不可道」與「可道」的對比，其云：

> 凡理者，方圓、短長、麤靡、堅脆之分也。故理定而後可得道也。故定理有存亡，有死生，有盛衰。夫物之一存一亡，乍死乍生，初盛而後衰者，不可謂常。唯夫與天地之剖判也俱生，至天地之消散

與「法」、「術」關係時，不但詳論其間的相互關聯，更直指韓非對於「道」的認識與運用，是針對國君一人而言，事實上這就間接證明了隱藏在韓非論法後的「道」的地位。參考蔡英文：《韓非的法治思想及其歷史意義》，台北：文史哲，1986年。

〔註55〕參見熊十力：《韓非子評論》，台北：臺灣學生書局，1998年。

〔註56〕清・顧廣圻《韓非子識誤》解此句云：「句有誤，按自上文道者萬物之所以然也以下，不見所解何文。詳老子第十四章有云是謂道紀，此當解彼也。紀，理也。」清・王先慎《韓非子集解》：「顧說是也，道字逗，紀、理義同，故道經作紀，韓子改為理。」（引自陳啓天：《增訂韓非子校釋》，頁749）事實上，這個說法十分牽強，因為〈解老〉篇中的「故曰」之後都是引《老子》原文，「道，理之者也」一句與《老子》第十四章文句根本不相同。更何況，「紀」能不能解為「理」還大有討論餘地。

也不死不衰者，謂常。而常者，無攸易，無定理。無定理，非在於
常所，是以不可道也。聖人觀其玄虛，用其周行，強字之曰道，然
而可論，故曰：「道可道，非常道也。」〔註57〕

「理」是「可道」者，是有形之定理，故應時而生，隨時而變，因此不能常
在；而「道」之「常」在於不顯其定形，故能久遠。「道」是玄虛、其用周行，
故得者全視其運用之妙，韓非在這裡仍是以教導國君為目的，一旦有所定形
反而不能長久，此即國君之御下之術，在於以「道」為師，故〈主道〉有云：
「道者，萬物之始，是非之紀也。是以明君守始，以知萬物之源；治紀，以
知善敗之端。」「道」雖也具萬物之源的宇宙論意義，但韓非更關心的是國君
如何能明瞭學習「道」之玄虛的長存，並以之為統治之術。是故，以「理」
釋「道」雖然將「道」的性格推向一個「稽萬物之理」的形而上境地，但韓
非的用意在於提醒人的主觀意願不能脫離客觀的規則，特別是針對國君而
論，這才是韓非所重視的「道理」。

由是觀之，〈解老〉與〈喻老〉兩篇做為詮釋《老子》的文章，有其特別
的詮釋角度，但也絕非胡言亂語或任意引用篡改老子原文，反倒開拓了老子
義理的空間。最後，我們再從〈解老〉與〈喻老〉兩篇所詮釋的《老子》章
節和內容，可以看到絕大多數集中在《老子》之〈德經〉部分，且解釋的內
容以「道用」為主。這或許也可說明韓非在解釋吸收老子思想時，對於老子
形上學義理的闡發較無興趣，亦或根本非其所長。〔註58〕也因此韓非並沒有

〔註57〕 〈解老〉篇釋《老子》第六十七章時，亦有相同的解說。原文如下：
　　　　凡物之有形者，易裁也，易割也。何以論之？有形則有短長，有短長則
　　　　有小大，有小大則有方圓，有方圓則有堅脆，有堅脆則有輕重，有輕重
　　　　則有白黑。短長、大小、方圓、堅脆、輕重、白黑之謂理：理定而物易
　　　　割也。故議於大庭而後言則立，權議之士知之矣。故欲成方圓而隨其規
　　　　矩，則萬事之功形矣。而萬物莫不有規矩。議言之士，計會規矩也。聖
　　　　人盡隨於萬物之規矩，故曰：「不敢為天下先。」不敢為天下先，則事無
　　　　不事，功無不功，而議必蓋世，欲無處大官，其可得乎？處大官之謂為
　　　　成事長，是以曰：「不敢為天下先，故能為成事長。」。
　　　　從規矩之有形到聖人之「不敢為天下先」，韓非之論仍不脫「無為而無不為」
　　　　的詮釋觀點。
〔註58〕 王邦雄先生曾論法家中之慎到「切斷了道家形上母道與形下子德之間的臍
　　　　帶，只重外在自然之物勢，轉而對人心不信任，故不貴內在之德而專任外在
　　　　之勢。」至於荀子則「阻塞了儒家由內在之仁發為外在之禮的通道，故只重
　　　　外在之禮法，而否定了人之道德自覺心。」（見《韓非子的哲學》，台北：東
　　　　大圖書，1988 年四版，頁 105）對於上承慎到及荀子的韓非而言，其學說著

花太多的篇幅來討論「道」的形上學性格，只是急切地將「道」界定爲天地萬物所需遵循之原理原則，而國君若能掌握此理，便具備了統御臣下之術。故本文所論韓非將「道」「形上學化」，即是針對此點而言。韓非所主張之實用的功利主義本是以富國強兵爲目的，故對國君之權力強調崇法尚術，自然使他在吸收老子思想時會有所取捨及採取特定的理解角度，這也是我們在討論老子與韓非的關係時必須留意的地方。

第三節　小　結

　　高達美與德希達同樣都源出於尼采、胡塞爾與海德格的思想，但他們彼此間的傳承關係只會造成更大的差異，與其說誰闡發了誰的思想，不如說這些哲學家在相互對話下形成更深更遠的問題視域；與其追溯哲學家的思想源頭，不如正視這些哲學家獨特的理論系統。造成一個又一個的哲學家不是直線形的歷史傳統，毋寧以高達美的「效果歷史」視之更能清楚地看到一個歷史傳承下學術發展的高潮迭起。不同於西方「青出於藍，更勝於藍」的學術發展，中國重視道統、學統的承繼關係，使得讀書人一味地「祖述孔孟」或不斷地追究先儒的「原意」，大多的注疏只是傳抄舊說，人云亦云，鮮少新義。當然，這樣的論述過於籠統，西方也不乏僅承繼師說者，《聖經》解釋更是絲毫不敢踰越教會的「正解」；而中國也並非沒有「開生面」的人，〔註59〕像王船山通過對經典的詮釋、批判與重建所呈現獨特的生命實存感，就是很好的例子。更何況道統與學統還涉及複雜的政統關係，非三言兩語可以輕易辨明。

　　當然，我們也並不贊同可以隨意地對文本的進行任何詮釋，肯定傳統所形成的「先見」、「偏見」或「成見」並不表示我們在進行詮釋時無所依從，

　　重在重國輕民、崇上抑下的現實功利價值觀。於是乎，老子之「道」在韓非中便只能是一個「標準」，是「法」的根源。〈主道〉云：「道者，萬物之始，是非之紀也。是以明君守始，以知萬物之源，治紀以知善敗之端。」〈飾邪〉亦云：「故先王以道爲常，而以法爲本。」將「道」視爲萬物運行所遵守之「理」，已使「道」變成一個高懸於世界之上的原理原則，「道」本有之通形上形下的性格就此截斷，這是韓非與老子言「道」之不同。

〔註59〕船山先生嘗自提居舍對聯云：「六經責我開生面，七尺從天乞活埋。」上聯顯見其學術志向，而他也因有強烈的歷史文化使命感，故勉力著述，以求學術之發展。（此對聯見船山子敔所作〈薑齋公行述〉，《船山遺書全集》，臺北：中國船山學會，1972年）

恰恰相反的是我們並非一開始便尋求某一個藉以倚靠的標準，然後依這個標準進行篩選；而是對這些理解保持一種開放的態度，一種能接納各種說法的心理狀態。否則我們一開始便認爲韓非對老子是一種曲解，則勢必無法靜心傾聽韓非如何解釋老子，更遑論對王弼或其他注解能有相應的理解。至於本章析論韓非注老中一些引人非議的章節，強調韓非自有其一套完全的詮釋系統，對於老子的解讀並非全然「引老入法」或是對老子有意誤解，而是韓非必然會受到老子思想中關於天道人事觀念的影響。至於從老子中究竟有沒有權詐之術，重點不在老子怎麼想，而是老子所留下的五千言可不可以有這樣的解讀取向。而最重要的是，韓非解釋老子的「道」，爲法家理論尋求一個形上學的根基，從另一個角度言，也可說是「道」被「形上學化」了。

做爲老子之後第一個以注解形式出現的作品，〈解老〉、〈喻老〉篇無疑是注老傳統一個重要的開創者，後人討論老子，可以不贊同韓非，但不能避開這兩篇不談。姑且不論〈解老〉、〈喻老〉兩篇到底是不是韓非所作，至少就《韓非子》全書而言，與老子的關係可說已是昭然若揭。此外，韓非對於老子的解釋是否爲一達解？事實上這個問題的提出已顯然承認韓非受到了老子的影響，當韓非試圖理解老子，不管是引老以爲己用或欲傳達老子之意，當其解釋老子時，便已與老子進行了一場對話。所以，《韓非子》中的〈解老〉、〈喻老〉不再是一個是否相應於老子的問題，更不是一個據以爭論作者是否爲韓非的問題，因爲這些問題都無礙我們透過這兩篇，甚至《韓非子》中其他涉及老子詮釋的篇章來理解老子。當我們持續與《韓非子》對話，我們不但能理解韓非，更能理解韓非眼中的老子，也可與我們所理解的老子進行對話。如果今天少了韓非或法家對老子所做的詮釋，《老子》書中的意涵會不會就此失色不少？同理，如果今天少了王弼的注釋，後世又會怎麼樣來談論老子？是能更了無罣礙地直探老子，還是老子思想更隱而未顯？下一章乃從王弼《老子注》進入王弼詮釋的老子。

第四章　王弼的老子詮釋

　　在中國傳統眾多注老、解老的作品中，王弼的《老子道德經注》一向被視為老子的最佳注解，甚至當時一代談宗何晏見王弼《老子注》成，亦自認不如，驚嘆：「仲尼稱後生可畏，若斯人者，可與言天人之際乎！」〔註1〕可見在何晏眼中，王弼之學能通天人。而王弼注一出，學者咸認為能一掃漢儒貴黃老、尚陰陽，以及視老子為權謀道術的思想，深化了老子形上學的內容，並在會通儒、道兩家上有精闢的論述。宋代晁說之更讚曰：「王弼《老子道德經》二卷，真得《老子》之學歟！……完成一家之學。後世雖有作者，未易加也。」〔註2〕王弼的《老子注》受到眾多的讚賞與注目，相較於韓非注老將重心放在社會政治理論，王弼的《老子注》顯然更著意發揮老子形上學的部分，其「崇本息末」的詮釋原則和「以無為本」的老學論述，構成了王弼獨特的老子詮釋。當然，我們要問這樣一本被視為能得老子意的注疏，到底其所得之意何在？當王弼說《老子》之書可以「崇本息末」一言以蔽之時，不得不讓人聯想此「一言」所代表的意思，王弼固然以為其以「一言」掌握老子是充分發揮「崇本息末」的詮釋原則，但老子會不會在這個簡化中喪失多樣豐富的涵意？

　　王弼是眾多注老學者中最受矚目的大家，原因無他，相較於其他注老者，《老子道德經注》對《老子》一書確有獨到的詮釋，一般咸認為能傳達老子

〔註1〕此句語出《三國志・鍾會傳》裴松之注引何劭《王弼傳》。何晏當時本已注解《老子》，但見王弼注之精奇，便停手不寫，另作〈道〉、〈德〉二論。此事載於《世說新說・文學》第七條和第十條。可見何晏對王弼《老子注》之佩服與讚賞。

〔註2〕晁氏語見藝文印書館影印古逸叢書本之王弼《老子注》篇前所引。

旨意，深明老子之微言大意。然而，亦有學者認為王弼的注老與原意距離甚遠，甚至是藉注經以抒己意。〔註3〕於是我們不禁要問：到底王弼的注與《老子》有何關係？這兩種對王弼不同的評價何者正確？或者都有問題。其實，之所以對王弼的注文做出好壞的評價，論者皆以是否符合「老子原意」為標準，但是，這個標準本身是有問題的。就詮釋學的觀點言，注文與原典之間的「距離」是任何詮釋都存在的，沒有一種詮釋是與「原意」相符。〔註4〕所以對所有討論「王弼理解的老子」的論者而言，已經是一個再後設的論述，論者所論述的老子或王弼文本的意義都已是「被賦予」的意義，誰又能「正確」掌握住老子甚至王弼的「原意」呢？如此一來，更遑論將兩者進行比較。於是，問題的關鍵並不是要為王弼的注釋與《老子》原文做一意義上的比較判準，而是得了解王弼透過什麼方式來詮釋老子？這種詮釋對於後世理解老子有何影響？老子在這個詮釋系統下會向哪一個方向開展？這才是我們討論

〔註3〕 晉人范甯曾批評當時「以浮虛相扇，儒雅日替。」原因在於「其源始於王弼、何晏，二人之罪深於桀、紂。」（《晉書・范甯傳》）勞思光曾謂「王弼注老，只了解老子理論之一部分；對老子理論中真需要闡釋之處，反而無能為力。」「解易則屬張冠李戴，強以老子觀點說易，不唯與易卦爻辭之本旨相去甚遠，且與所謂『易傳』思想亦有相當距離。」（見其《新編中國哲學史》，頁166；161）在指責王弼的諸多論點中，亦可見離以儒家立場駁之，或根本否定魏晉玄學，如此一來，對王弼思想做出負面評價的原因又更形複雜。

〔註4〕 對「時間間距」（Zeitenabstand）的反省，是當代詮釋學的一項重大課題。傳統解釋的概念是為了拉近因時空所造成的作者、文本與讀者間的距離，解釋的任務就是跨越、克服間距，達到真正的「原意」。高達美卻指出，我們試圖理解的歷史流傳物具有「陌生性」（strangeness）和「熟悉性」（familiarity），間距就是指陌生性與熟悉性兩極之間的中間地帶。而間距的作用就是連接著陌生性與熟悉性，成為已過去的歷史與理解者所生活的時代中介。於是，文本的意義就不會僅能是作者才能賦予意義，由於時間的作用，現代人對文本的理解已融入其中。是故，文本的意義實際上是理解過程中所呈現的意義，「時間間距」並非一封閉之維，而是本身就不斷地運動和擴展。（相關觀念參見高達美：〈時間距離的詮釋學意義〉、〈歷史的連續性和存在的瞬間〉及〈在現象學和辯證法之間——一種自我批判的嘗試〉，均見《真理與方法》第一、二卷）而呂科爾則延續高達美的「視域融合」來討論間距，由於間距所產生的間距化作用，使得一切企圖理解文本的「原意」無法達成，於是，讀者只能按照文本自身所展示之多方面的、不確定的和開放的「意欲語境」來理解，而「意欲語境」與理解者的語境建立一種新的「語境關聯」，而我們就是在這種「語境關聯」中理解文本。（參見呂科爾：《解釋學與人文科學》，河北人民出版社，1987年）因此，「時間間距」不是一個待克服的距離，反而須正視這個距離的存在。

王弼思想的焦點所在。所以本章即從王弼的詮釋方法切入，先論其「崇本息末」，再討論他如何處理「言意之辨」的問題，然後再討論王弼的思想中想要達到「名教與自然合一」之目的。〔註5〕透過對王弼詮釋方法的剖析，我們可以重新檢討在中國注解老子的傳統中，王弼所扮演的角色，也唯有放在整個詮釋傳統的脈絡下，或可還原經典詮釋的某些面貌。最後，我們還要檢討王弼注對中國注老傳統有什麼影響，本文把焦點放在當今的老學詮釋，希望能梳理出在王弼注老所形成的一個「道」的形上學化的詮釋傳統下，當今重要注老者所做的反省。

　　王弼除了《老子道德經注》外，另有〈老子指略〉一文，〔註6〕說明他注老的詮釋方法與方向，是我們解讀其注的重要參考文獻。此外，王弼尚有《周易注》與《周易略例》，學界多認爲王弼「援老入易」，並一掃漢儒以象術解易的方式。事實上，將《周易》與《老子》相發明的方式，一直是道家以迄道教學術的重要特徵，東漢魏伯陽之《周易參同契》便結合了易老以言丹道，至宋元之際的李道純言內丹修持而以《周易》、《老子》爲群經之祖，故在易學史上有道家易與道教易兩個易學脈絡。〔註7〕王弼「以老注易」絕非一時興起或刻意爲之，實爲《周易》與《老子》的關係由來已久，甚至可能「老出於易」，於是「以老注易」或「以易注老」更顯兩者之間的內在思想聯繫。〔註8〕關於易

〔註5〕 關於「崇本息末」所論之「無／有」問題，「言意之辨」中辯難「言盡意」或「言不盡意」以及「名教與自然」如何會通等三個論題，也正是魏晉玄學的核心與重點所在。因此將王弼與當時名士談辯內容或與其時學風思潮相比較，亦可從旁突顯王弼思想的內涵，或可進一步發現他在老子的詮釋傳統中的地位。然本文僅從王弼的注解來梳理其思想脈絡，至於對王弼在魏晉思潮中的定位及比較，待另文再論。

〔註6〕 近人王維誠據《雲笈七籤》之〈老君指歸略例〉與《道藏》中〈老子微旨略例〉輯成〈老子指略〉一文，認爲此即王弼〈老子指略〉佚文，學者多無異議。關於此文發現、考訂的報告，詳載於《北京大學國學季刊》，第七卷第三號，1952年，頁367～376。

〔註7〕 參見朱伯崑：《易學哲學史》，北京：北京大學出版，1986年。

〔註8〕 陳鼓應曾詳論《周易》與先秦道家在思想上的內在聯繫，謂「老子在天道觀及辯證法思想的課題上率先引易入道，其後《易傳》引道入易，使易學有著哲學化的傾向。」這個論點對理解老子與易的關係是很重要的，因爲我們可以明白不論王弼是「以老注易」或「以易注老」，並不能將其單純視爲以一種學說解釋另一種學說，也不是王弼慧眼獨具認爲兩者間有相通之處，實因老子思想中原有易的成份。更何況上溯易學系統，在戰國時便已分化出「黃老易」和「莊老易」兩個系統，形成後世所謂「道教易」與「道家易」兩個流派。王弼對易的注釋必須放在這個易學的脈絡下來看，才能清楚其解易最大

學的討論非本文主旨，但王弼的《周易注》與《周易略例》卻是我們在討論其注老的詮釋系統時重要的參考文獻。當然，王弼還著有《論語釋疑》，今雖亡佚，但仍有部分佚文保留在何晏《論語集解》的邢昺《論語正義》和皇侃《論語義疏》中，對於了解王弼思想亦有一定助益。

第一節　解經的方法——崇本息末

　　「本」、「末」的使用原是日常生活中常見的用語，而王弼卻將其賦予哲學的意涵，並提出「崇本息末」的原則，藉以詮釋《老子》，甚至引以爲詮釋《周易》及《論語》的方法，達到貫通「體／用」、「無／有」的目的。〔註10〕簡單的說，「崇本息末」是王弼思想體系的中心，也是王弼解經的一般原則。在〈老子指略〉一文中，他明確指出：

> 《老子》之書，其幾乎可一言而蔽之。噫！崇本息末而已矣。觀其所由，尋其所歸，言不遠宗，事不失主。文雖五千，貫之者一；意雖廣瞻，眾則同類。解其一言而蔽之，則無幽而不識；每事各爲意，則雖辯而愈惑。〔註9〕

這是一段非常重要的文獻，王弼自述其詮釋老子的方式爲「崇本息末」，我們也可以依此線索來考察王弼對老子的解讀。只不過，王弼提出的「崇本息末」觀

的貢獻是一反漢易黃老學重視象數，用「崇本息末」的觀念來建構其易學觀，而上承「莊老易」的系統。他在〈明象〉中批評象數最大的問題是「存象忘意」，因而提出了「忘象求意」的原則。也因此在討論王弼注老時，不能忽略其易注。關於易老關係，可參看陳鼓應：〈先秦道家易學發微〉、王葆玹：〈"黃老易"和"莊老易"——道家經典的系統性及其流變〉，以上兩文收於《道家文化研究》第十二輯，北京：三聯書店，1998年。

〔註10〕林麗眞：《王弼》（東大，1988年）一書，依「崇本息末」爲中心綱領詳論王弼注《老》、《易》、《論語》的脈絡，並據以檢視王弼詮釋儒道兩家經典時的思理內涵與應用及發揮，基本上掌握了王弼學說的中心，其論點亦爲本文所取。唯仍須注意的是，林書將王弼論本末的關係做出「體用關係」、「相對關係」與「統合關係」三個層次的論證，並據此架構王弼「崇本息末」的體系，如此分析，可能有推論過當之嫌。尤其是套用佛教禪宗青原惟信的山水公案三階段境界論來說明王弼三個層次的理論架構，是否恰當，還有商榷的空間。因爲王弼的「本／末」觀有沒有經過本末不離、相離至統合的三個境界辯證過程，是值得懷疑的。

〔註9〕本文所引王弼原文，據《王弼集校釋》，樓宇烈校釋，北京：中華書局，1980年。

點不僅僅是爲了替老子之學提出一個總綱，更有依此而爲解《周易》、《論語》之法。王弼於《周易略例‧明象》有云：「物無妄然，必由其理。統之有宗，會之有元，故繁而不亂，眾而不惑。」「故自統而尋之，物雖眾，則知可以執一御也；由本以觀之，義雖博，則知可以一名舉也。」「執一御繁」雖有其力拒漢儒繁瑣象數之學的時代背景，但更有整體思想的一貫性。《論語釋疑》中同樣以「執一統眾」爲綱領，〔註11〕注〈陽貨〉「予欲無言」章，更謂：「予欲無言，蓋欲明本。舉本統末，而示物於極者也。」「予欲無言」成了老子「行不言之教」的聖人，於是「既求道中，不可勝御，是以修本廢言，則天而行化。」此「修本廢言」、「舉本統末」正是王弼一以貫之的方法與認識論。然而，採取這樣的方式來解說儒、道兩家思想是否恰當，一直是爭議的焦點，後世毀譽參半。〔註12〕其實，問題的焦點並不在於可不可以用「崇本息末」這樣一個概念來詮釋《老》、《易》及《論語》，而是都用同樣的「崇本息末」能不能讓這些經典的意義呈現出來。「援老入易」並不是什麼錯誤，也無關乎「聖道復睹」或「惑世誣民」等沈重的歷史評價，更何況若《老》、《易》同源，又何來「援老入易」之譏。

讓我們回到王弼的解經之法，討論王弼一以貫之的「崇本息末」意義爲何。王弼雖然指出「崇本息末」可「一言以蔽之」《老子》一書，但是並沒有針對此義加以解釋。觀〈老子指略〉中，有「崇本以息末，守母以存子」一句，「守母以存子」語本《老子》五十二章：「天下有始，以爲天下母。既得其母，以知其子；既知其子，復守其母。」老子在本章顯然以「母／子」對舉展示一個連續、先後的觀念，即就宇宙的生成而言，「道生之」一如母親般爲創生之源。然而，更關鍵的是在後兩句，即母生子後，母與子間有一共通的連繫，故得母以知子，知其子又不能捨其母，故「母／子」雖相對卻又相

〔註11〕　《論語釋疑》中隨處可見「執一統眾」之說，其注〈八佾〉「林放問禮」章，云：「時人棄本崇末，故大其能尋本禮意也。」批評當時人只尚禮之形式，而不知禮之本。注〈里仁〉「一以貫之」章，云：「夫事有歸，理有會。故得其歸，事雖殷大，可以一名舉；總其會，理雖博，可以至約窮也。譬猶以君御民，執一統眾之道。」顯然王弼對這一章加以發揮，直陳其「執一統眾」的認識論。

〔註12〕　就易學言，譽者讚其「獨冠古今」（孔穎達：《周易正義‧序》）、「功不可泯」（黃宗羲：〈象數論序〉）；詆者斥爲「罪深桀討」（范甯語，《晉書‧范汪傳附范甯傳》）、「惑世誣民」（稅汝權語，朱彝尊《經義考》卷十引）。朱彝尊之《經義考》尚引有多位學者對王弼的批評，然這些毀譽之辭多半未詳論王弼的解釋對於經典的意義有無開創性，而僅僅是站在非儒或非道的立場加以詆毀。

成，不能偏一而廢。然而王弼如此注：「母，本也。子，末也。得本以知末，不舍本以逐末也。」顯然王弼將重心移至「本」（母），強調「本」的重要。老子所云「母」、「子」之間的相互關係，在王弼則偏於「得母知子」，而輕忽了「知子守母」這一往復循環。其三十八章注云：

> 本在無為，母在無名。棄本捨母，而適其子，功雖大焉，必有不濟；名雖美焉，偽亦必生。……載之以道，統之以母，故顯之而無所尚，彰之而無所競。用夫無名，故名以篤焉；用夫無形，故形以成焉。守母以存其子，崇本以舉其末，則形名俱有而邪不生，大美配天而華而不作。故母不可遠，本不可失。仁義，母之所生，非可以為母。形器，匠之所成，非可以為匠也。捨其母而用其子，棄其本而適其末，名則有所分，形則有所止。雖極其大，必有不周；雖盛其美，必有患憂。功在為之，豈足處也。

本章注解更是極力強調「本」（母）之重要，即王弼落在現象界從母到子的時間先後上，以其為不可逆返，故母先子後，重點在母而非子。也因此我們可以理解王弼「崇本息末」論，重視的是「本」，故一切萬物皆有所本，要明白事物之理，必得掌握其本。雖然「崇本息末」之「息」為「舉」，可見「息末」並非平抑，而是得到，即從「本」可知其「末」。然而，王弼一再強調「本不可失」，不可「捨本逐末」，已然顯其所重者。

　　就批評後天文飾，人們迷失於外表形體這點而言，王弼所論與老子思想是一致的。問題是，當王弼極力倡議「崇本息末」，以「本／末」、「母／子」代稱「無／有」，便可見其論述中常偏於「本」，強調「守母」、「崇本」之重要，「末」與「子」的價值，端視是否有掌握「本」與「母」。這樣的論述與老子「有無相生」之概念已有出入，亦即「本／末」的關係在王弼已開始絕對化，老子論「道」的「反」之動能漸漸靜止。〈老子指略〉尚云：

> 凡物之所以存，乃反其形；功之所以剋，乃反其名。夫存者不以存為存，以其不忘亡也；安者不以安為安，以其不忘危也。故保其存者亡，不忘亡者存；安其位者危，不忘危者安。善力舉秋毫，善聽聞雷霆，此道之與形反也。……夫欲定物之本者，則雖近而必自遠以證其始。夫欲明物之所由者，則雖顯而必自幽以敘其本。故取天地之外，以明形骸之內；明侯王孤寡之義，而從道一以宣其始。

「道」與「形」對舉，並指明執著於「形」者亡，即只執守於事物，反而不

能保存事物。故其舉「善力舉秋毫」與「善聽聞雷霆」來說明「道之與形反」，樓宇烈校釋這兩句很清楚，他說：「『秋毫』、『雷霆』是一般人都能舉起和聽到的。然而『善力』者也恰恰表現在他能舉起『秋毫』，『善聽』者也恰恰表現在他能聽到『雷霆』，這說明『善力』與『善聽』的本質和他們『舉秋毫』、『聞雷霆』的現象是互相相反的。」〔註 13〕所以，王弼認爲事物的本體與現象兩者是「相反」的，兩者不可混同，而且「道」與「形」還有境界之別，「善力」與「善聽」便代表一個體道的境界。於是「從道一以宣其始」，便是王弼的「崇本息末」所衍生出的「執一統眾」、「以母執子」觀，《老子注》中常見其語，前引三十八章注便一再強調「載之以道，統之以母」，此外還有：

> 轂之所以能統三十輻者，無也。以其無能受物之故，故能以寡統眾也。（注十一章）

> 事有宗而物有主，途雖殊而其歸同也，慮雖百而其致一也。道有大常，理有大致。執古之道，可以御今；雖處於今，可以知古始。故不出戶、闚牖，而可知也。（注四十七章）

「崇本息末」是王弼歸納老子思想所得出之結論，亦是其解釋老子之法。雖然〈老子指略〉中有「舉終以證始，本始以盡終」之話頭，看似其不廢由末以推本，然從「執一統眾」、「以母執子」不斷出現在《老子注》中，實可見其所重者仍在「本始以盡終」。相較於老子始終不以一絕對化的對象論「道」，王弼以「道」爲「無」、「本」，顯然已將「道」具體化了。如果「道」只能以一個「本」的身份與萬物相對，不論王弼再要如何說明從「有」以體「無」，都僅是「得魚忘筌」之論，而不復「道」之往復不已的能動性。試看他在注《老子》四十章所云：

> 高以下爲基，貴以賤爲本，有以無爲用，此其反也。動皆知其所無，則物通矣。故曰「反者，道之動」也。……天下之物，皆以有爲生。有之所始，以無爲本。將欲全有，必反於無也。

王弼所解釋的「反」只有「返回」，而無「往返」之意。只回不去，強調的仍是「崇本」。雖然「天下萬物，皆以有爲生」，但「有之所始，以無爲本」，從「萬物」到「有」至「無」的過程，便是王弼所云之「反」。王弼看重「天下萬物生於有，有生於無」一句，而用以解釋「反者，道之動」，仍是其一貫「崇

〔註13〕 見樓宇烈：《王弼集校釋》，中華書局，1980 年，頁 206。

本息末」之意。

「本／末」的討論除了「無／有」對舉外，還涉及「道／德」的問題。《老子》一書又名《道德經》，其「道」與「德」是各自獨立的概念，《老子》書中雖處處言「道」，也常提到「德」。王弼是怎樣看待《老子》中的「德」呢？《老子》五十一章說：

> 道生之，德畜之，物形之，勢成之。是以萬物莫不尊道而貴德。道之尊，德之貴，夫莫之命而常自然。故道生之，德畜之、長之、育之、亭之、毒之、養之、覆之。生而不有，爲而不恃，長而不宰，是謂玄德。

老子在這裡似乎是指出一個萬物生長的源頭，並以「德畜」、「物形」、「勢成」的順序展示現象界形成的過程。如此一來，「道」與「德」有了時間順序上的先後，又該如何解釋「尊道貴德」？「道」與「德」有何關係呢？王弼於此章注云：「道者，物之所由也；德者，物之所得也。」萬物生成的來源自「道」，而萬物自「道」所獲得的便是「德」。「道」與「德」便有了「普遍性」（universality）與「特殊性」（particularity）的區分，「道」是生長萬物的本源，而「德」則是萬物所各別擁有的自性。這樣的劃分，仍是王弼解老一貫的「本／末」二分。然「本」與「末」並非互不相涉，「道」與「德」也有如同「有生於無」的發生關係。王弼在《老子》第三十八章的注云：

> 德者，得也。常得而無喪，利而無害，故以德爲名焉。何以得德？由乎道也。何以盡德？以無爲用。以無爲用，則莫不載也。……是以上德之人，唯道是用，不德其德，無執無用，故能有德而無不爲。不求而得，不爲而成，故雖有德而無德名也。……本在無爲，母在無名。棄本捨母，而適其子，功雖大焉，必有不濟；名雖美焉，僞亦必生。〔註14〕

以「得」釋「德」，亦見於韓非子〈解老〉中注本章之注文。上一章討論過韓非以「德」爲內，「得」爲外的解釋，「上德者」爲能守其神而不求於外，以「無爲無思」爲虛。王弼則不同於韓非以「德內得外」釋「上德」與「下德」，

〔註14〕王弼注《老子》三十八章的注文在整本《老子注》中篇幅最長，也是了解王弼注老極重要的一段。最長的注文出現在《道德經》下篇之首的三十八章，不得不令人聯想王弼對於「德」的重視，也可由此注文探索王弼「崇本息末」的注老原則。

他以「得」釋「德」，是因爲「德」由「道」而來，故「常得而無喪，利而無害」。「德」在這裡便和「道」拉上關係，即「道」是萬物的本源，通過「德」在萬物顯現。且此「德」並非「道」有意爲之，是自然而然的。這樣的說法，亦是在王弼「崇本息末」的原則下所進行的詮釋。由此，我們掌握了「崇本息末」的觀念，再來便可討論王弼如何從「崇本息末」去說明「言意之辨」這個論題。

第二節　「崇本」而「得意」，「息末」則「忘言」

　　「道」之不可言說，幾已成了所有談論老莊者的共識，但是，這其中有一個重大的問題：「道」既不可言說，則該如何體道？《老子》第一章開宗明義：「道可道，非常道；名可名，非常名。」一般咸認爲這是老子表明了道之「不可言說性」及「不可命名性」，〔註15〕「言」或「名」只能是表象概念的，只能描述「有」或「形而下」的現象界；至於「形而上」的「道體」是「無言」的，非語言所能描述，於是有了「不可言說／可言說」的對立，而這個對立與「本／末」、「無／有」是一致的。「道」爲「本」是「無」；「可道者」、「可名者」爲「末」是「有」。在這樣的論述下，「道」與「物」形成一個二元對立的不同世界，而其中源頭顯然來自於王弼將「道」釋爲「本」。「道」既爲「本」、「無」，與可道、可名之萬物相對，自然便走向以一個不可道、不可名的理解方式來說明「道」，甚至可能得出老子否定語言的結論。

　　老子並沒有明確地否定語言，對於「道」的描述卻往往讓人產生這個聯想。從第一章的「道可道，非常道；名可名，非常名。」兩句，就提出了「可道」、「可名」與「不可道」、「不可名」的區別，若直接從字面上看，即一切可言說者皆已著了形跡，無法描述那個「不可說」之物。事實上「道」並不是一「物」，借用「本體」（substance）、「存有」（being）或「邏各斯」（logos）來描述也不見得貼切，畢竟連老子自己都說：「吾不知其名，字之曰道，強爲

〔註15〕陳鼓應提出「道」具有不可言說性，是不可概念化的東西，一般論者皆從之。然而弔詭的是，當陳先生極力去說明「道」在老子哲學中的意義，如構成世界的實體、創造宇宙的動力、萬物運動的規律、人類行爲的準則及一切存在的根源等，不但使「道」不斷地向世界「言說」著，更讓「道」概念化、具體化了。參見陳鼓應：《老子今註今譯及評介》，台北：臺灣商務印書館，1974年8月修訂版，頁50～51。

之名曰大。」（二十五章）所以「道」字之使用，老子自己也是勉強找一個字來代稱之。老子為何要用「道」這一個字？「道」雖是勉強使用，但是已被老子使用的「道」字又呈現了什麼樣的意義？老子雖然盡力地描述「道」，卻又一再稱述語言的有限性，則我們又該如何透過老子的介紹來認識「道」？這些問題，王弼有所警覺，也是他欲解決的問題，試看王弼如何注解二十五章這三句：

> 名以定形。混成無形，不可得而定，故曰「不知其名」也。夫名以定形，字以稱可。言道取於無物而不由也，是混成之中，可言之稱最大也。吾所以字之曰道者，取其可言之稱最大也。責其字定之所由，則繫於大。夫有繫則必有分，有分則失其極矣，故曰「強為之名曰大」。

王弼的解釋將「道」字之使用說成是「可言之稱最大」，即在所有已有之名中，「道」字是最可以做為表達老子所指稱的那個形而上的實體，但是也不能執著於其大，否則亦失其超越一切之意。「名以定形」、「字以稱可」，指出「名」、「字」對「形體」、「聲音」的指向與限定。他明白語言不能指稱「道」，「道」字只是在已有的文字中「最大」者，再也沒有其他字比「道」更能指稱「道」。同章注云：「凡物有稱有名，則非其極也。」「然則道是稱中之大也，不若無稱之大也。」他在已有的稱謂之外，再提出「無稱」來表示「道」超離「可稱」的範圍，故「自然者，無稱之言，窮極之辭也。」問題是，「自然」仍是一個已有的名詞，於是王弼只能以「忘」來達到對「道」的言說後必須經歷的過程，避免陷入一個語言無窮後設的可能。於是王弼從「可稱」到「無稱」的翻轉，顯示他認可一條從「名」達「道」的言意理論。〔註16〕「有名／無名」並不是不相干的對立，反而是一個體道與證悟的過程，如此一來，從「有名」可以通達到「無名」，只不過他又得一再強調：「言」能夠達「道」，但「言」畢竟不是「道」。因此達道之後，不能執著於語言文字，必須「得意忘言」。「忘言忘象得意」較「崇本息末」更明確地保障了「末」、「有」的地位，即從「末」、「有」才可以反求其「本」、「意」。透過「意以象盡，象以言著」，王弼不但將「本／末」做了一個緊密的連繫，同時也加強了兩者的區別。「崇本」雖靠「舉末」，但「本」與「末」畢竟不能混為一談，最終的目的仍是「崇本」與

〔註16〕 參見蔡振豐：〈道家「道」的言說可能——試論王弼《老子注》中名、稱的區分及使用〉一文，《中國文學研究》，第五期，1991 年 5 月，頁 153～166。

「得意」。

當王弼以「崇本息末」做爲其注解《老子》的最高原則時，他就面臨了一個最關鍵的問題：「道」爲本，現象爲末，「道」統萬物，但如何體「道」呢？更何況要保持「道」體的先在性、超越性，「道」不能「名」之，不能說之，否則言語道斷，「道」亦喪失其形上性格。問題是，當「道」無法言說時，我們又該如何了解「道」呢？於是王弼便通過莊子「得魚忘筌」說，提出「得象忘言、得意忘象」的方法，藉以通達道體。〔註17〕《周易略例‧明象》云：

> 夫象者，出意者也。言者，明象者也。盡意莫若象，盡象莫若言。言生於象，故可尋言以觀象；象生於意，故可尋象以觀意。意以象盡，象以言著。故言者，所以明象，得象而忘言；象者，所以存意，得意而忘象。猶蹄者所以在兔，得兔而忘蹄；筌者所以在魚，得魚而忘筌也。然則，言者，象之蹄也；象者，意之筌也。是故，存言者，非得象者也；存象者，非得意者也。象生於意而存象焉，則所存者乃非其象也；言生於象而存言焉，則所存者乃非其言也。然則，忘象者，乃得意者也；忘言者，乃得象者也。得意在忘象，得象在忘言。故立象以盡意，而象可忘也；重畫以盡情，而畫可忘也。

這是王弼論言意關係一段重要文獻，其中「意以象盡，象以言著」兩句猶爲重要。〔註18〕透過「言→象→意」的追尋過程，一步步地認識原初之意，因

〔註17〕《莊子‧外物》云：「筌者所以在魚，得魚而忘筌。蹄者所以在兔，得兔而忘蹄。言者所在意，得意而忘言，吾安得夫忘言之人，而與之言哉？」「筌」、「蹄」和「言」都只是工具，達到目的之後便可丟棄，可是莊子最後提到的「忘言之人」卻指向道的不可言說性，〈則陽〉篇亦云：「道不可有，有不可無。道之爲名，所假而行。或使莫爲，在物一曲，夫胡爲大方？言而足，則終日言而盡道；言而不足，則終日言而盡物。道物之極，言默不足以載；非言非默，議有所極。」「非言非默」已脫離語言，唯有訴諸「心齋」、「坐忘」的工夫才能達至「道」的境界。莊子此說和王弼有所不同，即莊子所說之「道」已非「言」或「默」所能及，不論「言」、「默」皆是對語言的態度，要體「道」便須超越語言；而王弼雖然也贊同語言有一定的限制，但是卻沒有否定語言，甚至對語言持肯定的態度。在王弼看來，「象」與「言」皆是表達「意」的方式，也是表意的工具，所以想要達到「意」，就不能執著於「象」或「言」。也就是欲體道，必須從「言」著手，通過「言」才能進一步認識「象」，爾後才能得「意」，「言」只是體「道」的一個過程、方法或工具，體「道」之後就必須捨棄「言」。

〔註18〕因爲此篇爲解《易》之說明，故「象」指卦象，「言」指卦辭、爻辭，「意」則指卦象或卦辭所欲闡釋的意義。

爲當初便是由「意→象→言」才達到認識的目的，所以王弼對別強調「盡意莫若象，盡象莫若言」，並不否定言辭達意的能力。表面上看起來，王弼似乎正視了語言傳情達意的功能，但也僅止於以這種功能性視之。他一方面爲言語爭得一地位，卻同時使得言語淪爲工具。所以，工具便只是個過程，達到目的之後，便得捨棄工具，不能執著於工具。「言／象／意」的關係在這裡形成一個線性的過程，就好像砌磚成塔，當抵達天頂時，便可以將這些磚頭一一毀棄。此外，王弼甚至爲了強調「捨言得意」，將「得意忘象，得象忘言」做了一個翻轉，即不捨言便不能得象，不忘象便不能得意，要能眞正得意，便得先捨棄語言的包袱，而不完全是得意之後才忘象忘言。也就是說，不待得意之後才忘象，不等得象之後才忘言，若不先忘言便無法得意，不忘象便不能眞正體會「意」，故「得意在忘象，得象在忘言」。這裡透露出王弼理論中一個內在的焦慮，當王弼爲了達「道」而以「得意忘言」爲途徑，卻又擔心言之不可忘，於是又更激烈地否定了言之功能，必待忘言後才能得象，忘象後才能得意。這個焦慮的源頭，便是到底該如何看待語言，語言是通往道之途？還是通往道的阻礙？語言與「道」是否具有一個內在的連繫？還是「道」根本與一切語言無涉，任何言語表徵都只能在外圍遊移？

「忘言忘象以得意」的方法似乎解決了「道」既不可言說，該何如體道的問題。但這個看似解決問題的方法，實則隱藏了一個更大的問題：若「道」終究不可言說，則一切的指稱皆無法達「道」之意；既然沒有任何言說可以達「道」，又何來忘言之說？「忘言」的前提爲已經通過言說而達於「道」了，若然，則言說本身便與「道」通爲一，「道」通過語言，或根本就在語言中向我們展示其存在。〔註19〕若從這個角度繼續思考下去，或許王弼就會發現語

〔註19〕若視「道」爲一存在，則這個「存在」在語言中展示自身的思考，正是德國哲學家海德格著名的「語言是存有的家」一語的精義。海德格與中國道家的關係與思想淵源，可參考張祥龍：《海德格爾思想與中國天道》（北京：三聯書店，1996 年）；《海德格爾傳》（石家莊：河北人民出版社，1998 年）；張天昱：〈從“思”之大道到“無”之境界——海德格與老子〉（《道家文化研究》第四輯，1994 年 3 月，頁 396～410）此外，*Heidegger and Asian Thought*,（edited by Graham Parkes, University of Hawaii Press, 1987）一書亦收有許多討論海氏與老子關係的文章，其中尤以蕭師毅所寫〈海德格與我對《道德經》的翻譯〉（*Heidegger and Our Translation of the Tao Te Ching*）一文尤爲重要。而王弼雖觸及語言的重要性，但也僅止於以工具視之，更將「道」視爲一超語言、超現象的「東西」，便與其「得意忘言」說產生一個內在的矛盾。若將王弼放在整個中國老學詮釋史上來看，王弼的老子詮釋與老子文本，或可以海德格批

言不僅僅是個溝通的工具，也不會以爲達「道」的關鍵在於忘卻語言。這其中的問題，便在於王弼始終視「道」是一種超語言的境界，既是超越語言，自然無法用語言描述之；但是「得意忘言」說卻又強調透過語言來體「意」、達「道」，語言又具有通達道的可能。於是透過語言來達「道」這個論題，便潛藏著這個根本的大問題。

　　當然，王弼並未針對這個問題更進一步地思索，也無法解決這個內在的矛盾的源頭，反而愈陷愈深而無所出。他說：

> 名也者，定彼者也；稱也者，從謂者也。名生乎彼，稱出乎我。故涉之乎無物而不由，則稱之曰「道」；求之乎無妙而不出，則謂之曰「玄」。……名號生乎形狀，稱謂出乎涉求。名號不虛生，稱謂不虛出。故名號則大失其旨，稱謂則未盡其極。（〈老子指略〉）

這段議論區分了「名」與「稱」，照王弼的定義，「名」是依據外在事物的客觀性而產生的，「稱」是出於主觀的需求而由說話人給予的。是故老子所稱言之「道」、「玄」是老子「自創」之名，爲的是指涉老子心目中「玄之又玄」的妙境。本來這樣的解釋，不失爲是避開這個矛盾的方法，（但不是好方法）可是王弼又不願被「名稱」所束縛，故又一再地說明「名號」與「稱謂」皆是有形的，不能得「道」之旨，未能盡其極。然而，他在注《老子》二十五章「字之曰道」一句時，又云：「言道，取於無物而不由也，是混成之中，可言之稱最大也。」「道」是「可言之稱最大也」，仍必須從「可言之稱」中尋找一「名」以稱之，

判西方傳統形上學對於「存在」與「存在者」的問題比並觀之。這個問題在張祥龍：〈海德格爾的語言觀與老莊的道言觀〉一文中有所討論。（見《從現象學到孔夫子》，北京：商務印書館，2001 年）張文通過對海德格語言觀的分析且與老莊之道比並觀之，認爲「老莊最根本的道觀其實是“有無相生”“同謂之玄”和“應於化而解於物”的。」即老莊的「道」並非一形而上的實體，而是一相互反轉而成活的「道之動」。因此像王弼將「道」概念化了之後，往往講不到有無相生的域性的緣分之中。所以「先秦以後道家作爲一種哲理思想日趨衰微，其中最重要的原因就是失去了有無相生的構成識度而陷於“道本無”論或“道本無言”論。這是一種由概念式的思想方式（“作爲形而上學的實體的道只能是無”、“語言和現象界只能是有”）逼出的神秘主義或思想上的懶惰主義。」這段結論非常深刻，指出從先秦之後對儒道的詮釋系統所蘊涵的一種形而上學概念化的論述，也可以進一步思考在魏晉時的虛無主義來源。但我們也不可忽略了，在佛教傳入後又重新逼使中國哲學回到「無明無住、法性無住」的「中道」義思考路子上，這是中國哲學不同於西方哲學發展的一個重要差異，可再另文深入。

但他又爲了避免使「道」陷於「可言之稱」中，只好說「取於物而不由」。這樣的一再陷於矛盾中，成了王弼「得意忘言」一個最大的問題。

若依王弼所提出「名生乎彼，稱出乎我」此一觀念，實可對比於索緒爾（Saussure）語言理論的一個重要原則：語言符號的「任意性」（arbitrary）。「能指」（signifier）與「所指」（signified）並沒有一個內在堅固的連繫性，同時，概念也並非穩定不變的，語言不是簡單地給已經存在著的範疇命名，而是不斷地創造自己的範疇。〔註 20〕這個思考方向帶起了後結構主義對傳統語言中心論的大舉攻擊，開創出文本閱讀中意義增殖的場域。王弼提出的「名」與「稱」對比與索緒爾有相類似之處，索緒爾遭受到後結構主義者如德希達的批評，認爲他仍然沒有逃脫語言中心主義的影響。而中國哲學雖不同於西方語音中心傳統，但王弼藉由符號的任意性對比出一個更質樸的「本」的原始性，目的是爲了指涉名稱背後一個更穩固的形上實體——道。也就是說，不管是「名號」或「稱謂」在王弼看來皆是所謂的「末」，都是「道之一偏」。問題是，如果「名」與「實」的連繫是鬆散的、可變動的，則如何通過「名」來認識「道」呢？索緒爾從符號的任意性進一步提出了「關係的同一性」（relational identity），既然能指與所指是任意劃分的成分，便在它們與其他所指、能指的區別中建立關係，所以最後得區分出「語言」（langue）和「言語」（parol）。於是他架空了語言與與文字的連繫，更離開了文化中活生生的創作過程。〔註 21〕

〔註 20〕 見索緒爾：《普通語言學教程》，高名凱譯，北京：商務印書館，1980 年。

〔註 21〕 索緒爾在《普通語言學教程》中，區分語言系統和這個系統的實際體現，提出「語言」（langue）和「言語」（parol）這組重要的對比。「語言」是指規則使用所構成整體的系統；「言語」則是實際說話時所依賴語言系統所呈現的言說行爲。「語言」與「言語」的區分，在某種意義上強化了語言作爲一種完整的、有內在聯繫的結構，但也因此限定了在這個系統中意義活動的自由空間。而關鍵的一點是：索緒爾對語言系統的研究只限於發音，他不僅忽略了表意文字（如漢語），更視文字爲語音的附庸。寫作只是爲了描述語言的目的而存在，語音才是意識本身。也因而德希達雖受其論語言符號的任意性所啓發，但也極力批評索緒爾仍陷於「語音中心論」的形上學。（參見德希達：《立場》，桂冠，1998 年；《論文字學》，上海譯文，1999 年）值得注意的是，王弼之「忘言得象，忘象得意」，「象」所代表的符號（文字）較「言」（語音）更接近「意」（道），這與西方傳統中以存在蘊藏在語音中的看法是迥然不同的。在《易》中的卦爻辭（象）顯現一個神秘無盡的先驗意義，語言只是次於文字的描述而已。語言與文字在中西方地位的差異，也深化於兩者不同的文化中，或可由這個角度再進一步討論「言意之辨」中語言與意義的問題。德希達在解構

王弼並沒有走這條路，而是回到了儒家傳統的「定名辨實」，他在〈老子指略〉中說：

> 夫不能辯名，則不可與言理；不能定名，則不可與論實也。凡名生於形，未有形生於名者也。故有此名必有此形，有此形必有其分。仁不得謂之聖，智不得謂之仁，則各有其實矣。⋯⋯校實定名，以觀絕聖，可無惑矣。

王弼爲何又回頭強調「名」與「實」的關係呢？顯然的，他想爲老子「絕聖棄智」、「絕仁棄義」的說法辯護。最簡單的方式就是將老子與一般意義的「聖智仁義」做區隔，同時也對儒道兩家做了一個巧妙的轉移連結。他一方面批判了儒家過於重視「仁」的表面工夫，一方面卻又藉此重新肯定儒家的「仁」。所以他在〈老子指略〉最後一段云：

> 既知不聖爲不聖，未知聖之不聖也；既知不仁爲不仁，未知仁之爲不仁也。故絕聖而後聖功全，棄仁而後仁德厚。夫惡強非欲不強也，爲強則失強也；絕仁非欲不仁也，爲仁則僞成也。

顯然的，王弼要分析出所謂的「仁」中尚有「眞仁」與「僞仁」；「仁」與「不仁」並非一般意義上的相反對立，傳統的「仁」已走向「不仁」，即「僞仁」。故「眞仁」、「眞聖」才是不變之「本」、「母」之謂。於是儒家在這裡也可區分出「原始儒家」的概念與「後傳儒家」之別，則老子所批評者是針對已喪失其本的儒家之仁義道德，在本源上，儒道兩家是無別的。王弼費盡心力地破除執著於語言文字的觀念，當然也是針對漢儒繁瑣治經之弊所提出，但是其中更大的一個目的是爲了會通儒道，所以他花了很多工夫解釋《老子》十九章的目的，也就昭然若揭。

第三節 「本／末」、「意／言」與「自然／名教」合一

至此，我們可以明白王弼提出的「崇本息末」中所貫通的「得意忘象忘言」，直指王弼學說一個最重要也是最隱蔽的核心，就是「儒道會通」。我們從其《周易注》中採用《易傳》以解經，實可看出他透過「崇本息末」原則或「忘言忘象得意」的方式，保障了儒家義理。《論語釋疑》亦以「執一統衆」、「崇本息末」做爲綱領，用以解釋《論語》。湯用彤先生認爲欲發明聖道，與

了語音中心主義後，所表現出對漢字的嚮往，或也可由此略窺一二。

五千言相通而不相伐者，非對《論語》下新解不可。而這個新解，就在於王弼「崇本息末」原則的運用。故《論語釋疑》之作，其重要性不專在解釋疑難，而在其附會大義使與玄理相契合。〔註22〕於是，王弼「本體論所謂體用之辨，亦即方法上所稱言意之別」，其「忘言得意之義，亦用以會通儒道二家之學」。〔註23〕事實上，魏晉玄學所討論問題雖多，但所有問題的最終核心皆指向於自然與名教之辨。〔註24〕即在其時代背景及哲學發展的條件下，名教與自然的關係面臨著一個既衝突復又尋求調和的狀況，王弼的「以無爲本」、「崇本息末」、「執一統眾」與「聖人應物而無累於物」，在解經方法和形上學的建構上，都對玄學造成深遠的影響。在方法上，「崇本息末」的提出，使魏晉玄學一掃漢儒繁瑣注疏之學，而「以無爲本」則爲老子建立了一套本體論，〔註25〕至於其哲學體系的最終目的則是爲了會通儒道。

　　王弼哲學體系的建立在於注《老》、《易》及《論語》，前後兩著作正是道、儒兩家的代表，而《易》更是與儒道兩家皆有關聯。試看王弼所論「聖人體無」義，便可明白他在會通儒道上所下的工夫，且是他的整體哲學思想的重要一環。《世說新語・文學》載：

> 王輔嗣弱冠詣裴徽，徽問：「夫無者，誠萬物之所資，聖人莫肯致言，而老子申之無已，何邪？」弼曰：「聖人體無，無又不可訓，故言必及有。老莊未免於有，恆訓其所不足。」

王弼論「聖人體無」，因爲「無不可訓」，所以不見於儒家著作；而老莊論無，

〔註22〕 參見湯用彤：〈王弼之周易論語新義〉，《魏晉玄學論稿》，收入《魏晉思想（乙編三種）》，台北：里仁書局，1995年。

〔註23〕 湯用彤曾指出「忘言忘象」之說在魏晉玄學的重要性：第一、用於經籍之解釋；第二、忘象忘言不但爲解經之要法，亦深契於玄學之宗旨；第三、忘言得意之義，亦用以會通儒道二家；第四、言意之辨不惟與玄理有關，於名士之立身行事亦有影響，其中尤以第二、第三點最爲重要。參見湯用彤：〈言意之辨〉，《魏晉玄學論稿》，同上註。

〔註24〕 關於玄學中儒道關係的衝突與建立的過程，可參考高晨陽：《儒道會通與正始玄學》，山東：齊魯書社，2000年。

〔註25〕 《老子》中有多處章節涉及類似西方宇宙論的概念，而湯用彤認爲相較於兩漢術數之學傾向於宇宙生成，魏晉玄學則脫離漢代宇宙之論（cosmology or cosmogony），而留連於存本之眞（ontology or theory of being），其中又以王弼通過注老子所建立的「以無爲本」之本體論最爲重要。（湯用彤：〈魏晉玄學流別略論〉，《魏晉玄學論稿》）湯氏的說法可代表近代許多學者的看法，事實上，「以無爲本」的提出可視做注老傳統上一個重要的里程碑，但將老子的「道」視爲本體還得上溯自韓非解老。

已落於言詮，故仍是「有」。表面上看似老莊境界不如孔孟，然「無」之觀念為老子提出，若其不可訓，王弼又如何能得此觀念意義？於是這段談話逼使我們思考語言的存在是否僅止於傳達意義的作用？如果「無」不能訓，則王弼為何藉以詮釋《論語》？關於這個問題，從王弼巧妙地將老莊所言之「無」嫁接到《論語》上，可見其會通儒道的苦心。《論語・陽貨》中孔子曰：「予欲無言。」又云：「天何言哉！」王弼便藉以大作文章，其注云：

> 予欲無言，蓋欲明本。舉本統末，而示物於極者也。夫立言垂教，將以通性，而弊至於湮；寄旨傳辭，將以正邪，而勢至於繁。既求道中，不可勝御，是以修本廢言，則天而行化。以淳而觀，則天地之心見於不言；寒暑代序，則不言之令行乎四時，天豈諄諄者哉。

孔子「無言」是為了「明本」，此乃王弼所謂「得意忘言」之旨。何者為「本」？當是老子所言之「道」。〔註26〕「舉本統末」成了以「道」為本，統「立言垂教」之末。至此，名教本於自然，聖人立言垂教所示者，只是「道」之發用，是立言以盡意，故得其「意」之後，便當廢其言，不能固守其言。故名教與自然都在「道」下合而為一，不論孔子或老子都以「道」、「無」為本。

　　關於王弼如何會通儒道，論者已多。如杜保瑞曾就方法論解析出老子形上學中兩重認識的進路，認為老子並未對這兩種方式提出具以聯結的觀點，但王弼卻藉「崇本息末」巧妙引入儒家的道德實踐，他說：「王弼所能掌握來詮釋老子哲學中的實踐智慧的觀念最終仍然必須向儒家所標舉的聖智仁義靠攏，本者母者是一個操作上的姿態，它在倫理德目上的義涵仍然無法逃脫儒家基本價值信念。」〔註27〕即其本體在作用中的原理是一個貴無主義，但是在道德目的性中又不能拒絕儒家的聖智仁義。林聰舜則透過對比魏晉玄學與漢代思想在面對如何建立一個合理的社會體制時，兩者其實異中有同，而王弼在經學上的成就主要是為了超越價值與體制的統一，「崇本息末」的原則在解《易》時「雖以『無』為本，但在『無』必須藉『有』呈現的體用關係中，以儒家倫理為核心的體制，

〔註26〕王弼注《論語・述而》中之「志於道」一句，云：「道者，無之稱也，無不通也，無不由也。況之曰道，寂然無體，不可為象。是道不可體，故但志慕而已。」王弼將孔子所稱之「道」等同於老子之「道」，並同訓為「無」。如此一來，儒家所言之名教與老莊所談之自然其本同源，於是儒道由此同一。

〔註27〕見杜保瑞：《基本哲學問題》第八章〈王弼哲學的方法論探究〉，北京：華文出版社，2000年。

就可以得到肯定。」〔註28〕而「忘言忘象得意」的言意理論更藉由肯定言、象的地位，同時指出了六經可以指引聖人境界或形而上玄理等功能。這兩篇文章從不同的角度討論王弼如何「會通儒道」，其結論是一致的。

不論王弼是有意或無意，「聖人體無」的說法已可窺見其學說中調和儒道的色彩，至其注《易》、《老》及《論語》，更讓我們從中讀出「會通儒道」的目的。後世以爲王弼「援老入易」或「援老入儒」，而有褒貶不一的評價，事實上，不管援引什麼樣的理論解釋另一個文本並不是罪過，重要的是這樣的詮釋能不能顯發文本的意義。如果我們從這個角度來看王弼之注，不難理解其注《易》、《老》在學術上爲世人所重，至於其注《論語》卻未獲後人認同。當然，王弼會通儒道的嘗試並沒有眞正成功，甚至可以說儒道兩家的基本立場根本不同，〔註29〕強行會通必不可行。只不過王弼倡言孔老會通不僅有時代意義，同時也與其所建立的「崇本息末」原則相一致。至於會通是否成功，便已非其責。

第四節 「道」的形上化趨勢

王弼試圖通過「崇本息末」的中心觀點及「得意忘言」的方法來達到「名教與自然合一」的目的，但是在王弼學說的背後隱藏了一個非常重要的哲學觀念變化，也是中國哲學從先秦迄漢以來的一個大變化，這個變化便是在中國上古時所形成的源天活水的天道觀念，無論是陰陽交感的天或禮樂時中的天，在戰國之後漸漸被「形而上化」了。這個「形而上化」的意思在於「天」／「人」永隔，「天道」逐漸成爲一個高懸的道理，一如「絕地天通」的神話似乎早已暗示了人們與天道相親的距離將愈來愈遠。當王弼極力想「崇本息末」之時，其實已表明本、末之間的差異性，而自漢代《易‧繫辭上》：「形而上者謂之道，形而下者謂之器。」將形而上下分割之後，後人便努力尋求形而上下的融通，但是這些融通的基本概念仍是建立在一個相分別的差異上。我們可以這麼反思，儒道會通的前提是儒道並不相同，「崇本息末」的「本

〔註28〕 見林聰舜：〈王弼思想的一個面向：玄學式的體制合理化論述〉，《清華學報》新二十八卷第一期，1998 年 3 月，頁 19～46。

〔註29〕 王弼會通孔老之不能解決，可參考莊耀郎：〈王弼儒道會通理論的省察〉，《國文學報》，23，83 年 6 月，頁 41～62。莊氏以牟宗三先生所論實有層與作用層的分別爲進路，論述王弼會通孔老的問題，亦可爲一個檢視王弼的角度。

／末」是界線清楚的兩個不同概念或實體，甚至「意／象／言」亦是井然分明的三個不同層次。這種「形而上」與「形而下」的區別出現，代表著思想家在面對現象界的萬物另行構思一個本體界與之相對，「天尊地卑，乾坤定矣」（《易‧繫辭上》）的概念出現是否與中國大一統的君主制有其關聯，還可做深入的討論，但在中國哲學發展的趨向來說，原本「大象無形」的本眞存在，在以「執一統眾」的區隔殊性與共性來理解老子的「道」，已使「道」盡失其負陰抱陽的沖和境域，而成一終極絕對之形而上的實體。前章分析韓非之解老已開其端，王弼解老之「崇本息末」不過是將這個說法更具體化爲理解老子的思路，當「道」成爲萬物生成的本源及現象發生的初始，「道」也愈成爲「寂然不動」的實體而孤絕的存在。

　　然而，「道」成爲以「無」爲本而造成形而上下區分，在中國傳統的詮釋系統中，仍有別於西方哲學中一直存在的二元對立。中國的思想家們始終能意識到一個終極的實體畢竟不能獨立於現象界之外，亦即「道不離器，器不離道」；而西方自古典哲學便以脫離物質的一個本體爲探討對象，而形成形上與形下對立的區別。像柏拉圖和新柏拉圖學派將形上學視爲是超越物理之學，認爲一切存在之所以存在之理由爲一種最高的理型（idea），進而相信通過概念化的辨証或推演可以達到這種終極存在。而中國哲學雖然在戰國之後於某一程度上喪失了天道本源的存在狀態，但仍企圖在達於道的方式上保持一種以心傳心式的主客體交融，而追求一個「天人合一」的境界，儘管此「一」已非原初的境域，而是天人二分後的再合而爲一了。〔註30〕老子並沒有將「道」抽離現象界，而且其「無」與「有」的關係也不是一個「上」與「下」的價值判斷。王弼對老子的詮釋，「崇本息末」原則的提出，在一定程度上使老子的「道」歸趨於寂，

〔註30〕關於中國哲學發展中對「道」的理解，在戰國時期發生了極大的變化，儒、道、墨諸家皆漸次地將「道」「形而上」學化，於是開啓了後世割裂天人、主客、道器和理境的思想格局。張祥龍將中國古代本土思想區分爲兩大階段：起先爲天道流行的階段（自商周以迄於戰國）此後爲道之理化階段（自戰國後期以降）。這兩個階段劃分的關鍵在於《易‧繫辭》對於「形而上」與「形而下」的分割，使得一個原初「道」的境域被「道理化」；儘管中國人始終在追求一個「天人合一」或「物我合一」的境界，只不過這個「一」已非原初的道之存在狀態，而是在物我區分之後所進行的溝通及合一了。反倒是漢代後佛教的傳入，其大乘般若智破除二元化分的遮詮方式，帶給中國哲學一個重新尋回「道」的境域的契機。參見張祥龍：《海德格爾思想與中國天道》，北京：三聯書店，1996 年。

「有無相生」的同體即依關係發生偏斜。雖然王弼在「崇本息末」下仍強調「舉終以證始，本始以盡終」（〈老子指略〉），「末」依然從屬於「本」，重點已是「本」而非「末」，此與《老子》:「既得其母，以知其子；既知其子，復守其母。」（五十二章）實已有所不同。就老子言，「母／子」並非二分，以「母」喻「道」，以「子」為「物」不僅有一時間上連續的創生義，也含有超越時間的一體同源的意義，這也是十四章所謂:「執古之道，以御今之有。」「得母」、「知子」在「復」的過程中，是一來回雙向的關係。但就王弼言，其《老子注》多處皆指出「舍本逐末」的不好下場，〈老子指略〉更警告:「蓋舍本而逐末，雖極聖智，愈致斯災，況術之下者乎！」無疑的，「本」在王弼言中才是最重要的，至於「以寡統眾」、「以母統子」、「執一統眾」等術語的提出，都是在「崇本息末」的原則下衍生而來的，其意仍本於「本／末」、「無／有」的二分，於是「道」漸漸成為一個形而上的實體。姑且不論這樣的詮釋是否為理解老子的「正確」或「唯一」的方式，但是這種觀點顯然成為注解老子的主流思想，後世論者皆肯定這種二分確保了「道體」所能享有高於現象物體的超越地位，而其源頭顯然來自於王弼。當王弼開啟了詮釋老子的一條道路並讓後世注解者踵繼追隨時，也同時封閉了其他通往老子並與老子的視域進行溝通的可能。

　　「道」既然具有了形上學的性格，再通過「德」而週流於現象界，「道」與「德」在「崇本息末」的詮釋下，成了一個從無形下落為有形的過程，同時也透過「德」顯現「道」。於是「道」的存有被形而上學化了，它成為世界萬物依循的規則，成為一個不變的「常道」，甚至是一個客觀存有的形態。這種說法在韓非已開其端，〈解老〉云:「道者，萬物之所然也，萬理之所稽也。理者，成物之文也；道者，萬物之所以成也。」「道」是萬物的根源，也是創生萬物之始。韓非以「理」釋「道」，已將「道」逐漸推向一個形而上的世界，既是一個天地運行可資依循的實體又是宇宙創生的本源，更是生命主體實踐的最高原理。韓非看到現象界的紛亂，故欲尋找一個一統萬物之理；王弼雖未以「理」釋「道」，但亦視其為一最高原則，將「道」賦予形上學的性格，甚至更通過「崇本息末」、「執一統眾」的方法，確立「道」之「先天地生」、「可以為天下母」的地位。問題是，順著這個思想理路下去，「道」就非得是一個宇宙的原理，最終的原因，於是道與人生價值的實踐就此割裂。老子哲學所謂「萬物負陰而抱陽，充氣以為和。」（四十二章）中的一個「無狀之狀，無物之象。」（十四章）之構成境域，在強分「道／德」、「本／無」的本體、現象之後，勢必使得這個原初的沖

和境域破碎，最終使得「道」孤立冷清而高懸於上。儘管王弼企圖通過「崇本息末」的方式溝通一個普遍性的形上原理與宇宙萬物和人生實踐的應然原理，但一開始就將「本／末」對舉，便已預設了「道」與「萬物」之二分，縱使如何強行拉攏二者，亦不過再次突顯兩者之別。前一章論韓非解「道」與「德」的關係，其言「夫道者弘大而無形，德者覈理而普至。」（《韓非子‧揚搉》）顯然將「德」視爲「道」的一部分，萬物皆有其「德」，而「德」自「道」而來。韓非解老已將「道」本體化，同時將「道」視爲萬物運行之理。這種說法與王弼「崇本息末」的思路竟無二致！我們雖沒有直接證據論斷王弼受韓非影響，但是在一個思想發展的歷史脈絡下，「道」被「形上化」卻是無庸置疑的。

第五節　王弼在當代新儒家老學研究中的意義

我們如果將眼光放在當代的老學研究，便可發現在西方哲學傳入之後，西方哲學的架構也在中國哲學詮釋上漸次成型，幾位重要的思想家所提出對老子「道」的詮釋，都著重在形上學的範疇。〔註31〕或以「道」爲一實有的「本體」，或爲一創生萬物的原始，亦或爲一宇宙人生運行的原理，儘管使用了一些新的哲學術語和研究方法，大體來說仍不脫從王弼以來所建立的老子思想體系。而在各種老子研究中又以當代新儒家有較完整系統的老子研究，其中尤以牟宗三先生通過對王弼注老的重新詮釋最爲精采。以下便以當代新儒家的徐復觀、唐君毅及牟宗三先生爲討論焦點，一探王弼在當代老學研究中的意義。

一、徐復觀先生的老子詮釋及反省

徐復觀先生認爲老子中「道」與「德」的關係，正是「道」從無形無質創生至有形有質的過程，在解釋《老子》五十一章時，他同時引了王弼和韓非的注，謂：「德是道的分化。萬物得道之一體以成形，此道之一體，即內在

〔註31〕袁保新曾就胡適、徐復觀、勞思光、方東美、唐君毅與牟宗三諸先生討論當代老學詮釋系統，並一一對其理論進行反省討論。從其所論諸先生的老子詮釋系統，基本上仍受限於王弼以來的老學詮釋，不然就是沿用西方哲學概念和哲學架構來解說「道」的性格及老子文獻，或多或少皆有其局限。唯袁保新針對這個問題所提出「超越主客觀」的反省，值得深思，惜其未就此點加以深入，而提出的老子形上學的重建，不論是「道」的性格或其實踐，基本上仍不脫以上諸先生所論。參見袁保新：《老子哲學之詮釋與重建》，台北：文津，1991年。

於各物之中，而成爲物之所以爲物的根源；各物的根源，老子即稱之爲德。……就『全』者『一』者而言，則謂之道；就其分者多者而言，則謂之德。道與德，僅有全與分之別，而沒有本質上之別。」〔註32〕這個解釋即出自王弼注：「道者，物之所由也；德者，物之所得也。」與王弼「崇本息末」、「執一統衆」的意思是一樣的。唯徐先生謂「道」與「德」並沒有本質上的區別，頗有「道即是德，德即是道」的意味，但他又不得不正視「道」與「德」的差別，於是將「道」視爲「無限性」，「德」爲「有限性」。事實上，這種區分法仍無法解決一個最根本的問題，即「道」的性格究竟該如何界定？「道」與「德」如果沒有本質上之別，爲何得區分這兩者？不僅如此，徐先生還更進一步說：「道與德，是萬物的根源，當然也是人的根源。因此，他（案：老子）對於道與德的規定，亦即是他對人性的規定。」〔註33〕「道」與「德」爲何是萬物的根源，又如何能推論出是人的根源？徐先生並沒有明說，更何況「道」與「德」的關係是否涉及人性？恐怕還有待商榷。

此外，徐先生重視「道」的創生義，因此談到從「無」到「有」的過程時，只能強調「無」的形而上存在，甚至在論述「有」時，礙於「天下萬物生於有」句，只好又把「有」分成兩個層次，而將「無」視爲「有」的「更上一層次」，但兩者又都是形而上的存在，只不過「『有』則是介乎無形質與有形質之間的一種狀態」。〔註34〕如此一來，豈不又多出一個層次？這個「介乎無形質與有形質」的說法不僅無法清楚論述「無」、「有」的關係，還將問題複雜化。可見在面對「道」的創生萬物時，徐先生仍陷於從「無」到「有」中，「道」性格模糊無法掌握的困境。

二、唐君毅先生的老子詮釋及反省

相較於徐復觀先生，當代新儒家中的唐君毅先生和牟宗三先生的老子詮

〔註32〕 見徐復觀：《中國人性論史・先秦篇》，台北：臺灣商務印書館，1969 年，頁 337～338。

〔註33〕 同上註，頁 339。徐先生認爲老子對現象界的觀察，體會到萬物的根源有個創生的「常道」，於是他「對人生的要求，而漸漸發展成他形上學的宇宙論」，但他又言「人只有能夠『體道』，即與道合體，才能得到『長久』、安全；於是轉而由形上學的宇宙論以建立他的人生論。」（頁 328）這裡有著明顯論證上的衝突。

〔註34〕 同上註，頁 333。

釋便顯得深刻許多。唐先生曾對老子的「道」分別從縱貫與橫斷兩個層面做過一番詳細的分析，前者分爲六義，後者分爲四層，而唐先生亦謂這縱面與橫斷的處理可結合起來，即成一網狀形態可全面理解老子的道。〔註35〕但是唐先生面臨最大的問題也就在其層層曲折的分析中，各個不同層面間該如何連結，我們不禁要問，這些不同層面究竟含蓋了多少「道」的內容，還是此六義四層已是面面俱到？唐先生以其六義中的第二義之形而上實體的道來貫通其他五義及連結四個層面，說穿了，與王弼「執一以御繁」的「道通爲一」的詮釋方式並沒有什麼不同。且唐先生重視《老子》第二十五章論「道」之「有物混成」，而將「道」視爲一形而上的實體，又無可避免地遇到形而上的道體如何下通於人生實踐的問題。唐先生已意識到這個問題，他說：

> 道體之自然律，既爲人物之生，所不能自外，則人何不即此自然律，
> 以爲其生活律？人又何能外此自然律，而有其自行建立，自作主宰
> 之生活律？人果有此自行建立、自作主宰之生活律，如何可言亦根
> 於形上之道體？〔註36〕

唐先生所提出的這個問題，其實便是大陸學者爭論老了是唯心還是唯物的關鍵，如果道是一客觀實體，則其具有獨立於現象界的特性；若道是一主觀體證，則其便非一萬物遵循的自然法則。但不管是唯心唯物，都無法圓滿解釋「道」有宇宙論、本體論且有人生實踐論的各個層面。而做爲形而上的道體，究竟該如何與人生「相通爲一」，唐先生自有解答：

〔註35〕唐先生對老子的討論可參看其長文：〈老子言道之六義〉、〈老子言道之六義貫釋〉，收於《中國哲學原論・導論篇》，台北：臺灣學生書局，1986 年全集校訂版；〈老子之法地、法天、法道，更法自然之道〉，《中國哲學原論・原道篇》卷一，台北：臺灣學生書局，1986 年全集校訂版。前後兩文的撰述相距十年，唯後文欲修正前說時，他表示：「老子之所謂道，是否當以實體之義爲本以解釋之，亦實爲吾等後人求解釋老子時所自造之問題。老子書中固無此所謂實體處理等名，則吾人對解釋老子是否當以實體義爲本之一問題，暫存之而不論，亦無不可。然要之可見吾昔年〈老子言道之六義〉一文之下篇，以實體義爲本以解釋老子，只爲解釋老子之言之一可能方式。吾昔之言，固未必非，然其他之論，亦可是也。」（《中國哲學原論・原道篇》卷一，頁 341）唐先生在他論道的六義之貫釋方面，以第二義的形而上實體義貫通至其他五處義；但在其晚年思索老子之道是否爲實體時，顯然困擾於「先天地生」的「道」爲一「有物混成」的處相，故其並未堅持以實體義解釋老子之「道」，而特別指出以實體義釋老子只是一個可能的方式。

〔註36〕《中國哲學原論・導論篇》，頁 410。

> 對此二問題，吾人首可如是答：即老子所言之生活律，正主要爲人
> 順其對自然律之了解而建立；而宇宙之自然律，亦實未嘗限制人之
> 自行建立其自作主宰之生活律；人之自行建立其生活律，亦即爲人
> 求其生活，合於形上道體，而使其生活具形上道體之玄德之事，亦
> 即形上道體之表現於人之事也。〔註37〕

唐先生的解釋似答非答，他把老子生活律的建立歸結爲依自然律而建立，故
人之實踐自能上達通道。然「道」若客觀化爲一實體，則不管人們如何在生
活上建立一符合道體的生活律，仍與道隔了一層，即道是道，人是人。如果
我們把這個論題視爲人生價值的建立以道爲依歸，雖說人仍能建立自己的生
活律，但此生活律是「人順其對自然律之了解而建立」，基本上依舊是以道爲
萬物的主宰，爲萬物生成的準則。若然，則人自作主宰的生活自由不但受到
限制，「道」也純化爲一冷冰冰的原理原則；人果依此原則而行，卻易自陷於
老子所批評的僵化的形式。如此一來，人反而離道愈遠。只是我們得更進一
步地釐清，以客觀實有形態來詮釋老子並非今日才有的問題，從韓非以「理」
釋「道」至王弼的「崇本息末」方法的提出，都直接或間接地將「道」推向
一個唯一、原則、主宰的客觀實體意義。只不過在近代西方哲學傳入，中國
哲學界以「本體」、「第一因」、「必然律則」等概念套在老子身上，便益發突
顯了這個問題。更何況，唐先生對於如何通達形而上的道體，竟以「直覺」
來印證，〔註38〕這無疑更容易使老子墮入神秘主義，便將「道」愈說愈玄遠。

三、牟宗三先生的老子詮釋及反省

不論是徐復觀先生還是唐君毅先生，多偏向於將老子的「道」視爲一客
觀實有的形態，是一形而上的實體，爲創生及規範萬物的原則。〔註39〕有別

〔註37〕 同上註。

〔註38〕 唐先生認爲老子之道並非一理性思辨，亦非一宗教信仰，故老子提出「道」
的唯一可能是靠「直覺」此道體之存在，所以今人欲體道，亦須以同樣的修
養工夫才能進入。見《中國哲學原論・導論篇》，頁389～396。

〔註39〕 當然，不只徐先生與唐先生將「道」視爲一形而上實體，像勞思光先生亦判
「道」爲「萬有之規律」，直言「道」爲形上之實體，是實有義。（參勞思光：
《新編中國哲學史》（一），台北：三民書局，1991年增訂六版，頁237～253）
而方東美先生則分「道」爲「體、用、相、徵」四個方面，而統論中國哲學
的本體論的立論特色一方面深植於現實界，一方面又趨入崇高理想勝境以點
化現實，故名之爲「超越形上學」（Transcendental Metaphysics）。（參見方東

於這樣的詮釋模形，牟宗三先生則視「道」為一主觀的境界，關聯著生活實踐，並將老子區別於一般的形上學而名之為「境界形態的形上學」。〔註40〕牟先生對「道」的詮釋在當代獨樹一幟，不同於其他註家將「道」視為一客觀實有或具有萬物創生原理之性格。他認為「道」不能理解為在現實客觀世界外另有一個創生萬物的主體，而必須主觀地落實在具體的生活實踐中。老子所描述的「道」不過是一種「姿態」而已，實則其是在實踐的過程中所開顯的一種對現實世界的觀照，所以老子的「道」必須是從實踐上理解，這是從主觀上講，不從客觀上言，故牟先生稱之為「境界形態的形而上學」。他有一段很重要的描述：

實有形態的形上學就是依實有之路講形上學（metaphysics in the line

美：〈中國形上學中之宇宙與個人〉，《生生之德》，黎明文化，1979年）這個說法可與牟先生、唐先生所謂中國哲學中的「天道」──「既超越又內在」相發明，然這個觀念基本上仍是從「本／末」、「無／有」、「道／德」的架構中出發。相關論述可參閱牟宗三：《中國哲學的特質》，台北：臺灣學生書局，1978年；唐君毅：《中國文化之精神價值》，台北：正中書局，1965年；劉述先：《生命情調的抉擇》，台北：臺灣學生書局，1992年；杜維明：《儒學第三期發展的前景問題》，台北：聯經，1989年；李明輝：《當代儒學之自我轉化》，台北：中央研究院文哲研究所，1994年。

〔註40〕將老子的「道」以「境界形態的形上實體」名之，是牟宗三先生著名的論點。他認為「道」不能以「實物」視之，也非一般存有論所言之存有，因其有「不塞其源，不禁其性，不吾宰成」（案：此為王弼注《老子》第十章語）之沖虛玄德，「似存而非存，似非存而實存，超乎存與不存之存」，「此非邏輯原則之先在，亦非範疇之先在，亦非存有形態的形上實體之先在，而乃開源暢流，沖虛玄德之明通一切，故為一切形物之本，而其本身非任一形物也。」牟先生其實已體察到「道」不同於存有論之形而上實體，但仍是在一個「形而上」、「形而下」的架構下論「道」，故其云：「此境界形態之先在性乃消化一切存有形態之先在性，只是一片沖虛無跡之妙用。此固是形上之實體，然是境界形態之形上的實體。此固是形上的先在，然是境界形態上的先在。」（見《才性與玄理》，台北：臺灣學生書局，頁142～143）「道」既非實體，但又有形上的性格，卻又同時具有「無／有」之屬性，於是牟先生只好命之為「道的雙重性」，並以「境界形態之形上實體」稱之。事實上，問題仍然沒有解決，所謂的「境界形態」在牟先生看來仍是一個「超語言」的境界，所以他稱讚王弼注老二十五章之「自然」義──「窮極之辭，無稱之言」──為「王弼注老之最精之語也」。（前揭書，頁155）既然是一個超越語言的境界，故一切言筌皆為「道之一偏」。這裡便發生了一個弔詭：既是不可言筌，則後世無盡的解說豈不也是「道之一偏」？王弼試圖以「忘言得意」來解決這個問題，但卻落入另一個更大的弔詭。而牟先生通過王弼論証出「境界形態的實體」仍然沒有解決這個問題，最終只能把一切推給「道常無言」。

of being）。但是境界形態就很麻煩，英文裡邊還沒有相當於「境界」
這個字眼的字。或者我們可以勉強界定爲實踐所達至的主觀心境（心
靈狀態）。這心境是依我們的某方式（例如儒道或佛）下的實踐所達
至的如何樣的心靈狀態。依這心靈狀態可以引發一種「觀看」「知見」
（vision）。境界形態的形上學就是依觀看或知見之路講形上學
（metaphysics in the line of vision）。我們依實踐而有觀看或知見；依
這觀看或知見，我們對於世界有一個看法或說明。這個看法所看的
世界，或這個說明所明的世界，不是平常所說的既成的事實世界（如
科學所說的世界），而是依我們的實踐所觀看的世界。……道家這個
境界形態的形上學就是表示：道要通過無來了解，以無來做本，做
本體，「無名天地之始，有名萬物之母。」這個「無」是從我們主觀
心境上講（主觀心境不是心理學的，而是實踐的）。假如你要了解「無
名天地之始」，必須進一步再看下面一句，「常無欲以觀其妙」，此句
就落在主觀心境上說。道家的意思就從這裡透顯出來，就是作用與
實有不分。作用所顯示的境界（無）就是天地萬物的本體。一說到
本體，我們就很容易想到這是客觀實有層上的概念。可是你要了解，
道家實有層上實有這個概念是從主觀作用上的境界而透顯出來，或
者說是透映出來而置定在那裡以爲客觀的實有，好像眞有一個東西
（本體）叫做「無」。其實這個置定根本是虛妄，是一種姿態。這樣
的形上學根本不像西方，一開始就從客觀的存在著眼，進而從事於
分析，要分析出一個實有。因此，我們要知道道家的無不是西方存
有論上的一個存有論的概念，而是修養境界上的一個虛一而靜的境
界。（《中國哲學十九講》，頁 130～132）

這一段長文是其演講錄，故略顯繁冗，但也可看出牟先生不厭其煩地將「境
界形態」的概念詳細論述。他認爲道家不從實有層講本體，而從作用層講，
故沒有實有層上的本體。事實上，牟先生從一開始便認爲老子的「無」不能
從西方的存有論進路來理解，而必須從「無爲」，即落在作用層上來解。牟先
生對「無」的解釋有一句很關鍵的話，即「假定你了解了老子的文化背景，
就該知道無是簡單化地總持的說法，他直接提出的原是『無爲』。」〔註41〕也
就是牟先生對「無」的詮釋，從根本上便是將其放在一個時代背景的脈絡下

─────────────

〔註41〕牟宗三：《中國哲學十九講》，台北：臺灣學生書局，1983 年，頁 89。

來談，從老子學問之所出是針對當時「周文疲弊」這個角度來談。如此一來，老子的「無」自然就成了牟先生所謂的「原是『無爲』」，將「無」的概念巧妙地轉換成「無爲」，也成爲牟先生爲老子所建構的「實踐的存有論」，從實踐修養的工夫講「境界形態的形而上學」，亦名之爲「無執的存有論」。〔註42〕

　　牟先生對道家的詮釋固有其一套理論系統，但我們不能忽略其對於王弼《老子注》所做的疏解。在《才性與玄理》第五章〈王弼之老學〉中，他採用傳統注疏學逐章解釋的方法來分析王弼的《老子注》，依牟先生的說法，「本文只順王注說，非積極講道德經本文也。」〔註43〕可是牟先生絕非照著講，也非單純闡發王弼意，而是藉疏王弼以明老子，或根本就是牟先生藉王弼來闡述自己的老學觀點。其中尤可注意的是在描述「道」的性格時，牟先生所論述「道」之主宰性、常存性及先在性，這是牟先生的老學系統中極關鍵的一部分。因爲老子用大量類似創生萬物的語詞來描述「道」，在《老子》第五十一、四十二、二十五章及十章等有關於宇宙論的陳述，使得「道」具有一先在萬物的性格，故唐君毅先生以此爲「道」的實體義。但牟先生將「道生之」之「生」解釋爲「無生之生」，「道生之」只是讓物自己生長；「生而不有」正是萬物自然而生，自然而濟，自然而長足。他還指出這些表示「道生之」的宇宙論詞語是消極的，是一種靜觀貌似宇宙論的詞語，故名之爲「不著之宇宙論」。〔註44〕他特別引王弼〈老子指略〉：「夫物之所以生，功之所以成，

〔註42〕「無執的存有論」提出，是相對西方對於物之存在而分析其存有之性，重知性分解之「執的存有論」；中國傳統對於存在之物超越地明其所以爲存在之理，就物的創生而言，此是依超越的道德無限智心而建立，而這一切無限智心可由人或一切理性存有而體現，是既超越又內在的。值得注意的是牟先生晚年將此「無執的存有論」發展成爲一實踐最圓滿的善，並提出道家亦具有一無限智心——道心。就牟先生所創作的哲學系統言，他對儒、釋、道三家的分疏堪稱圓滿，唯其所建構的圓善論是否能將儒、釋、道一一套入，卻是值得深思的問題，其中道家是否具有一「道心」的概念，亦是讓人懷疑的。此外，他認爲無執的存有論亦涵有宇宙生生不息之動源的宇宙論，而合言「宇宙本體論」；若合稱宇宙本體，亦是分解後的合一，此不離中國傳統「天人合一」的思路，但此說實則已點出中國哲學中具有一個原初不分本體宇宙的境域，這是本文欲持續深入的主題。關於牟先生對於「無執的存有論」論述，可參閱其《圓善論》，台北：臺灣學生書局，1985年；《現象與物自身》，台北：臺灣學生書局，1996年。

〔註43〕牟宗三：《才性與玄理》，台北：臺灣學生書局，1993年修訂八版，頁129。

〔註44〕同上註，頁140～143、160～164。牟先生據王弼注強調「道生一，一生二，二生三」之生都是「不生之生」，是讓萬物自生。牟先生說：

必生乎無形，由乎無名。無形無名者，萬物之宗也。」及其注《老子》第十章：「不塞其源，則物自生，何功之有？不禁其性，則物自濟，何爲之恃？物自長足，不吾宰成。有德無主，非玄而何？凡言玄德，皆有德而不知其主，出乎幽冥。」來說明「道」之「不主之主」、「不生而生」的主宰性及先在性，謂「道」非實物，以沖虛爲性，此沖虛玄德非實體之存有，而是一由主觀親證而得的「境界形態」之體。姑且不論王弼所謂「不塞其源，則物自生」是否含有「不生之生」的意思，至少其描述「道」是「無形無名」貫穿整個《老子注》，在第一章、二十一章、三十二章、四十一章等，均反覆言說「大象無形」之意。〔註45〕就這點而言，牟先生進一步申述「道」之「似存而非存，似非存而實存，超乎存與不存之存」的「境界形態」意。顯然地，牟先生一方面要說明「道」的宗主性，一方面又要爲「道」尋求一個超越萬物的地位，只好以繞口令式的詭辭說「道」是「無所存之存也」。我們同意牟先生苦心孤

「道生之」者，只是開其源，暢其流，讓物自生也。此是消極意義之生，故亦曰「無生之生」也。……總之，它不是一能生能造之實體。它只是不塞不禁，暢開萬物「自生自濟」之源之沖虛玄德。而沖虛玄德只是一種境界。……故表示「道生之」的那些宇宙觀的語句，實非積極的宇宙論語句，而乃是消極的，只表示一種靜觀之貌似的宇宙論語句。（《才性與玄理》，頁162）

牟先生這段論述非常重要，代表他如何看待《老子》中最具爭議有關宇宙論的論述，如果將「道」的創生萬物視爲萬物之源，則「道」便具有一個客觀實體的性格；但牟先生卻謂此爲「消極之生」，特別稱其「不生之生」，且不管王弼是否以「不生之生」看待「道」的創生義，牟先生如此詮釋，實已將「道」導向一個萬物任其自己創生自身的路上，反倒較接近郭象注莊的「獨化」論，楊儒賓先生亦持相同的看法。（見楊儒賓：《先秦道家道的觀念的發展》，台灣大學文史叢刊之七十七，1987，頁37）

〔註45〕 如王弼在《老子注》第一章：「言道以無形無名始成萬物」；三十二章：「道，無形不繫，常不可名。」都不斷說明「道」無一固定形體或名號。如此論述固然賦予「道」一個超越的性格，可是同時將「道」拉遠了。牟先生一方面批評王弼一些註文「歧出不切，隱曲不明」（《才性與玄理》，頁141）一方面藉其「境界形態形上學」來注疏王弼，同樣也將「道」帶往一個沖虛無跡的境界。老子之「道」是否如此超凡脫俗，值得再深入討論。此外，這裡還有另一個問題，牟先生通過注解王弼來說明老子的「境界形態形上學」，同時又回過頭以此來說明王弼，形成一個極有意思的「詮釋學循環」，我們無法得知牟先生是先通讀《老子》再讀《老子注》，還是透過王弼來理解老子，而最後當其以「境界形態」的概念來論述道家時，又一一的將老子及王弼置入其體系。這裡涉及一個多重詮釋的模式，王弼注解老子，牟先生注疏王弼，也解讀老子，若後設的說，本文亦是對牟先生詮釋王弼詮釋老子之詮釋，故對牟先生的詮釋系統而言，又是另一個值得研究的課題。

詣所指出的「道」不同於西方的存有論，但是以「境界形態」來論述「道」時，仍然陷於一個形而上學論述架構下的言說困境，更遑論該如何從這個實踐修養工夫來體證「道」了。

　　總而言之，當牟先生將「道」限定於作用層，並區隔了實有層與作用層，其實一開始便有了一個本體世界的預設。牟先生以此來談儒、老之別，固能顯其不同之處，但僅就老子言，是否會出現像袁保新所提出的「撤消了『道』的實體性與客觀性」之不安呢？〔註46〕無疑的，牟先生避開了將「道」視為

〔註46〕　袁保新在檢討牟先生老子詮釋時，對「主觀境界形態」的詮釋系統提出質疑。他雖然肯定「牟先生對老子一般形上概念的解釋，均能扣緊老子義理的實踐性格，收在主觀心境上立說，對現代讀者的存在體驗有所印證、提撕，因此也最生動具體。可是，令人難安的就是牟先生撤消了『道』的實體性與客觀性，使得老子一些強烈暗示宇宙論的陳述，均需扭轉在主觀心境沖虛玄德之下，理解為『不生之生』。」（《老子哲學之詮釋與重建》，台北：文津，1991年，頁74）袁氏對牟先生的質疑，其實蘊含著極深刻的思路歷程，並且遭到來自師門的詰難。相關心路歷程可參見袁保新：〈再論老子之道的義理定位——兼答劉笑敢教授《關於老子之道的新解釋與新詮釋》〉（《中國文哲研究通訊》7:2，1997年6月，頁145～159）袁保新對當代老學詮釋區分了「客觀實有形態」與「主觀境界形態」兩個不同進路，姑且不論其對當代老學論述的區分，至少在論及牟先生「主觀境界形態的形上學」方面，提出了非常重要的反省。而我們必須指出，不管是牟先生、唐君毅先生，甚至是袁保新自己，其實都在思索著一個關鍵的問題：「道」一概念所具有的多面向內涵該如何界定？特別是袁氏歸結老子對「道」的各種陳述，在理論上所潛存的兩個矛盾，他說：（一）既然「道隱無名」，超越名言概念的思考、感覺經驗的認知，那麼，老子憑藉什麼來把握「道」，來論述它與萬物存在的關係？（二）依據陳康先生的分析，老子的「道」具有雙重性格，一是作為「存有原理」（Seinsprinzip），另一是「應然原理」（Sollensprinzip）。前者具有必然性，無一物可以脫離約束；後者則是規範性的法則，可以遵守，也可以違背。但問題是：二者性質明顯屬於不同層次，卻在老子的思想中共同隸屬在「道」一概念下，這是否意謂老子在思想上混淆了「實然」與「應然」之間的區分呢？（《老子哲學之詮釋與重建》，頁26～28）這兩個問題也正是本論文所思考處理的問題。第一個問題其實仍得回到老子語言本身來思索，「道隱無名」的超語言形容，老子採取「正言若反」的方式讓道顯現。這個問題在下一章會繼續深入討論，而袁氏亦有〈老子語言哲學試探〉一文（收入前揭書），這或許是中西哲學比較在討論「語言」時一個共同的課題。關於第二個問題，筆者以為與第一個問題是分不開的，即任何對於「道」的描述（包括老子），不論是「存有原理／應然原理」或牟先生所論「道」的「無／有」雙重性，都讓「道」在言說中開顯。而袁保新所提出的創造性詮釋，欲以「道」為價值世界的形而上基礎來超越主觀與客觀的對立，儘管溝通了形上世界與價值世界的連繫，但在某種程度上，仍是立基於一個分析後的「天人合一」架構。如此對老子的討論會不會

一個客觀實體所帶來的問題，但以「不生之生」將老子帶往主觀修養的親證，卻容易讓老子陷於相對主義的任意性。所以，以區隔實有和作用層來論「道」，仍是在主觀與客觀間打轉，不論強調何者，還是會顧此失彼。與其說老子混淆了兩者的區別，毋寧說老子可能根本不存在區分兩者的思考方向。

不管是牟先生、唐先生亦或馮友蘭、徐復觀、勞思光諸先生所提出的老子詮釋，就廣義而言，仍與王弼「本／末」二分的觀念所形成的「形而上的道體」與「形而下的現象界」所構成的老子哲學之思路有關；換言之，所有詮釋老子者都面臨「道」在形上學與人生價值實踐的溝通，以及「道」體所具有的宇宙創生與本體性格該如何界定的問題。王弼所提出的「崇本息末」原則，確實為老子詮釋建立了一條進路，然而我們今日要反省的是在中國傳統的「本／末」、「體／用」甚至「理一分殊」等詮釋架構下，老子的「道」是否受到了這種詮釋方式的限制？還有沒有可能以其他方式來解讀老子？當代幾位哲學大師做了許多創造性的詮釋，我們在一一檢討之餘，也不得不繼續追問這些詮釋是否已盡足老子？當所有後來詮釋者不斷在前人基礎上繼續疊床架屋，構築起老子學說的堂皇巨廈時，我們該如何認明入口方向得以一窺堂奧呢？或許當我們在討論各種詮釋時，答案已自在其中。

第六節　小　結

從韓非注老開始，至王弼注老時，數百年間老子之學已有廣泛的發展，也形成了諸多不同流派。〔註 47〕據唐君毅先生的研究，老子之學從韓非解老始，開啟了老子詮釋的諸多方向。〔註 48〕這些變化與研究，從表面上來看是

陷於一個「主觀境界」、「客觀實有」及超越兩者的反覆論爭，忽略了「道」可能根本無形而上與形而下的區別，而離開老子所提示的「道」的一個原初質樸的境域愈來愈遠。我們同意袁保新對中西哲學比較時概念及語詞使用的慎重，也明白其對「道」做為存有原理與應然原理兩個不同層次的雙重性格調和的努力，但我們如果能回到老子語言來思索這個問題，或可避免一些不必要的糾結。

〔註47〕　據嚴靈峰：〈王弼以前老學傳授考〉一文，從先秦諸子之書至王弼，共輯得一百七十餘人。是文收於《老莊研究》，臺灣中華書局，1966 年。

〔註48〕　唐先生曾分老子的道為六義，雖然他說以實體義貫虛義，但他又在〈王弼之由易學以通老學之道〉一文中謂「老子原文中所謂道，實原可自兼客觀與主觀二面解釋。此乃一原始形態之道家思想，更可循不同方向而發展。」（《中國哲學原論·原道篇》卷二，頁 355）於是韓非解老是一個發展方向，王弼注

「老學的分化」，但我們從另一個角度來談這個情形，可說是老子的影響深入各個領域，不論在政治、人生，或是影響儒家、法家、陰陽家等其他思想體系。誠然，詮釋老子者愈多，代表老子之學愈是生機蓬勃，但也突顯各注家說法之分歧，使得後人欲通過這些注釋來理解老子，往往陷入一片迷霧而失去方向，更遑論找到通往老子之路。於是，我們不禁要問，注釋本身原是為了顯豁文本之意，但卻又是造成理解文本的障礙。那麼，套句高達美的話，這些注釋到底是「橋樑」還是「障礙」？

　　《老子》是道家的經典，其影響力至深且廣；王弼的《老子道德經注》亦是詮釋老子的經典，無數人從王弼《老子道德經注》進入老子的世界。但是當注解本身亦成為經典時，會不會在某種形式及程度上成為進入原典的「障礙」？更遑論還有更多解釋王弼《老子道德經注》的注解。義大利學者艾柯（E. Eco）曾說：「一旦某個文本成為某一文化的『神聖』之物，在往後就會遭受許多似是而非的閱讀，因而無疑地會造成『過度』詮釋。」〔註49〕他所說的「神聖之物」，就是我們所謂的「經典」。當然，就艾柯而言，他為了反對德希達、保羅・德曼（Paul de Man）所代表的「解構主義」賦予讀者無限解讀文本的權利，所以提出「作品意圖」（intentional operis）藉以限制文本所具有的無限豐富的可能性。於是，有些對經典的詮釋在艾柯看來離題太遠，甚至是藉題發揮。但是在解構主義的立場來看，對文本的解讀其實是進行對文本意義的釋放，若有了某些標準或正確性，便會遏止文本的成長。甚至就某個角度言，「所有的詮釋都是過度的詮釋。」這其中論點內容複雜，並非在此所能詳述，但我們可藉以思考：詮釋的目的為何？該以什麼樣的方式才能達到詮釋的目的？而所有對文本的詮釋或詮釋的再詮釋，不管其意圖或方式

老亦是。唯這些發展方向都只各取老子一面，故唐先生認為王弼解老多有創新，但也因此有許多注文不切老子原義，如以主觀上無其心、虛其心解道，與老子兼通有無義不合。唐先生也以此批評牟先生藉王弼以論老子有不妥，蓋王弼注老未必得老子義。唐先生此論確有其理，然我們進一步追問何謂老子及王弼原義？若後人解老皆得老子一偏，則唐先生的解說豈不也是其中一種？如此一來，理解老子是否為一件不可能之事？這些問題亦是本文一開始便已提出，當我們一一檢討關於老子的注解時，這些問題始終如影隨形的出現，對於理解的「正確性」不斷提出強烈質疑。下一章會就這些問題再深入剖析。

〔註49〕 *Interpretation and Overinterpretation,* Embero Eco with Richard Rorty, Jonathan Culler and Christine Brooke-Rose, ed. Stefan Collini, Camgridge: Cambridge University Press, 1992, p.52.

是否「踰越」文本，所累積的傳統都是構成我們詮釋的「視域」，傳統雖有其限制，但也同時在傳統中才能延續孕育新的生命。〔註50〕所以我們看到老子成爲經典後，所有後代的解讀都是使經典更具時代意義，歷久而彌堅。

因此，我們不是在眾多解老注釋中尋求一個最好的解釋，也不可能因爲肯定了某個注解就中止了文本意義的擴散。更何況老子五千言本就意蘊豐富，自然難有一定論。問題是，如此一來是不是到最後只能落到太史公所稱：「老子所貴道、虛無，因應變化於無爲，故著書辭稱微妙難識。」司馬遷似乎早已洞燭機先，預告老子書「微妙難測」，難怪後世議論紛紛，測不出個所以然來。王弼似有所悟，他便言及「蓋《老子》之文，欲辯而詰者，則失其旨也；欲名而責者，則違其義也。」（〈老子指略〉）王弼巧妙以《老子》二十九章：「爲者敗之，執者失之。」來暗指後世對於《老子》的任何詰難責問，都有違其意；他也藉以批評其他各家學說亦用其子而棄其母，以末治本，致使混亂不明。然而，王弼《老子道德經注》亦是一詮釋《老子》之文，雖然他大肆闡揚老子思想，且爲後世所讚譽；但後人讀老子時必讀王弼之注本，所認識者亦是「王弼老子學」，提到「崇本息末」時，亦明爲王弼所倡。於是，我們也可清楚地看到王弼只是眾多老子詮釋的一個方向，他與其他眾流皆是構成老子思想傳統的一部分。

〔註50〕 高達美對歷史與理性、傳統與現代的問題有深入的討論。在他看來，傳統是「活」的，歷史不是屬於我們，而是我們屬於歷史。所以在《眞理與方法》中，高氏還特別提出經典的概念來說明過去與現在的歷史連繫，並說明理解的歷史性。在其詮釋學理論中，歷史與文化都不是與解釋者純然隔絕的過去，反而對現在各種觀念的形成起著積極的作用，而「經典」最能體現一種超越時空的規範和基本價值。高達美所提出的觀念值得我們深思，特別是在中國有著深厚的傳統「經典」文化，在近代遭到一波波反傳統的攻擊與摧毀之後。相關論點可參考高達美：《眞理與方法》中〈作爲理解條件的前見〉。但是，「經典」的「無時間性」並非指經典是以一種靜態的方式超越歷史，張隆溪解釋道：「經典的所謂『無時間性』並不意味著它超脫歷史而永恆，而是說它超越特定時間空間的局限，在長期的歷史理解中幾乎隨時存在於當前，即隨時作爲當前有意義的事物而存在。當我們閱讀一部經典著作時，我們不是去接觸一個來自過去、屬於過去的東西，而是把我們自己與經典所能給予我們的東西合在一起。」（見張隆溪：〈經典在闡釋學上的意義〉，《中國文哲研究通訊》9:3，1999 年 9 月，頁 63）

第五章 「道」的「緣構」境域

　　當我們提到「道」時，很自然地會將其視爲具有某種深刻的、精神上的、超越技術層次的意義，儘管在日常生活中，喝茶有「茶道」、書法有「書道」、插花有「花道」，習武練劍亦有「武道」及「劍道」，這些原本有一定工夫技巧的活動，卻不僅止於技術的層面，而強調更高層次的「道」境界之探求。〔註1〕而這些沿用「道」論的各項活動，都不約而同地突出「道」不同於普遍性的一般規則，只有技巧純熟不足以成爲「家」，而僅能是一個「匠」而已。問題是，什麼才是「道」的境界？且該以什麼標準來判定一個人是否已成「家」而非「匠」？我們發現，這樣的追問往往不會有個確切並令人信服的答案，甚至連身處其中的人也說不出個所以然，最後常常以「只能意會，不能言傳」了結。

　　當老子說出「道可道，非常道」時，是不是已明指一切言說都無法傳達「道」的意涵？也就是說如果我們用任何語言描述或解析，「道」已非「道」。果眞如此，則「道」便成爲一個無法用語言說出的境界。但僅止於此，其實會發現一個更大的困難，即「道」既不可言說，則我們該如何體道？若「佛法大義」不可言傳，「何爲佛法大義」的詢問在高僧耳中是個不能成其爲問題的問題，彷彿一旦落入言語便是種蒙蔽與墮落；但高僧的開示往往從此問而指點出佛法之不可聞而得的一條明路，若無此問，則一切參悟似無法進行，

〔註1〕這樣的觀念顯然從莊子而起，《莊子・養生主》中舉庖丁解牛已入於道境，進乎技矣。莊子似乎強調一個超越人生的道境，然其順應自然的養生主，卻是不離人間的。「天地與我並生，萬物與我爲一」（〈齊物論〉）在天地中悠遊逍遙，而非在人生之上另尋一「道」的樂土。故庖丁由技進於道仍是在解牛的過程中顯現，「技」與「道」一如族庖與良庖有層次之別，但不是在解牛之外另成一道境。

即對佛法的了悟其源亦必導於此問題的提出。〔註2〕縱使如禪宗以心傳心、不立文字的教法，最後仍得以大量的公案與言語機鋒做為了悟的途徑。莫非愈為否定語言，愈是需藉由大量的語言來破除其自身？求法求道者一再被告知道之不可言傳，須自行體會，此「道」是超語言的存在，若然，則必面臨一個問題，到什麼階段才算進入「道」的境界？而所謂的體「道」者與其他同入此「道」者有無分別？進而入「道」者如何向未入「道」者展示「道」之為何？若「道」一落入言詮便失其本，便已不再純然，則「道」該如何現身？老子所言之「道隱無名」若僅指「道」不以「有名」顯其身，則下文「夫唯道善貸且成」該如何理解？更何況如果再後設的提問老子既然以為「道隱無名」且老子亦不知其名，為何仍要「字之曰道，強為之名曰大。」這豈不一反老子所自稱的「道可道，非常道」嗎？再者，老子留下五千言的《道德經》成為後世傳頌的經典，更是引發無數學說的源流，多少人從《道德經》中解「道」求「道」，若云「道隱無名」，豈不以「道隱《道德經》」更為恰當？

之所以引發這些疑惑，關鍵在「語言」。「道」究竟能否言詮，若言語道斷，則「道」與「語言」相衝突而不容，那麼一切對「道」的解說都無著根處，甚至連《老子》一書亦失其本。「語言」究竟與「道」有何關係？「語言」是阻礙「道」的柵欄，還是通達「道」的橋樑？〔註3〕傳統的語言觀一向以工具視之，「名」與「實」關係的討論從先秦時便已有之，但不論是孔子「名正言順」之「正名」或荀子〈正名〉所談的「王者之制名」，其根本皆以「語言」為傳達思想的工具，且其中所涉及「語言」與「權力」的關係，才是儒家所關心的問題。〔註4〕至若道家之老子與莊子，似乎為針對儒家帶有權力的語言觀而反對過於

〔註 2〕 禪宗公案中頗多實例。然眾多的求法求道者都必自此一問題的提出才能進入佛法，不論佛法是不是不假外求或不能以文字視之。當然，禪宗對語言文字的挑戰隨著時代發展並與儒道的融合有著不同的變化，非一言所能道盡。唯其解構語言的邏輯性直現存有本身，是禪門話頭對思考語言本質的一個進路，對道家語言觀有一定對比作用，可再另文深入。

〔註 3〕 這裡轉用高達美對語言性的提問，他認為從德國浪漫主義與唯心主義傳統中對自我與事物之間的內在關係出發，才能揭示事物本真意蘊的觀念，進行了所謂理解及溝通能力對詮釋學的普遍要求的肯定；但也對浪漫主義提出：語言永遠不可能達到個人最後的、不可取消的秘密這一個生活感受。於是他詢問在談話中所建立的意義共同性，以及他者的不可穿透性該如何調解，故有一個著名的提問：「語言是橋樑還是局限？」參見高達美：〈文本和闡釋〉，《真理與方法》卷二，頁 361。

〔註 4〕 本論文第一章已涉及傳統的語言觀，可參考之。

矯飾的名實關係，故從老子之「道隱無名」到莊子的「筌蹄之喻」，都視語言為體道的包袱；或語言雖為體道所必須的過程，但是達於道的境界是「大象無形」、「大音希聲」的。因此從這個角度來論儒家的「正名」或道家的「無名」，都將語言視為工具，而形成傳統的語言觀。至此，我們又回到前面的問題，如果語言僅是傳情達意的工具，則工具能達到某個所為之目的，如「蹄」為捉兔、「筌」為捕魚，那麼，工具必能使欲為之目的達成。如此一來，便如王弼所云「得意忘象，得象忘言」，「言」是能達於「道」的；但做為工具，其「功能」必有所限制，則在此限制之下，如何能盡「道」呢？於是歷來論「道」者，便以此肯定「道」具有不可言說性，或任何解「道」的說法皆為「道」之一偏，於是對「道」的分析便只好從多個角度，期能面面俱到。如唐君毅先生提出的「六義」、〔註5〕傅偉勳先生論道的六大層面，〔註6〕或方東美先生從「體、用、相、徵」等四方面來詮釋老子。〔註7〕從各種不同方面論「道」，無非想指出「道」具有形上學的性格又復有其主體實踐，故「道」具有多義性，必得從各個層面來論述。然不論細分成多少個層次或進行何等仔細的剖析，似乎又會陷入一個難題：倒底要分成幾個層面討論才能完整的呈現出「道」的意涵？而再多的層次分析是否暗示出「道」的無窮，非有限的分割所能盡？若詮釋並非重述老子，而是一「創造性的詮釋」，則對「道」的認識最終將導至何方？亦或將永無止境的進行這場「對話」？

此外，我們還得進一步反省：對「道」的詮釋如果始終以「道」為一個認知對象，或考慮到老子是否也像西方哲學家為尋求宇宙間的第一因或最原始的原理，企圖通過這樣的形上學原理為現象界提供一個本質上的原則，則問題便會回到《老子》書中一些對「道」近似宇宙論或本體論的描述，若「道」為天地萬物之始，如不以實體義視之，則我們該如何理解「道」？而老子之後如韓非以「理」釋「道」或王弼以「無」釋「道」等，在突出「道」的形上性格同時，會不會導致「道」演變成專為宇宙發生、自然界的運行或人生處世提供一個必然的原因說明？對於這些問題的追問，其實都指向一個最基本的問題：「道」是什麼？對於「道」的理解與解釋，便涉及詮釋學中以語言

〔註5〕唐先生所論，見其《中國哲學原論・導論篇》及《中國哲學原論・原道篇》。

〔註6〕見傅偉勳：〈老莊、郭象與禪宗——禪道哲理聯貫性的詮釋學試探〉，《從西方哲學到禪佛教》，台北：東大圖書，1986年。

〔註7〕見方東美：《生生之德》，台北：黎明文化，1979年；*Chinese Philosophy: Its Sprint and Its Development*, Linknig Publishing, Taipei, 1981.

爲核心的探討。以下，我們就先從對「道」的追問開始，以老子語言爲討論焦點，進入老子「道」的「緣構」境域。

第一節　「道」是什麼？「道」如何顯其自身？

　　一如本文開頭，對於「道」一字的概念已在歷史層層的包裹中讓我們心生敬畏，尤其是涉及一個超越具體實境或所指的對象時，「只能意會」往往成了最好的遁詞。事實上，當我們提問：「『道』是什麼？」其實已開始進入領會「道」的境域，即「道」已準備在這個問題中現身。這個提問就如同海德格（Martin Heidegger）所追問的「存有」（Sein），〔註8〕他盡一生之力釐清哲學史中所探討的「存有」實爲「存有者」（das Seiende）的誤解。其中最關鍵的就是他在反省這個提問：「『存有』是什麼？」他是這麼說的：

> 我們不知道「存在」說的是什麼，然而當我們問道「『存在』是什麼？」時，我們已經棲身在對「是」〔「在」〕的某種領悟之中了，儘管我們還不能從概念上確定這個「是」意味著什麼。我們一直還未認出該從哪一境域出發來把握和確定存在的意義。但這種通常而模糊的存在之領悟是一種實際情形。〔註9〕

《存在與時間》的扉頁引了柏拉圖的一段話：「當你們用『存在著』這個詞的時候，顯然你們早就很熟悉這究竟是什麼意思，不過，雖然我們也曾相信領會了它，現在卻茫然失措了。」（柏拉圖《智者篇》）海德格認爲我們今天的茫然不是因爲不能領會「存有」這個詞，而是對於「『存有』是什麼？」這個問題的意義早已遺忘，「存有」問題是被對這個問題的種種成見埋沒而遺忘。而這些成見，海德格分成三個方面：1.「存有」是最普遍的概念；2.從「存有」的普遍性又可推論出它的不可定義性；3.雖然無法定義「存有」，但在對存有者的一切關聯中都會用到「存有（是）」，所以「存有」是不證自明的。我們雖然不能輕易將海德格心目中的「存有」來比附老子的「道」，但海氏在論及「存有」的遺忘時，卻能提供我們反思「道」的契機。特別是當「什麼是『道』」這個問題的提出被視爲是一種「不證自明」、「只能意會」的超語言問題時，

〔註8〕　「sein」一詞，大陸學界譯爲「存在」，而台灣則譯爲「存有」。本文依引文來源而存其眞，至於在內容使用上則以「存有」譯之。

〔註9〕　見馬丁・海德格（Martin Heidegger）：《存在與時間》（Sein und Zeit），王慶節、陳嘉映中譯，台北：久大・桂冠聯合出版，1993年，頁9。

我們不但得重提這個問題，同時還要思索這個問題的提問與中國傳統對「道」的詮釋所造成的「道」之「遺忘」，以及如何讓這個被遺忘的「道」重新開顯。

就如同上引文，海氏所謂當我們問道「『存有』是什麼」這個問題時，「存有」已透過這個問題被召喚而顯其自身，雖然我們還不完全清楚這是一種什麼樣的體會。中國傳統中並非對「『道』是什麼」不感興趣，事實上，先秦時韓非作〈解老〉、〈喻老〉，已對老子的「道」進行過闡釋。然而問題就出在這裡，當我們在面對老子時，是以什麼樣的方式提問，是從「『道』是什麼」的問題讓「道」現身，還是將「道」視為一個對象想要將其解釋成「什麼」。如果我們問出「道是什麼」，也就是說當「道」成為一個我們想去解釋，想要去說明的「什麼」，則此時「道」便成為一個「存有者」，一個獨立自存可以被解釋說明的對象。如此一來，任何對「道」的「解釋」也成為以一個存有者來說明另一個存有者，就像韓非以「理」釋「道」或王弼以「無」解「道」。這裡所隱藏的關鍵就在於這個問題對於「道」來說根本是一個不適切的提問，海德格認為「存有是什麼」的問題已被遺忘的同時，也遺忘了「存有」。而我們實可更進一步地追問被遺忘的不僅僅是「什麼是『道』」這個問題，更重要的是該以什麼樣的方式提出問題。即我們與其提問「『道』是什麼」，不如思索「『道』如何呈現」。就老子而言，他從來不去追問「道」是什麼，老子只是讓「道」自己「說出」其自身，而這個「說出」是不離人與世間的。所以我們該重新思考的問題並不是「『道』是什麼」，而應是「『道』如何呈現」。

「道」從來就不是「什麼」。老子根本不為「道」做任何定義式的解釋，「道隱無名」、「道常無名」其實已表示「道」不能以任何固定的語詞來說明，不管是將它當做宇宙生成的本源或是自然萬物運行的法則，都是將「道」形上實體化。如此一來，「道」並非「無名」，而是以「理」、以「無」之名成為一個至高無上的原理，不但使「道」有了類似西方「本體」的地位，更讓「道」離開了原本「視之不見」、「聽之不聞」、「搏之不得」的「夷、希、微」之境，而被迫以一個「本體」的身份出現。於是，「道」遠離了自然萬物，一如「存有」離開了「存有者」。但是，「存有」總是「存有者」的存有，離開了「存有者」，「存有」也就不成其為「存有」，海德格認為要顯示出存有者之「存有」，必須弄清楚發問的存有者之存有，這個存有者，海氏稱之為「緣在」（Dasein）。〔註10〕因為存有總是存有者的存有，存有不是一個存有者，所以必須通過存

〔註10〕「Dasein」這個字在海德格《存在與時間》中有重要的地位和作用，"Da"

有者展開存有，因此，只有人，只有對存有發問的人，才能領會存有。人並非只是芸芸眾生中之一個存有者，而是其具有了解存有的能力，或從根本上說：Dasein 對存有的領悟就是其存有的規定，即 Dasein 的與眾不同處就是其存有論地存有。(《存在與時間》p.17) 我們如果藉海德格論存有與存有者的關係來思索人與道，便不難領會老子在論「域中有四大」時，不會將「人」當做是與「道」並稱的「大」者。老子說：「人法地，地法天，天法道，道法自然。」(二十五章) 在這裡的「法」如果解釋成效法、學習，就必然會使人、地、天、道、自然成為一個效法一個的鎖鏈連結關係，最後便會出現該如何理解「道法自然」的問題，因為在「道」之上再有一「自然」，顯然不通。於是王弼只好解為：「道不違自然，乃得其性。法自然者，在方而法方，在圓而法圓，於自然無所違也。」；河上公乾脆說：「道性自然，無所法也。」將「自然」當做「道」的法則，或直接以道即自然。事實上，「自然」在老子中除了指天地萬物的本性及運行的法則，〔註 11〕更是「道」的顯現。〔註 12〕所以我

在德文中是一具有多重意思的介詞，可表「這裡」、「那裡」、「於是」、「但是」、「因為」、「雖然」等。而 "Dasein" 在日常德文中的意思是「生活」、「生存」，但是海氏將此詞賦予了更深刻的含義，而特別著重在 "Da" 與 "Sein" 兩者組成的結構中所引發豐富的存有論含義。故「Dasein」做為一個獨特的存有者，與其他存有者不同之處，在其存有之中所關聯的即是存有本身。同時 Dasein 與 Sein 有一種循環的關係，而存有在人的行動之中領會，並與之在生存論狀態中開啟自身與世界的場域。「Daein」一詞的譯名在大陸多譯為「此在」，在台灣多譯為「此有」，早期熊偉先生譯為「親在」，唯考慮其在海德格中所帶有的豐富含意，故本文採張祥龍的中譯名——「緣在」，以中文「緣」字的多譯及其內藏之文化積累，或可開創翻譯對話的更廣闊空間。參見張祥龍：〈"Dasein" 的含義與譯名〉《從現象學到孔夫子》，北京：商務印書館，2001年；中譯本《存在與時間》附錄一〈關於本書一些重要譯名討論〉，王慶節、陳嘉映，台北：久大、桂冠聯合出版，1993 年二版；陳嘉映：〈從海德格哲學談譯名的一致〉，《哲學雜誌》，第二十一期，1997 年 8 月，頁 192～212。

〔註 11〕《老子》六十四章：「是以聖人欲不欲，不貴難得之貨；學不學，復眾人之所過。以輔萬物之自然，而不敢為。」本章雖在說明聖人之無為、無執，但最後這一句也指出了「自然」是萬物運行的法則。

〔註 12〕《老子》五十一章：「道生之，德畜之，物形之，勢成之。是以萬物莫不遵道而貴德。道之尊，德之貴，夫莫之命而常自然。故道生之，德畜之，長之、育之、亭之、毒之、養之、覆之。生而不有，為而不恃，長而不宰，是謂玄德。」本章向來與四十二章都以宇宙論的解釋而視作描述「道」生發萬物的過程。然而我們得考慮「道」若是成了生長萬物的本源，則「道」不可避免的被實體化，如此一來，「道」的「恍惚」之境便很難再迷離游移於「無—有」之間，而失其「玄之又玄」的玄妙之境。

們從「道法自然」一句去理解人、地、天、道的關係，便可明白此域中四大
並非四個在世界上最可稱大者，而是藉由相互依傍所構成存有開顯之境域，
此相互影響之發生可視爲因「緣」而生，故此構成可稱之爲「緣構」的境域。
〔註13〕

再者，「域中有四大」之「大」是不是「大／小」相對下之「大」的意思，
亦不無可疑。因爲在《老子》中的「大」字多有消除相對而達於一相互生成
依存的哲學含意，如「大盈若沖」、「大成若缺」、「大直若屈」、「大巧若拙」
等；亦含有解除一些既定名言概念的含意，如「大制不割」、「大象無形」、「大
器晚成」等。故「大道」之稱不可能還有一「小道」與之相對，二十五章已
清楚說明此混成之狀態強字之曰「道」，強爲之名曰「大」。此「大」之名爲
何是強爲之呢？因其在日常生活的使用中有「大／小」相對的意含，故強爲
之名實已點出不能以一般「大／小」相對的「大」義來說明「道」。此外，三
十四章亦有清楚說明：

> 大道氾兮，其可左右。萬物恃之以生而不辭，功成而不有。衣養萬
> 物而不爲主，可名於小；萬物歸焉而不爲主，可名爲大。以其終不
> 自爲大，故能成其大。

本章可視爲言「道」之作用，說明「道」無所不在，而此無所不在並非一個
抽離萬物而言的普遍性原則；「萬物歸焉而不爲主」已說明「道」不具主宰性，
不自居爲主，不自爲大，才是「大」。而「可名於小」與「可名於大」兩個相
對不容的名詞爲何能同時用於「道」呢？一般皆以「道」之虛無不見其形故
名爲「小」，而能生養萬物故名爲「大」。如王淮先生說：「道之所以可名於『小』
者，特就道之體性而言耳，道之所以可名於『大』者，特就道之精神而言耳。
道之體性爲『虛無』，其實則爲自然之理，此虛無之理，精微深隱，可以『小』
喻之，故曰：『常無、可名於小』，道之精神廓然大公，萬物普遍的皆被道所
成就，可以『大』喻之，故曰：『萬物歸焉而不爲主，可名於大』。」〔註14〕

〔註13〕 「緣構」一詞來自於張祥龍譯海德格「Ereignis」一詞，可參考註釋五十。張
氏以「緣構發生」來說明海德格「解構─建構」二重性，唯此譯不若孫周興
以「大道」譯之簡潔有力。倒是「緣構」一詞用以描述老子「道」域之構成
頗爲恰當，不但能指出此境域中的各個組成相互影響，同時能使彼此間產生
連結又不至偏於任何一方。故本文即以「緣構」一詞來描述老子「道」的形
上學。

〔註14〕 見王淮：《老子探義》，台北：臺灣商務印書館，1990年九版，頁138。

王淮先生此說就字面言亦可通之，唯我們考慮到本章最後一句「以其終不自為大，故能成其大」便可明白老子所謂「道」之「大」並非是「大／小」意義下的「大」，而是超越「大／小」相對名相之「大」，故「可名於小」、「可名於大」都是一種「名」。

所以「域中有四大」實非在一個空間裡有四個「最大」之稱，而是人與天、地、道構成了「域」。這裡的「構成」並非「創造」、「生成」或「組成」，也不意味有主客體相互牽引拉扯，而是現象學意向的一種更本源的存有居間引發的境域。這個「域」就如同海氏所稱：「緣在」（Dasein）的存有是「在世存有」（In-der-Weli-sein），而世界也永遠是與「緣在」所相互構成。故海德格以一個短橫符號"-"（dash）將各個詞串聯起來，藉此表示「緣在」與世界是一個統一的整體。這並不是說在一個空間中將各個獨立存在的物連結起來，若如此理解則「在世存有」便成為「現成在手」（Vorhanden）的本體論存在，此「在世存有」是關聯因緣的某種指引，是「作為讓存在者以因緣存在方式來照面的『何所向』（Woraufhin），自我指引著的領會的「何所在」（Woin）就是世界現象。而緣在向之指引自身『何所向』的結構，也就是構成世界之為世界的東西。」（《存在與時間》p.122）「緣在」讓我們重新思考人與世界的關係，老子雖沒有直言「道」在人的實踐中開顯，但他常論之「聖人」或「善為道者」其實已點出了此思考路向。唯晚期海德格重視語言，甚至極力追尋一種「詩化的」（dichterisch）語言企圖將人隱藏在語言說出之後，讓語言所構築的存有的家園隱蔽且開顯著存有。當晚期海德格被高達美批評為陷入「語言困境」的時候，其實更可以讓我們警覺海氏在若有似無間吸收了老子「道隱無名」的思想，但本質上仍為了完成他終結西方形上學的任務。姑且不論海氏在西方哲學史上的成果，至少我們可藉由海德格與老子思想間獨特的交流經驗，再反思老子的「道」。尤其是當「道」在「道隱無名」及「道可道，非常道」的章句下被視為是一種「反語言」甚至是一個「語言懷疑論者」時，﹝註15﹞更值得我們重新思考「語言」與「道」的關係，「道」與「語言」無關，還是如同王弼所說，語言只是通達「道」的工具，用過即可丟棄呢？而在海德格「使用上手」（Zuhanden）的提示下，或許我們可在此走出一條通往「道」的「大道」。

﹝註15﹞ 美國漢學家陳漢生（Chad Hansen）以語言分析方式對中國古代哲學做出評論，而得出老子為一「語言懷疑論者」。參見 *A Daoist Theory of Chinese Thought —A Philosophical Interpretation,* New York, Oxford University Press,1992.

第二節 形上學的「道」？「道」的形上學？

如果將「道」視爲一個對象，一個存有者，在論及「道」所具有類似生成宇宙萬物的第一因性格時，便會有該以「無」還是以「有」釋「道」的疑惑。韓非以「理」釋「道」，並且將「道」引爲一個最高的原理原則，他雖然以「無爲」、「無思」教導國君統御之術，但實則此「盡稽萬物之理」的「道」是一個可效法的對象。而王弼釋「道」以「無」爲本，爲萬物所由之「道」必得「有生於無」，同時他也藉著「崇本息末」原則的運用來會通儒道，因此在王弼老學詮釋系統中，「道」仍是一個實體義的形上本體概念。至於當代學者從胡適開始，大多對「道」的詮釋偏向承認「道」是一個能生發萬物的本源，而以本體論的範疇解釋之。胡適可說是近代中國哲學史上第一個把老子的「道」當作宇宙本體、一個原初的精神實體和絕對觀念。他說：「老子的最大功勞，在於超出天地萬物之外，特別假設一個『道』。這個道的性質，是無聲無形，有單獨不變的存在，又周行在天地萬物之中；生於天地萬物之先，卻又是天地萬物的本源。」〔註16〕而馮友蘭亦以西方形上學來解釋老子的道，其思路與胡適大抵一致。〔註17〕而勞思光、徐復觀和唐君毅先生大體上也是走這條路。〔註18〕雖然大多數的學者都將「道」解釋分析成多重含意，但基本上仍視「道」爲一可認識的客體，且將「道」區分成形而上的本體界和形而下的人生行爲規範和修養實踐兩方面，於是「道」便具有貫通形而上形而下、實然與應然、存在與價值各個方面的性格。「道」具有多義性是殆無疑義的，問題是，以形而上的「道」貫通形而下的人生價值規範，其基本論述並不脫於王弼「崇本息末」一以貫之的解老原則，更何況以西方哲學的分類範疇來討論老子是值得爭議的。與客觀實有形態相對應的，當推牟宗三先生的「主觀境界形態」說，牟先生以主觀修養所證成的境界來化解「道」在創生萬物的客觀實體義，突出了老子哲學的實踐性和道的價值意義。唯其將「道」收攝於主觀心境的修養工夫，基本上仍不離一個形而上下的區分。〔註19〕牟先生不同於「客觀實有」者，在於其「由內向外」推出去，而非將「道」視

〔註16〕見胡適：《中國古代哲學史》，台北：臺灣商務印書館，1970年，頁52。
〔註17〕參見馮友蘭：《中國哲學史》，台北：藍燈，1989年。
〔註18〕關於近現代學者對老子「道」的理解和詮釋，其研究內容和方向，可參考袁保新：《老子哲學之詮釋與重建》（文津，1991年），本文大體採用袁氏的分類。
〔註19〕關於這個問題，本論文第四章已有詳論。

爲一個外在客觀的形而上實體而「由上往下」貫通。不論是「由內向外」或「由上往下」，對老子的詮釋仍難有全面性的觀照，特別將形而上與形而下、實然與應然截然劃分，然後以「道」來貫通兩個世界的說法，已然分裂了老子思想。

至於袁保新先生則提出一個貫通性的定義來消解實然與應然的分離，此定義將「道」視爲一價值世界的形而上基礎。袁氏強調若將老子「道」歸類在形上學的範疇下，不論「道」解爲「第一因」、無限實體或自然律則，這種具有普遍性必然的「存有原理」都無法與人生實踐的「應然原理」構成邏輯推導的關係，同時也否認了「道」一概念的各種涵義間具有合理的關聯性。於是他透過對老子思想發生的基源問題——周文疲弊，如何建立新的價值秩序，來還原老子理論的根本意向。〔註20〕對於袁氏以勞思光先生的「基源問題」方法來探究老子學說的起因經過《道德經》思想外緣的考察對老子哲學的釐定，這個方向是可行的，也如同他所說是必要的。但這其中隱藏了一個大問題，先秦諸子所面臨的時代背景與生存景況也都是一樣的，而爲何老子會產生對「道」的失廢的憂心，並希望藉著「大道」的召喚使人類從名器的混亂中重返自然和諧之境。也就是外緣的社會背景是一個禮的僵化與刑的肆虐時代，先秦諸子亦都生活於戰亂頻仍的時代，但是諸子所提出對時代問題的解決方法卻是人言人殊各不相同；即以外在環境爲老子思想形成的原因只能是一個起因或助緣，更重要的是老子提出「道」的概念是不是真的爲了要解決某些問題，還是老子在觀察自然人生後的一個體悟。當然，我們無法還原老子的歷史面目，但能不能透過對老子的詮釋讓「歷史流傳物」的《老子》再次和我們對話，才是更重要的目的。

前已指出，在對於老子的諸多詮釋中，都面臨著一個問題，對於老子「道」的意涵的詮釋，不論從何種角度或以多方面綜合說解，總有不能盡意之感，況且將「道」細分再多的層面，無非突顯出「道」的豐富性。再者，傳統視「道」爲一實體的說法與牟先生的境界形態說都有所偏頗，至於袁保新先生所提出的「道」是價值世界形上基礎的說法，看似消除了使用實體概念所割裂的形而上與形而下的問題，但強調實際上的實踐修養工夫仍得面對老子書中大量有關宇宙生成論的描述，況且以價值世界形上學爲進路來解析老子基本上仍是區隔了

〔註20〕見袁保新：《老子哲學之詮釋與重建》第五章〈老子形上思想的重建〉，台北：文津，1991 年。

形而上與形而下兩個世界。〔註21〕我們同意老子「道」的建立與其對人生價值的關懷有直接的關係，但是不是要具此而爲老子的「道」尋求一個存有論的解釋？即類似韓非以「理」釋「道」，將「道」視爲一個人生價值的最終依循準則；或在面對老子有關宇宙萬物生成的描述時，以實體義或第一因來做一個宇宙論的解釋。如此爲老子的「道」所尋求的形而上學說明，能不能與「道」相應？我們是要建立一套「道」的形上學？還是要找出一個形而上學的「道」？或者老子的「道」根本就沒有形而上與形而下的區別。

一、「無—有」的相緣構成

　　老子是如何看待「道」的構成呢？《老子》第二十五章：「有物混成，先天地生。」是《老子》中看似最強調「道」爲「物」的章句，也最容易讓人據此以實體義論「道」，所以我們往往看重「有物混成」之「物」，以爲「道」是一「物」。問題是，此「物」顯然不同於萬物之「物」，故其是否能以「物」之實體義視之，大有可疑。但又因老子有「道生一」、「有生於無」的章句，故王弼在注本章時云：「混然不可得而知，而萬物由之以成，故曰：『混成』也。」將「道」解爲萬物之由來固然強調了「先天地生」，卻也使得「道」成爲一個「混成」之「物」，於是同樣是注本章，王弼云：「夫名以定形，字以稱可。言道取於無物而不由也，是混成之中，可言之稱最大也。」這是最值得深思的一個註解，爲何「道」是混成之中「可言之稱最大也」，莫非在混成中還有其他「可言之稱」？「混成」是描述此「物」，還是「道」在「混成之中」？老子第二十一章有對「道」的描述，其云：「道之爲物，惟恍惟惚。惚兮恍兮，其中有象；恍兮惚兮，其中有物。」〔註22〕老子以「恍惚」來描述「道」，更重要的是「其中有象」、「其中有物」，「道」顯然不是一個有形之物，亦非一可指稱之物，但又非什麼都沒有的空無，故「象」與「物」皆在其中。

〔註21〕關於對袁保新的質疑，可參見劉笑敢：〈關於老子之道的新解釋與新詮釋〉一文，《中國文哲研究通訊》7:2，1997年6月，頁1～40。而袁氏另有答辯一文，他提到老子《道德經》可從存有論的角度或宇宙論來解讀，但老子所持的宇宙論或宇宙生成論是否與西方宇宙論有別是值得商榷和深思的。見袁保新：〈再論老子之道的義理定位——兼答劉笑敢教授《關於老子之道的新解釋與新詮釋》〉，《中國文哲研究通訊》7:2，1997年6月，頁145～159。

〔註22〕關於「道之爲物」句，曾是老子是否爲唯心或唯物之爭的焦點。帛書甲、乙本均作「道之物」，高明據此考證認爲「之」訓「生」較訓爲「是」更合本義。可參考高明：《帛書老子校注》，北京：中華書局，1996年，頁329～330。

然而，「道」又不是一個「象」或「物」，《老子》第十四章有一段很長的描述：

　　視之不見，名曰「夷」；聽之不聞，名曰「希」；搏之不得，名曰「微」。

　　此三者不可致詰，故混而爲一。其上不皦，其下不昧，繩繩不可名，

　　復歸於無物。是謂無狀之狀，無物之象，是謂惚恍。

在這裡，老子又用「復歸於無物」來說明「道」的運行之不可捉摸。而章句中的「視之不見」、「聽之不聞」、「搏之不得」也容易讓人解釋爲「道」是超感官經驗的。唯前述「有物混成」，在此又云「無物」，則「道」究竟是一物或非一物呢？其實，關鍵仍在「道」的運行之「反」。在十四章和二十一章中，老子都用了「惚恍」一詞來形容「道」，一般都以「惚恍」爲一雙聲連綿詞，其意爲不可捉摸之象。王弼注這兩章分別說：「恍惚，無形不繫之歎。」「不可得而定也。」如果我們對這兩個字做文字字源考證，可發現「惚恍」字，馬王堆帛書本作「沕望」、「忽望」，傅奕本、范應本作「芴芒」，遂州本作「忽恍」等。這本是上古同音通假字的遺跡，但考《說文解字》：「忽，忘也。從心，勿聲。」「望，出亡在外，望其還也。」；《爾雅·釋詁》：「忽，盡也。字並作『惚』。」《廣雅·釋詁》：「望，視也。」「惚」本作「忽」，乃指人心游離無所附著之貌；「恍」則作「望」，本有月滿光亮意，引申有「明」、「見」之意。可見「惚恍」的構詞即兼明暗而言，但又不是非常明顯地相對立，故在實際語境中有「若有似無」之意。〔註23〕老子以「惚恍」來形容「道」，正能說明「道」之「若有似無」的構成境域，也唯有保持在這個「有無相生」的混成形態，才能使「道」不拘執於或有或無的爭議。再者，第一章云「無」與「有」「同出而異名」；第二章言「有無相生，難易相成，長短相形，高下相傾，音聲相和，前後相隨」；第二十三章「飄風不終朝，驟雨不終日」；第四十二章「萬物負陰而抱陽，沖氣以爲和」等章句，無不直接或間接的描述

〔註23〕嚴靈峰懷疑「惚恍」在古代爲同義字（見嚴靈峰：《馬王堆帛書老子試探》，台北：河洛，1976 年，頁 94）；王博則以爲是反義詞，（見王博：〈老子哲學中“道”和“有”、“無”的關係試探〉，《哲學研究》，1991 年第 8 期，頁38～45）如分別就兩字本義而言，較傾向於相反義，但兩字結合後，便構成一混沌不清之引申義。王博尚認爲「道處在不斷的循環運動之中，而無和有則是道在循環運動中所呈現出的兩種存在狀態。“無”是這個循環運動的起點和終點，而“有”則是這個循環運動的中點，或者說極點。」基本上，我們同意「道」是一個「有無相生」的動態，但絕不是一個有起點、終點的線形時間觀的循環狀態，否則「寂兮寥兮，獨立不改，周行而不殆，可以爲天下母。」便無法解釋了。

或暗示「無」與「有」並非是一絕對不變的相對狀態，四十章已明說：「反者，道之動。」唯有「反者」，才能顯示「道」的一個能動狀態。同時，此能動狀態是來自於「無—有」相連繫、相依存之「緣」所形成，缺一不可。所以我們如能掌握老子哲學中最重要的核心觀念——「反」，就能解決在「道」的構成中到底是「有」亦是「無」的爭議，因為「道」非「有」亦非「無」，既是「有」亦是「無」，因「有／無」並非相對不變的對立，而是「無—有」相「緣」之構成。

二、「有無相生」之運行

值得注意的是，「無—有」形態是一個不斷運動中的交互構成，而不是靜態的「有／無」之「道」的一體兩面。若以「道統有無」，〔註24〕便視「道」為「無」與「有」的統一體，則「無」與「有」便成為相對立的正反兩面，兩者相對而互不相屬。可是老子並非以絕對、不變的屬性來界定「無」與「有」，老子第一章云：

> 故常無，欲以觀其妙；常有，欲以觀其徼。此兩者同出而異名，同謂之玄。玄之又玄，眾妙之門。

在第一章的後半段，「無」與「有」同出而異名常為人解作「有生於無」，而忽略了第二章所說的「有無相生」。從王弼的注解，可以看出這個端倪，王弼注云：

> 妙者，微之極也。萬物始於微而後成，始於無而後生。故常無欲空虛，可以觀其始物之妙。
>
> 徼，歸終也。凡有之以為利，必以無為用；欲之所本，適道而後濟。故常有欲，可以觀其終物之徼也。
>
> 兩者，始與母也。同出者，同出於玄也。異名，所施不可同也。在首則謂之始，在終則謂之母。玄者，冥默無有也；始，母之所出也。不可得而名，故不可言同名曰玄。而言同謂之玄者，取於不可得而謂之然也。不可得而謂之然，則不可以定乎一玄而已。若同乎一玄，則是名則失之遠矣。故曰「玄之又玄」也。眾妙皆從玄而出，故曰

〔註24〕 如張岱年說：「老子的道是有與無的統一。……有與無皆謂玄，玄之又玄即道。有無同出於道。道一方面是無，一方面又是有。」（見張岱年：〈老子哲學辨微〉，《中國哲學史論文集》第一輯，濟南：山東人民出版社，1979年，頁14）

「眾妙之門」也。

王弼這段注解與其「崇本息末」的解老法則是一致的，他以「無」為本，故「有」只能待「無」而顯其用，且萬物「始於無而後生」是一個在時間序列下的說法，已將「無／有」二分，故其「道」即「無」。於是「同出而異名」在王弼便成了「所施不可同」，即一為首，一為終，完全站在以「無」生化萬物的角度論「道」。陳鼓應先生亦從這個方向論「道」，同樣是解《老子》第一章，他說：

> 老子所說的「無」並不等於零。只因為「道」之為一種潛藏力（Potentiality），它在未經成為現實性（Actuality）時，它「隱」著了。這個幽隱而未形的「道」，不能為我們的感官所認識，所以老子用「無」字來指稱這個「不見其形」的「道」的特性。這個「不見其形」而被稱為「無」的「道，卻又能產生天地萬物，因而老子又用「有」字來形容形上的「道」向下落實時介乎無形質與有形質之間的一種狀態。可見老子所說的「無」是含藏著無限未顯的生機，「無」乃蘊涵著無限之「有」的。「無」和「有」並不是對立的，更不是矛盾的，乃是一貫性的，相連續的，只在於表示形上的「道」向下落實而產生天地萬物時的一個活動過程。由於這一個過程，一個超越性的「道」和具體的世界密切地聯繫起來，使得形而上的「道」不是一個掛空的概念。〔註25〕

「無」雖不是什麼都沒有，但從「無」到「有」的過程一直是解老者大費周章解釋的關鍵，像陳鼓應先生便將這個過程形容成「形上的『道』向下落實時介乎無形質與有形質之間的一種狀態」，這分明又陷入「道」如何從形而上下貫至形而下的難題，只好說成是介於有形無形之間。基本上，這樣一個以「無」下貫至萬物而成「有」的說法，雖能成為一個宇宙論的解釋，但勢必得面臨「道」成為一個普遍性、必然性的萬物根源。這樣一來，如何與主體實踐的自由相融合，便成問題。而「道統有無」的說法看似融合了兩者，實則硬梆梆地將「無」與「有」綁在一起，「無」是「無」，「有」是「有」，兩者仍是二分。〔註26〕事實上，「觀其妙」與「觀其徼」其實已暗示「無」及「有」

〔註25〕 見陳鼓應：《老子今註今譯及評介》，台北：臺灣商務印書館，1974 年 8 月修訂版，頁 51。

〔註26〕 「道統有無」的說法過於強硬，也使「道」與「無」、「有」分離。牟宗三先

都是「道」，故「同出而異名」。然而，「無」與「有」這兩個相對的概念如何能同時成立呢？這裡就顯示出「無」與「有」並非處於永遠對立的狀態，而是在「有無相生」，相輔相成中運行；而這個「無─有」相依的運行，老子亦舉現象界中的實例說明，像十一章：「有之以爲利，無之以爲用。」看似彰顯「無」之用，實則表明僅僅是「有」或「無」皆不能產生器物之用。本章藉「三十輻共一轂」、「埏埴以爲器」、「鑿戶以爲室」的實際器物來說明「無─有」的構成，看似與「道」爲不同層次，〔註27〕然而這個從現象界舉例的說明，正清楚地指出「道」在生活器物中道出自身。「道」並非虛空飄渺獨立於事物之外，亦非人們所建構出的一個觀念上的存有者，而是在天地萬物的運行中顯現。

　　故以「夷、希、微」來描述「道」，從表面上看來是說「道」超越感官，但老子已說明「此三者不可致詰」，即不見、不聞、不得實非一個單純的否定，而是表明體認「道」的進路不能從感官經驗而得；而且此「混而爲一」亦非一獨立自存的存有者，故老子要特別指出其「繩繩不可名，復歸於無物」。所以爭論「道」是「有」或是「無」；是「有物」或「無物」，皆非「道」。因爲「道」不在我們所熟悉以感官經驗來確定的「有沒有東西」，甚至也不是一個超越感官經驗，在理念或觀念中存在的「有」或「無」。如此一來，能不能用「形上學」的範疇來討論老子的「道」便大有商榷的餘地。當然，我們也不否認老子的「道」具有形上學的性格，也就是說老子的「道」從存有論及宇宙論來探討也都說的通，這便是引發爭議的焦點。事實上，問題的根源在於

生所云之「道的雙重性」較能說明「無」與「有」合一的狀態。他說《老子》的首章之「常無欲以觀其妙，常有欲以觀其徼」，前一句即無的境界，而「其妙」指道。「心境不單單要處在無的狀態中以觀道的妙，也要常常處在有的狀態中，以觀道的徼向性，反過來說徼向性就是道的有性。道德經通過無與有來了解道，這叫做道的雙重性（double character）。道隨時能無，隨時又有徼向性，這就是道。」（《中國哲學十九講》，頁98）唯牟先生所說的「道」隨時能無亦能有，是從主觀心境而言，即從無到有內在的，不是從客觀地存有上講。於是「道」被收攝於一主觀心境的發用，「生」也成了「不生之生」，再沒有宇宙論式的生成萬物的形態。這個說法固然能充分發揮「道」的「自由自在」精神，但也同時使得「道」成爲一主觀的自由心證，反而更能讓「道」顯現。

〔註27〕陳鼓應先生便以爲本章是就現象界而言，而第一章所說的「有」、「無」是就超現象界而言，是兩個不同層次。見陳鼓應：《老子今註今譯及評介》，台北：臺灣商務印書館，1974年修訂一版，頁45。

老子的「道」是不是得定爲一個「形而上存有」或是一個「終極存有」或是一個「本體」，如果就老子而言根本並不存在「道」該如何貞定的問題，我們自然不須硬給「道」做出一件衣服強迫套入。而且我們已說明「道」是由「有無相生」所「緣構」而成的一個境域，即「道」非有，亦非無，而必須是由「有」與「無」所共同形成，唯「道」藉「無─有」的作用而顯現其自身，故其並非一個統攝「有」、「無」的綜合體，亦不可視爲有一正反兩面所構成的結合體。即「道」不像一個硬幣般有正反兩面，而是正反相互運動中才顯其自身，這才是「有無相生」、「反者，道之動」的意義。因此，就老子而言，「道」的意義絕非一定義式或純觀念上的討論，也沒有一個「形上學」意義中的「道」以對比於形而下的現象界；甚至根本沒有所謂形而上學與形而下學之分，當然也就不存在如何貫通的問題。傅偉勳先生曾提出一個「超形上學」（transmetaphysics）的概念來說明佛道兩家的形上學，在他看來，「大乘佛學與道家形上學本質上是哲學的方便設施，終必消解爲爲超形上學的吊詭。」〔註28〕這種以形上學之權說來消解形上學的看法，正是「道」的「有無相生」不拘一執的要義。雖然他更強調莊子對於老子詮釋的突破，同時也認爲老子哲學的深層結構與道家哲理的本末次序是以形上學優先於實踐哲學，這兩個觀點都還有討論的空間。〔註 29〕然而傅先生的「超形上學」企圖超越儒家道

〔註28〕「超形上學」的概念在傅偉勳先生許多著作都有論及，可以說是對佛、道形上學的解悟。他曾解說道：超形上學的吊詭了悟所憑藉的是能夠徹底破除哲學思維上二元對立──體用對立、有無對立、心物對立、一多對立、生死對立、生死涅槃對立、天人對立、頓漸對立等等──的無心（莊子）或無住心（大乘佛學）。此無（住）心能從包括佛道兩家形上學在內的一切名言思念完全解放出來。（《從西方哲學到禪佛教》，頁45）雖然傅先生以爲「超形上學」架構的完成必待莊子，因爲老子仍有「執無」之嫌；但是我們在老子對於「道」的闡釋中已可見到清楚的「道言─無名」兩重性的系統，以「無」釋「道」、「以無爲本」是王弼的詮釋影響下對老子形成的看法。當然莊子的「無無」之說對執有或執無的形上學有更進一步的解放，同時更消融了有無是非的對立，確是在老子所「緣／原」構之「道」境的進一步開顯。相關論述可參考傅偉勳：《從西方哲學到禪佛教──「宗教與哲學」一集》，台北：東大圖書，1986 年；林鎮國：〈朝向辯證的開放哲學──讀傅偉勳《哲學與宗教》一、二集〉《辯證的旅程》，台北：立緒，2002 年；項退結：〈評《哲學與宗教》（傅偉勳著）二集：從西方哲學到禪佛教（一集）、批判的繼承與創造的發展（二集）〉，《哲學與文化》，14:11=162，1987 年 11 月，頁 49～52。

〔註29〕見傅偉勳：〈老莊、郭象與禪宗──禪道哲理聯貫性的詮釋學試探〉，收入《從西方哲學到禪佛教》，台北：東大圖書，1986 年。

德形上學的局限性與晚期海德格的語言困境，在其「顧及全面的多層遠近觀」中所進行的「創造的詮釋學」，對於老子「道」的探討確能提供我們一個思考方向。

第三節　「道言」的「遮蔽──解蔽」活動

「道」依「無─有」而構成，然而，這個構成如何顯其自身呢？這個問題不但涉及「道」是以什麼樣的方式存在，更進一步會深入到人如何理解這個「無─有」的構成。我們可藉由高達美在《真理與方法》中所論述：經由理解與領會，人得以在藝術、歷史、語言中掌握真理的開顯；或更精確的說在藝術、歷史、語言中，真理得以顯現其自身。所以「道」並不是一個被說、被理解、被詮釋的對象，因此體會「道」的過程自然不是技術性或方法論的理解，而必須是生活的、實踐的，不管是藝術、歷史或語言都可說是人與其生活世界的存在關係，故「道」在其中展示自身。一如高達美在《真理與方法》第二版序言中所說：

> 借用康德的話來說，我們是在探究：理解怎樣得以可能？這是一個
> 先於主體性的一切理解行為的問題，也是一個先於理解科學的方法
> 論及其規範和規則的問題。我認為海德格對人類此在（Dasein）的
> 時間性分析已經令人信服地表明：理解不屬於主體的行為方式，而
> 是此在本身的存在方式。〔註30〕

高達美從 Dasein 在世界中的存在方式進而開展了哲學詮釋學，更重要的是他在海德格將語言與藝術作為真理顯現的基礎上，進一步地提出了我們只能在語言中理解存有的命題，此即「能夠理解的存在就是語言」。於是世界不再是事物的存在，而是「在世存有」（In-der-Weli-sein）的「境域」，此境域通過語言展示，而我們也在語言的「對話」本性中理解存有。

在海德格那裡，語言已脫離工具的地位，而逐漸成為存有開顯之地；亦即人不再是以一個主導者的身份來操控語言，反而須以一個更謙虛的態度來聆聽語言的說出。然而《存在與時間》中並沒有用太多的篇幅來討論語言或相關問題，據海德格自己說，當時他還不敢冒險議論語言，而且在寫本書時

〔註30〕見高達美：〈第二版序言〉（1965 年），收入《真理與方法》第二卷，洪漢鼎、
　　　　夏鎮平譯，台北：時報文化，1995 年，頁 484。

對語言與存有的關係始終未能有一個明確的論述，在距離《存在與時間》完成後約三十年，他自認這或許是本書的基本缺點。〔註31〕但是在大約在 1930 年之後，他對《存在與時間》的一些觀點提出反省，特別是將 Dasein 的空間性回溯到時間性的觀點，他認爲站不住腳。〔註32〕而在對語言有更多的關注及接觸了中國的老子思想之後，對他後期的論述有很大的影響。在《形而上學導論》中，語言的重要性得到強調。他說：

> 是人，就叫做：是言說者。人是能說出是與否的言說者，而這只是因爲人歸根到底是一個言說者。這是人的殊榮又是人的困境。這一困境才把人和木石和動物區別開來，卻也同時和神區別開來。即使我們生了千眼、千耳、千手以及其他眾多感官、器官，只要我們的本質不植根於語言的力量，一切存在者就仍然對我們封閉：我們自己所是的存在者之封閉，並不亞於我們自己所不是的存在者。〔註33〕

言說能使人的存有開展，即本眞地人類的語言能與存有原始的、無聲的語言達到一種共振和鳴的境界。看似人類發明使用語言，實則是人類在語言中發現自己。海氏在這裡強調了語言的力量，也開啓了他所謂的「語言說」的著名命題。

一、「道」——通達四方之路

由於海德格有一段與老子思想接觸的因緣，使得中國學術界在談海氏思想時似乎多了一份「親切感」。姑且不論海氏對於老子的理解有多深入，也不管這其中是否帶有任何的文化背景或意識的差異，單就海氏所提出的一些論點，的確可以提供我們重新思索老子的路向。特別是在我們常已習慣於傳統

〔註31〕 見海德格：〈從一次關於語言的對話而來〉，《走向語言之途》，孫周興譯，台北：時報文化，1993 年，頁 75～127。連一向悍衛海氏的考克曼斯（J. J. Kockelmans）也指出討論語言的一節恐怕是《存在與時間》最不令人滿意的一節。（見〈論眞在之爲存在的基本規定〉，《存有與時間導讀》，Washington, 1986 年頁 148；轉引自陳嘉映：《海德格爾哲學概論》，北京：三聯書店，1995 年，頁 229）雖說海氏自陳這是《存在與時間》一書的一個基本缺點，但他卻也說明自其早年的授課資格論文時，便已在語言與存有的聯繫中對語言作形而上學的思考。

〔註32〕 關於海德格思想的分期與「轉向」的問題，可參考張祥龍：《海德格爾傳》第十二章〈思想"轉向"和對中國道家的關注〉，石家莊：河北人民出版社，1998 年。

〔註33〕 見海德格：《形而上學導論》，熊偉、王慶節譯，北京：商務印書館，1996 年，頁 88。

的解釋而不自知時，來自於一個不同文化的視角或許能開啟對話的空間。海德格畢生思索的「存有」與「存有者」間的關係，以及傳統形上學誤入討論「存有者」的歧途而離「存有」愈來愈遠的問題，因此在他看待西方如何翻譯「道」時，便有一個迥異於傳統的觀點。特別是中國哲學界在翻譯或試圖借用西方哲學術語來描述「道」時，也往往會發生一個類比上的誤解，因為這些西方語詞本身所具有其語言背後的文化傳統，在迻譯成中文甚至中文界借以說明一個中國傳統概念時，常有不著邊際之處，更遑論用唯心或唯物的框框來硬套老子。事實上，西方在翻譯「道」，亦有各式譯詞，如「本體」（substance）、「存有」（being）或「邏各斯」（logos）等，能不能充分譯出「道」意呢？海德格曾對這個問題有一段發人省思的談話：

> 也許「道路」（Weg）一詞是語言的原始詞語，它向沉思的人道出自身。老子（Laotze）的詩意運思的引導詞語就是「道」（Tao），「根本上」意味著道路。但是由於人們太容易僅僅從表面上把道路設想為連接兩個位置的路段，所以人們就倉促地認為我們的「道路」一詞是不合適於命名「道」所道說的東西的。因此，人們把「道」翻譯為理性、精神、理由、意義、邏各斯等。〔註34〕

當然，海氏原是不滿其他翻譯者的譯詞，而要自己嘗試。但是他所提出以「道路」來釋「道」的說法，彷彿對我們原本習於以「道」為一個形而上境界或宇宙本源的觀念丟出一顆炸彈，鬆動「道」字被包裹的形上外殼。畢竟，「道路」一詞太平實了，我們根本不會把老子的「道」與「道路」連繫在一起，這其中的盲點可說是歷代注家所築起，當「道」始終高高在上，只能會意不能言傳時，自然有了神聖不可侵犯的地位。我們再來看看海德格繼續說的一段話：

> 但「道」或許就是產生一切道路的道路，我們由之而來才能思索理性、精神、意義、邏各斯等根本上也即憑它們的本質所要道說的東西。也許在「道路」（Weg）即「道」（Tao）這個詞中隱藏著運思之道說的一切神秘的神秘，如果我們讓這一名稱回復到它的未被說出狀態之中而且能夠這樣做的話。也許方法在今天的統治地位的謎一般的力量也還是、並且恰恰是來自這樣一個事實，即方法儘管有其效力，但其實只不過是一條巨大的暗河的分流，是為一切開闢道路、

〔註34〕海德格：〈語言的本質〉，《走向語言之途》，孫周興譯，台北：時報文化，1993年，頁168。

爲一切繪製軌道的那條道路的分流。一切皆道路（Alles ist Weg）。

海氏欲藉對老子「道」的翻譯，說明其以語言說出之道路將詩與思共同帶入一種鄰近關係，即「詩—思」既相隔又融爲一體中讓世界現身。但我們也可藉由海氏來反思老子的「道」是否也道說出一條通達本質與世界之路呢？

「道」字最初的意思爲「路」。許愼《說文解字》：「道，所行道也。从辵从首。一達謂之道。𢔝，古文道从辵、寸。」辵謂長行，首爲面之所向，故長行於面之所向，即由此達彼所行經之路也。甲骨文「道」字闕，而金文「道」字，或从行或从行、止，與从辵同義。「道」本義爲「道路」，《詩·小雅·大東》：「周道如砥，其直如矢。」《荀子·修身》：「道雖邇，不行不至。」《韓非子·外儲》：「國無盜賊，道不拾遺。」在先秦文獻裡皆常見「道」做「道路」解，而此義至今仍沿用之。故當海德格從蕭師毅處得知「道」字的本義時，必然會引發其對《老子》書中使用「道」一字的反省，因爲從老子之後所有談《道德經》之「道」者，均未從「道路」一義的角度來思考老子「道」之意涵；或如韓非以「理」解之，或從王弼以「無」釋之，「道」皆被視爲一個與世間相對、超越現象的境界。對於「道路」這樣簡單原初的意義，我們感認爲與老子「深奧」的玄思不相稱，當「道」漸漸脫離了「道路」的意思，被神聖化、神秘化爲只能意會不能言傳時，「道」也與我們愈來愈遠。段玉裁《說文解字注》於「道」字下注云：「《毛傳》每云：『行道也』道者，人所行，故亦謂之行道之，引申爲道理，亦爲引道。」道爲人所行，自然有通達意，所以從「道路」這個原初義，逐漸引申出「通往」、「引導」、「到達」等義。而我們尤須注意的是，「道」不僅僅是靜態的、名詞的，而其中所含有「行走到達」的意思，卻是動態的，從此達彼。故「道」有一個很重要的引申意思——「言說」、「說出」，表示了言說的「通達」意，即言說不單是「說出」，還有「說到」的意涵。在先秦文獻中，已有如此用法，如《詩·鄘風·牆有茨》：「中冓之言，不可道也。」、《尚書·周書·康誥》：「既道極厥辜，時乃不可殺。」、《尚書·周書·顧命》：「皇后憑玉几，道揚末命，命汝嗣訓。」以上諸「道」字，只能作「說」、「講」解。此外，《論語·憲問》：「子曰：『君子道者三，我無能焉：仁者不憂，知者不惑，勇者不懼。』子貢曰：『夫子自道也。』」其中第二個「道」字，亦僅能是「說」的意思。朱熹便注云：「道，言也。自道，猶云謙辭。」〔註35〕可見「道」爲「說」的用法，早已有之。「道」

〔註35〕朱熹：《四書章句集注》，台北：大安出版社，1996 年。

一如道路般，有著溝通、連繫的意義。所以當我們重新探索「道」的字源，「道」正質樸地以道路之姿通達四方，那是一條條引領我們進入存有的道路，而這些道路正是由語言所構築而成。

二、「道」說出自身

《老子》第一章的「道可道，非常道」一句，古今中外的注家幾無例外地將第一、三字視爲「常道」，爲老子哲學的專有名詞，第二個「道」字解爲言說，作動詞使用。故一般說明這一句爲「可以說得出來的『道』，就不是常道。」〔註36〕問題是，如果「道」眞的無法言說，爲何老子要選用一個含有「說出」意義的「道」字來「強字之曰」？更何況，當老子說出「吾言甚易知，甚易行」時，不會不考慮到若「道」不可言，則老子自己又如何言「道」的矛盾問題。所以我們爲何能視第一、三個「道」字竟與言說毫無關係，甚至硬將「道」中的「言說」意抽離，使「道」成爲一個超語言、無言說的存有呢？因此我們有必要重新思考，老子所指稱的「道」是否不可言說，若其可說，又該如何理解「道隱無名」之意；再者，老子既然以五千言揭示「道」，則他又如何避免陷入「五色」、「五音」、「五味」等文飾語詞，使「道」顯現呢？

於是，我們得考量老子是如何看待言說的。《老子》中提到言說有數章，看似皆否定語言言說，強調「不言」、「靜默」。然而，「不言」是不願意說，還是說不出口，亦或「不」只是個單純的否定詞嗎？我們先將章句條列如下：

a. 是以聖人處無爲之事，行不言之教。（二章）

b. 多言數窮，不如守中。（五章）〔註37〕

〔註36〕此引陳鼓應：《老子今註今譯及評介》，台北：臺灣商務印書館，1974年修訂一版。歷來注老子者，皆視老子的「道」爲超越名言，是語言文字所無法表述的一個境界。如王弼注：「可道之道，可名之名，指事造形，非其常也。故不可道，不可名也。」就明顯地區隔出「可道／不可道」的兩個不同層次，可以用語言說出的已非「常道」也。所以在王弼所理解的「道」爲「無」、「無名」，其注《老子》三十二章「道常無名」云：「道，無形不繫，常不可名。以無爲名，故曰常道無名也。」這種對「道」的解釋影響了後世注老者。又因《老子》書中有「吾不知其名，強字之曰『道』」（二十五章）、「道常無名樸」（三十二章）、「道隱無名」等章句，似乎都在說明「道」不能用語言所表述，故對於「道」都以「不可言說」視之，幾無例外。

〔註37〕竹簡此章無此兩句。帛書甲、乙本均作「多聞數窮，不若守於中。」世傳今

c. 言善信。（八章）〔註38〕

d. 悠兮其貴言。（十七章）

e. 希言自然。（二十三章）〔註39〕

f. 善言無瑕　。（二十七章）

g. 不言之教，無爲之益，天下希及之。（四十三章）

h. 知者不言，言者不知。（五十六章）〔註40〕

本多同王弼本作「多言數窮」，但亦有遂州本和想爾注本「言」字作「聞」。（高明：《帛書老子校注》）「聞」與「言」有一進一出的關係，兩者都是後天的學習，唯須注意老子用「多」字強調，似有告誡之意。

〔註38〕「言善信」句與其餘六事說明上善之人的德，原文爲：「上善若水。水善利萬物而不爭，處眾人之所惡，故幾於道。居善地，心善淵，與善仁，言善信，正善治，事善能，動善時。夫唯不爭，故無尤。」老子喜以水爲喻，蓋水是萬物之所需又有順流而下之性，最重要的是可藉爲立身處世之「不爭」。就本章而言，此七善與老子講自然、無爲，「聖人不仁」等思想似相牴觸，事實上，老子在使用「仁」、「信」等語詞時，有其獨特的用法，即三十八章的「上德」、「上仁」、「上義」、「上禮」，加一「上」字，與流俗過於矯飾的德性相對比。故本章所云之「不爭」正顯老子此義，唯有「不爭」才能使這些「仁」、「信」成爲「上德」。「言善信」句從字面上看似老子要人守信，實則八十一章：「信言不美，美言不信」已是最好的註解，「信」的根本意是人之言說，故後天華麗文飾之語已非「信」。所以「言善信」是強調返回語言質樸的本真。此外，本章與十七章：「悠兮其貴言」、二十七章：「善言無瑕讁」可比並觀之，「善言」非無言，而是「貴言」。

〔註39〕釋憨山曰：「希，少也。希言，猶寡言。」；王弼解爲「無味不足聽之言。」；河上公則註曰：「『希言』者是愛言也，愛言者自然之道。」各家說法不同，唯《老子》十四章：「聽之不聞名曰希。」「希言」並非「少言」、亦非「無言」，而應解爲「言而無聲」，此「言」自然不是一般的閒言閒語，亦非閉口不言，四十一章：「大音希聲」正是此義。

〔註40〕本章一向被視作老子反對語言最有力的例證，其關鍵便是將語言當做工具，故有此論。如王淮先生解本章曰：「語言之功用在於表達『意見』與『眞理』（文字亦然），在本質上是一種傳達的工具，其效用並非是絕對的。……智者知語言之效用有限，故不多言。而凡多言者必非智者，以其不知語言之效用有限，而以多言爲見『道』也。」（《老子探義》，頁225）語言如果僅是傳遞訊息的工具，自然有所限制，於是順理成章地便可將「道」放在一個言語所無法企及之境。然而，「知者不言」若純然是否定語言，則老子爲何又要說「吾言甚易知」呢？本章的「知」亦作「智」，不論是「知者」或「智者」都表示一個知「道」者，那麼，是「道」本無言，還是「知道者」無言？老子顯然是知者，且七十章又謂「吾言甚易知」，故「知者不言，言者不知」並不能單純從字面上解作：知道者不說，說者不知道。首先，我們得了解老子所謂的「道」絕非一知識論的外在對象，能通過學習認識而理解，四十八章：「爲學日益，爲道日損。」已明其理。其次，老子反對的是「多言」、「美言」等後

i. 美言可以市，尊行可以加人。（六十二章）〔註41〕

j. 必以言下之。（六十六章）

k. 吾言甚易知，甚易行。（七十章）

l. 言有宗，事有君。（七十章）

m. 不言而善應。（七十三章）〔註42〕

n. 正言若反。（七十八章）〔註43〕

天繁雜的贅詞冗言，故其常云行「不言之教」實是針對一些繁瑣政令或虛有其表的言語所做的批判。最後，老子所謂的「知」其實是「無知」。這並非矛盾，而是此「知」不是一般所認爲的博學多聞，反倒是要從這些繁雜的知識包圍中回到一個質樸，沖虛的原始。故七十一章云：「知不知，上；不知知，病。」七十章：「夫唯無知，是以不我知。」莊子對這個意思更有發揮，其云：「知止其所不知，至矣。」（〈齊物論〉）；「夫知有所待而後當，其所待者特未定也。」（〈大宗師〉）就是在說明「知」的限度。於是「知者不言」，爲不言無益之辭；而「言者不知」，即「多言數窮」，絢惑於華辭美言，自然無法體道。由此可知，老子於七十章所言「吾言甚易知，甚易行」，很清楚地指出「道」在言說的實踐中顯現自身，如以知解的方法來窮索「道」，是不可得的，因爲根本沒有一個可以靠觀念分析所能得的「道」。故其後云「天下莫能知，莫能行。言有宗，事有君。夫唯無知，是以不我知。知我者希，則我者貴。是以聖人被褐懷玉。」天下人之所以不能知「道」，不能行「道」，其因並非老子說的不夠清楚，也不是老子說的太深奧難解，而是爲「五音」、「五色」、「五味」等迷惑，就如王弼注這章所說：「惑於躁欲，故曰莫知能知也。迷於榮利，故曰莫知能行也。」

〔註41〕 王弼本作「美言可以市，尊行可加人。」《淮南子》〈道應訓〉、〈人間訓〉引此文並作「美言可以市尊，美行可以加人。」俞樾、奚侗及朱謙之等均贊同此說。然帛書甲、乙本均與王本同，且甲本在「美言可以市」後有一逗，當如王本斷句。（高明：《帛書老子校注》）唯本句只是爲反襯出下句「不善之人，何棄之有」，不當視爲一正面的表述。陳鼓應解作：「（得『道』的善人）嘉美的言詞可以使人尊敬，良好的行爲可以見重於人。」（陳鼓應：《老子今註今譯及評介》）如此解說，則於八十一章的「美言不信」又該作何解？故此句並非一肯定的直述句。王弼注此句曰：「美言之，則可以奪眾貨之貫，故曰『美言可以市』也。尊行之，則千里之外應之，故曰『可以加於人』也。」即美麗的言辭可以得利，尊敬之行爲亦可得到他人的景仰，不善之人怎能捨棄更重要的「道」呢？

〔註42〕 七十三章：「天之道，不爭而善勝，不言而善應，不召而自來，繟然而善謀。」其中「不爭」、「不言」、「不召」描述「天道」之不強出頭，即「天法道，道法自然」之意。

〔註43〕 「正言若反」是老子言「道」之重要的表述方式，也是「道」能擺脫世俗語言所造成的封閉的一種顯現自身方式。故解此句僅從字面云「正直的話聽起來卻像是反面的意思」（陳鼓應：《老子今註今譯及評介》）或如河上公註：「此乃正直之言，世人不知，以爲反言。」都未能得此句之意。

　　o. 信言不美，美言不信。（八十一章）

從以上所列舉的章句，我們發現 a、g 提到「不言之教」，為聖人處世之態度，也可解為聖人不發號施令，以潛移默化引導人民。唯此「不言之教」並非直接說明「道」，而是聖人所體現的「道」之「無為」，d、f、j、l、o 等也都是聖人為政之道。於是這裡可引發一個問題，聖人的「不言之教」與「道」有何關係？如果聖人是一個體道者，則「道」藉「不言之教」顯現，而其「不言」顯然不是我們一般所理解的日常語言。因為若以「不言」是對語言的否定，則此「不言」就是「希言」、「靜默」，如此一來，則「貴言」、「善言」、「信言」便無法解釋。老子反對的是是日常生活中已過度包裝的語言，或云已摻雜了許多後天價值判斷的語言，使得我們被過多絢爛的包裝所蒙蔽。唯有剝除這些華麗不實的外衣，我們才能重新思索語言的本質。《老子》十二章云：「五色令人目盲；五音令人耳聾；五味令人口爽；馳騁畋獵令人心發狂；難得之貨令人心發狂。」老子對這些影響感官的物欲提出批判，故其極力強調返回一個質樸的本真。對於語言的態度亦是如此，「信言不美，美言不信」已清楚顯其語言觀。故我們勢必重新思考其「不言」，若從人為主體去了解語言，將語言當做對象加以反省、討論甚至否定，不但無法真正了解語言，也無法明白老子「道」所「緣構」出的境域。

三、「道隱無名」——靜默地說出

　　既然「不言」並非無言，則我們該如何理解「道隱無名」呢？我們或許可以藉用海德格的「寂靜之音」（das Geläut der Stille）來說明，後期海德格著作中常使用一個玄奧的語詞「道說」（Sagen）。何為「道說」？海氏認為在形而上的傳統中，歐洲人把語言稱為 Sprache, Langue 及 Language 等，並將其理解為人類活動的交流工具或與傳達訊息的媒介，而「語言」（Sprache）就如同「存有」（Sein）一般已被濫用。故海氏說：「道說（Sagen）和說（Sprechen）不是一回事。某人能說，滔滔不絕地說，但概無道說。相反，某人沉默，他不說，但卻能在不說中道出許多。」〔註44〕說話不只是發出聲音，更重要的是在語言中說出事物，即「道說」是一種「語言說」（Die Sprache spricht），而非人在說。這個看似奇怪的論點，便是海氏欲突破傳統以人為說話主體所產

〔註44〕見海德格：〈走向語言之途〉《走向語言之途》，孫周興譯，台北：時報文化，1993 年，頁 220。

生的語言工具觀，於是語言的「道說」意味：顯示、讓顯現、讓聽和讓看。因此說和聽同樣重要，人唯有謙虛地諦聽，才能眞正回到事物本身。但這並不是人聽了以後才說，海德格認爲聽與說是同時進行的。他說：

> 人們把說視爲人借助於說話器官對思想的分音節表達。但說同時也是聽。習慣上人們把說與聽對立起來：一方說，另一方聽。但是，聽不光是伴隨和圍繞著說，猶如在對話中發生的情形。說和聽的同時性有著更多的意味。說本就是一種聽。說乃是順從我們所說的語言聽。所以，說並非同時是一種聽，而是首先就是一種聽。……我們不僅是說這語言，我們從語言而來說。只是由於我們一向已經順從語言而有所聽，我們才能從語言而來說。在此我們聽什麼？我們聽語言的說。〔註45〕

我們不是說出語言，而是從語言中說出。即說話的主體不是人，而是說話根據事物而說，存有在說話中顯現自身，這正是海氏在〈詩人爲何〉一文中最著名的一句話：「語言是存有的家」。〔註46〕於是，存有顯示自身之處，便是語言開始說話了。

〔註45〕同上註，頁222。

〔註46〕在〈詩人爲何〉中，海德格藉由里爾克（R. M. Rilke）的詩進入其「道說」的存有，晚年海氏更將全付心力放在對賀德林（Hölderlin）詩的闡釋。而「語言是存有的家」這一命題說出了一種本眞的語言是存有在其中言說，而家的比喻更暗示了我們可以進入這居所中。在〈關於人道主義的信〉一文裡，海氏有更詳細的說明：

> 行動的本質乃是完成（das Vollbringen）。……唯有已經存有的東西才是可完成的。而首先「存有」（ist）的東西乃是存有。思想完成存有與人之本質的關聯。思想並不製造和產生這種關聯。思想僅僅把這種關聯當作存有必須交付給它自己的東西向存有呈獻出來。這種呈獻就在於：存有在思想中達乎語言。語言是存有的家。人居住在語言的寓所中。思想者和作詩者乃是這個寓所的看護者。只要這些看護者通過他們的道說把存有之敞開狀態（Offenheit des Seins）帶向語言並且保持在語言中，則他們的看護就是對存有之敞開狀態的完成。

這是海氏重要的一段談話，我們可以看到爲何晚期海德格對思想的闡發通常與語言、詩歌連在一起。而這或許也可以讓我們反思老子以一種近乎詩化的語言讓「道」展現，其中或許隱藏著「道」所構成境域的一大祕密。詩人與思者以一種超越日常語言的靈感建築了存有的家園，而這個家園藉由語言而敞開，也憑依語言而隱蔽自身。（〈詩人爲何〉收入《林中路》，孫周興譯，台北：時報文化，1994年；〈關於人道主義的書信〉收入《路標》，孫周興譯，台北：時報文化，1998年）

　　不過，我們得注意海德格的說話不是一般所理解的發出聲音，而是在語言「道說」（sagen）中呈現事物。這個意思是有聲音不見得能說出事物，甚至有時喋喋不休了半天，卻言不及義，什麼也沒有說出。老子所說的「信言不美，美言不信」正暗示了這麼一種人們的說話方式，他更清楚指出「天之道」是「不言而善應」，無話、不言並非不說，而不是以我們所習慣的說來說出。尤其是「說出」絕非我們所認為的滔滔不絕，老子一再強調「道」之冲虛不盈，已暗示常以謙沖的聆聽，才能靜默地說出。在海德格，靜默地「說出」才能讓事物在其中存有而入於世，他談到語言以寧靜的聲音說出：

> 什麼是寂靜？寂靜絕非只是無聲。在無聲中保持的不過是聲響的不動。但不動既不是作為對發聲的揚棄而僅僅限於發聲，不動本身還以寧靜為基礎。但寧靜之本質乃在於它靜默（Stillt）。嚴格地看來，作為寂靜之寂默（das Stillen der Stille），寧靜（die Ruhe）總是比一切運動更動盪，比任何活動更活躍。〔註47〕

「寧靜」不僅僅表示沒有聲音，更是在無聲中產生召喚的力量，使「物—世界」（Ding-Welt）和「世界—物」（Welt-Ding）在看似區分中進入靜默而又以語言說出其統一。所以海德格認為說話不一定是有聲音的，他更將語言擴大為符號，並以事物在其中顯現，而不是以符號指出事物。他說：

> 語言之本質現身（das Wesende）乃是作為道示（Zeige）的道說（Sage）。道示之顯示並不建基於無論何種符號，相反，一切符號皆源出於某種顯示；在此種顯示的領域中並且為了顯示之目的，符號才可能是符號。〔註48〕

語言不是人類用來表意的工具，所以語言也不一定是聲音或文字，可以是一幅畫、一首歌，甚至於一舉手一投足間，都可以成為存有的顯示。因此，如果我們將「大音」視為存有，則此存有的顯現並不是以一般的聲音，而是在「希聲」中所傳達的「天籟」。海氏曾在〈藝術作品的本源〉一文中以梵谷（Van Gogh）的著名油畫——農鞋為例，指出「畫說話了」。〔註49〕畫說了什麼呢？

〔註47〕 見海德格：〈語言〉，《走向語言之途》，孫周興譯，台北：時報文化，1993年，頁19。

〔註48〕 同註四十四，頁221。

〔註49〕 我們並不清楚海德格所談的「農鞋」是指梵谷的哪一幅畫，因為梵谷有不少以鞋為題材的畫，而值得思索的是海德格為什麼以梵谷的畫為例。梵谷坎坷的一生及其悲天憫人的胸懷，使得他的畫中充滿著豐富的情感；而他曾在煤

它說出了一種無聲的語言，在其中讓事物的世界現身。故海德格企圖使用一個非形而上的語詞來說明他心中的「語言」——「大道」（Ereignis）。〔註50〕在「大道」中構成了一個存有的境域，此境域是以「顯—隱」、「解蔽—遮蔽」的二重性來運作。海氏欲打破傳統形上學所追尋建構的唯一、原則、客觀的思想理型，將人與存有相異轉爲人與存有相融甚至合一，重拾形上學所遺忘

礦區傳教的經驗，更讓他深深體會到一種眞實的勞動生活。海氏描述了器具（農鞋）的寧靜在可靠性之中將農婦置入大地無聲的召喚，他罕見地寫了一大段優美的帶有詩意的文字，說明「梵谷的油畫揭開了這種器具即一雙農鞋眞正是什麼。這個存有者進入它的存有之無蔽之中。」於是「在藝術作品中，存有者的眞理已被設置於其中了。」海德格以畫、詩、建築（神廟）深刻地展現了存有的遮蔽與解蔽所構成的境域，而人在進入藝術作品中體會了一種不同於慣常的存有。參見〈藝術作品的本源〉收入《林中路》，孫周興譯，台北：時報文化，1994年。

〔註50〕關於海氏這幾個專有名詞的中譯，至今仍無統一的譯名，且關連到海氏極爲深奧繁複的思想，絕非三言兩語所能道盡。海氏自己便曾指出"Ereignis"做爲被思考的主導語詞，「就像希臘的邏各斯（logos）和中國的「道」（Tao）一樣是不可譯的。」（*Identitäet und Differenz*, Pfullingen: Neske, 1957年；中譯見〈同一律〉《海德格爾選集》上，上海：上海三聯書店，1994年，頁656）"Ereignis"是海德格後期思想中極重要的一個詞，其動詞形式"Ereignen"在現代德文中的含意是發生，而"Ereignis"則是事情、發生的事件，海德格在更豐富的意義上使用它。大底來說，他嘗試用這個詞來標識存有（Sein）與緣在（Dasien）本原的統一，而只有在語言這個境域中存在者才能作爲存在者顯現出來，人和世界才能同樣原初地成其爲自身。他說：「本有（Ereignis）乃是於自身中迴盪著的領域，通過這一領域，人和存在喪失了形而上學曾經賦予給它們的那些規定性，從而在它們的本質中相互通達，獲得它們的本質的東西。……思從語言中獲得用於這個在自身中動盪的建築的建造工具。……只要我們的本質歸本於語言，那麼我們就居住在本有中。」（引文同上揭書）海氏欲說明任何存在者的存在從根本上而言不是現成的，只能在人和存在以相互牽引、來回動盪中顯現出來。而這個來回的運動便是海氏在許多地方所提及的「解蔽（解構）—遮蔽（建構）」的二重性，也體現在關於「詩—思」的同中有異、異中有同的相合轉換，詩是解蔽、創造；思是聚集、隱蔽，但兩者又彼此相應合於「道說」。於是我們可加以聯想海氏所說的「大道」（Ereignis）實與老子所謂的「反者，道之動。」（四十章）相去不遠，甚至可以相互闡發。因爲在這個來回發生的過程中揭示自身，不也正是老子「道」的構成境域？"Ereignis"一詞，孫周興中譯爲「大道」，張祥龍譯爲「緣構發生」，陳小文譯爲「本有」；項退結譯爲「歸屬事件」。本論文中譯採孫周興的譯法，相關譯名討論可參考以下諸書。孫周興：《說不可說之神秘——海德格爾後期思想研究》，上海：上海三聯書店，1994年；陳嘉映：《海德格爾哲學概論》，北京：三聯書店，1995年；張祥龍：《海德格爾思想與中國天道》，北京：三聯書店，1996年；項退結：《海德格》，台北：東大圖書，2001年二版。

的存有。

　　如果我們從這個角度來思索老子的「道隱無名」，便能更深刻地體會「無名」（希聲）其實正是「道」的「說出」，唯有當我們在「希言」、「不言」、「無名」之中，才能真實的「聽」（聞）的「道」的開顯。所以一如前面從「道」的字源探索出其「說出」的意涵，在「虛」、「靜」之中「道」出自身。故老子十六章有云：「致虛極，守靜篤。萬物並作，吾以觀復。」「復」為「道」運行的能動性也是其顯現／遮蔽自身的重要關鍵，「反者，道之動」即說出了「道」「往返」、「反復」的循環。故「道」並非在一直線性的時間觀中存在，因為一旦以我們所認知的時間來看待「道」，「道」便一去而不復返。海德格在《存有與時間》中所揭示的「緣在」的「時間性」——「已是」（Gewesenheit）、「現前」、（Gegenwart）「到向」（Zukunft），〔註51〕這三維所統一的「時間性」結構是「緣在」存在的意義，說明了在他的「大道」構成之境域，時間不再是割裂人與世界的無可逆性，而是當人被拋擲到世上所形成的「人—世界」的連繫，此即「在世存有」（In-der-Weli-sein）。海德格對時間性的討論也形成了當代哲學詮釋學的維度。而我們如果從這個角度來談老子「道」，就不難理解如果把「有物混成，先天地生」（二十五章）、「天下萬物生於有，有生於無」（四十章）及「道生一，一生二，二生三，三生萬物」（四十二章）視為一個宇宙論的表述，便會將「道」限於一個直線性的時間觀而失去了「道」之「妙」（玄）的性格。這裡的「生」並不意味一個獨立現存的東西生成另一個東西，而是做為萬物的「有」只能在這種發生的構成中與「無」共同形成的一個本源境域中，才能成其所是。因此，「玄之又玄」的「道說—無名」的開合翕闢也唯有在這個有無相生的玄妙之境才能構成人與萬物的統一體。

　　然而，此「道說—無名」的「遮蔽—解蔽」結構，老子終究得以五千言

〔註51〕這三個詞亦是海德格思想中重要的關鍵詞，海氏很早便關切時間與人生及存有意義的關係，一如區分「存有」與「存在者」，他也將時間區分出「時間」（Zeit）與「時間性」（Zeitlichkeit），並從時間性去解釋「緣在」的存在，同時從時間性過渡到時間。他說：「我們須得源源始始地解說時間性之為領會著存在的此在的存在，並從這一時間性出發解說時間之為存在之領悟的地平線。」（《存在與時間》，頁26）在時間的地平線上，存在得到了最原初的解釋。而在海德格處，他所討論的時間與傳統時間概念是不同的，簡言之，「已是」、「現前」、「到向」並非一個直線性時間觀所區分出的過去、現在、未來，而是三個互相關聯並帶有往返去回的動態性整體。關於這三個名詞的中譯亦有多種譯法，本文採用項退結教授之譯名。

敘述之，難道老子最後仍得陷於白居易所諷刺的：「若道老君是知者，緣何自著五千文？」事實上，對老子來說這並不是個自打嘴巴的矛盾問題，因為「道」的「遮蔽─解蔽」根本不滯於兩端，既非以站在「道說」的立場，亦非立足於「無名」一邊，當然更不是所謂超越兩者的第三者立場。「萬物負陰而抱陽，沖氣以為和」其實已明指此一不著兩端而又同顯兩端的「道」在萬物中顯現，所以此句之「和」當不能理解為另有一種「和氣」，〔註52〕而是指一種調和狀態。故在老子中看似相衝突的「希言」、「不言」與「貴言」、「善言」，如果在這個「道說─無名」的結構下視之，便毫無衝突可言。也因此依語言而說出亦不過是一方便權說，本不須滯於言。故海德格後期陷入了「語言困境」，老子卻無這個問題，他讓「道」說出自身，亦可在「道隱無名」中遮蔽。於是當老子藉由語言的說出讓「道」呈現時，便以「正言若反」的「詭辭」（paradox）方式來書寫。表面上看來他想解構人們既定的語言思考模式，但更深層的意義其實在於讓「道」在此「正言若反」的「正─反」緣構中現身。所以我們看到老子使用了一些「大 A 若 B」的句式，其中「A／B」是相對的概念，「A」與「非 A」在邏輯分析上兩者不能同時存在，但老子卻將「A」與「B」用「若」字連繫起來，打破了語詞的相對性，或者可以說回復了語詞間相連繫的「大道」。此外，老子還用了「大 A 無 a」的句式，同樣的，「A」與「非 A」連繫在一起；或是如第九章直接指點過猶不及的負面效果，在在都顯示出老子如何讓「道」在「正─反」的二重性中「道說」出自身。從以上的分析，我們便不難理解老子為何要以「正言若反」的方式來闡述其道。故「正言若反」亦是「反言若正」，一般「正／反」、「有／無」是彼此相對立的二元觀，可是就「道」而言卻是「正─反」、「有─無」的連結整體性，即「有無相生」，「有生於無」而無又不離於有。在「正言若反」的語言表述上，它不僅僅只是老子的語言風格，其中含有更深沉的道之「有─無」二重性；且此二重性不是截然二分的相對，二者不但是相輔相成，更構成「道」的「惟惚惟恍」，也唯有從這個角度才能理解「其中有象」、「其中有物」的「道」為何又是「無狀之狀，無物之象」。於是，「道」在「生」萬物上開顯，但又在「無名」中隱藏，「道」言無言卻又不斷地從無言中道出自身。

〔註52〕高亨認為：「『沖氣以為和者』，言陰陽二氣涌搖交蕩以成和氣也。」（《老子正詁》，北京：中華書局，1996 年，頁 97）即以陰陽二氣之外另有一種相合成之「和氣」。

第四節　「道」詩意地棲居——哲學、文學與語言

老子所用的「正言若反」表述方式並不能用語意邏輯來分析，但是不是表示老子思想並沒有理性？再者，老子使用了類似詩歌語言來說明「道」，是否意味著「道」必須在一種非日常語言的描述下才能達到老子欲藉以破除受到欲望影響的思考模式？當海德格從分析賀德齡（Hölderlin）的詩以開顯存有，並且在晚年其文風亦走向詩化語言時，這個轉變正可讓我們藉以思考老子獨特的語言對於「道」的開顯所含有的意義；特別是《老子》具有類似詩歌的體裁，〔註53〕又更接近海德格企圖從詩以彰顯存有並克服傳統語言的限制。

高達美在許多文章中指出後期海德格「陷入一種語言困境」，他認為後期海德格為力求克服《存在與時間》所具有的形上學概念語言的先驗哲學立場，陷入了一種語言困境，這種困境導致海德格依賴賀德齡的語言並導向一種半詩化的文風。許多論者認為海氏晚期所進行的是詩學評論而非哲學思考，高達美認為問題不在這裏，於是為海氏辯護，指出這種半詩化的文風事實上並不構成海氏思想的難以理解，他說：

> 只要思考者相信語言，也就是說，只要他在對話中與其它思考者和
> 其它人所想的東西進行交往，那麼任何一種概念語言，甚至包含海
> 德格所謂的「形而上學語言」都不會成為思想穿透的禁區。〔註54〕

就高達美而言，他一直是對語言抱持一種樂觀的態度，認為只要能夠進行對話，就有達成理解的可能。也因此他並不贊同海德格將傳統語言劃歸成「形而上學的語言」，「現在我自己也不得不反對海德格，我認為根本不存在形而上學的語言。……實際上只存在其內容由語詞的運用而規定的形而上學概念，就如所有的語詞一樣。我們的思想據以活動的概念就如同我們日常語言用法中的語詞一樣很少受到固定的前定性的僵硬規則的控制。」〔註55〕高氏

〔註53〕就《老子》全書來看，並非一嚴格意義的詩歌，然而其中仍有不少韻文。有許多學者論及《老子》的用韻現象，然皆以考據為目的，藉以斷定《老子》成書的年代。而海德格以「詩—思」的關聯似可為一個討論老子的可能方向。關於老子用韻問題，可參考劉笑敢：《老子》第一章〈從《詩經》、《楚辭》看《老子》的年代〉，台北：東大圖書，1997年。

〔註54〕高達美：〈文本和闡釋〉，《真理與方法》卷二，頁357。

〔註55〕高達美：〈在現象學和辯證法之間〉，《真理與方法》卷二，頁13～14。關於高達美對海德格語言轉向的看法，尚可參考洪漢鼎：〈加達默爾與後期海德

並不贊同海德格對語言的區分。在他看來，我們所使用的日常生活語言雖不同於科學符號，但這種看似不精確的表達方式，卻正是哲學之所以能夠發展的關鍵。於是他認為海德格並無必要為了追尋一種能夠「純粹」顯現存有之域的語言而轉向詩，不過這並不表示詩的語言無法顯示存有，相反的，包括詩在內的任何文學作品都能讓存有來到。僅管詩歌與散文語言有所不同，但高氏認為就文學的寬廣而言，甚至包含所謂的「科學性的」語言作品在內，都有一種深層的共同性，因其本質都是語言的書寫。即「正是一切語言性東西的可書寫性（Schriftahigkeit），才使得文學具有最寬廣的意義範圍。」〔註56〕高達美對語言的樂觀正可對比德希達對語言中心主義的鄙棄，也可見得高氏在面對詮釋時為何對「視域融合」有著無比信心。

他承認哲學有一種根本性的「語言困境」，即哲學在描述時所使用的日常生活語言有太多的不確定性與豐富的內涵，連他自己的著作也不例外。但他卻以為這正是哲學的一個積極意義，即「犧牲概念的確切界限為代價從而使它能同語言世界知識的整體交織在一起，並且使它保持同整體的生動聯繫。」〔註57〕這正也是高達美在晚年所走向的哲學實踐的意義。我們無法構造出一套嚴格意義的哲學語言，即表示哲學並非離開人生而存在，其與科學語言的區別昭然若揭。我們日常生活所使用的語言並非不能表達形上學的概念，事實上我們也無法用其他的方式來表達形上學的概念。高達美說：「我們可以從希臘人身上學到，哲學思維並非必然要服從以一種最高原理的形式建立起來的體系性的指導思想才能執行解釋的功能，相反，哲學思維總是受到某種指導的支配：它在對原始的世界經驗繼續思考的時候，必然要透徹地思考我們生活於其中的語言的概念力和直觀力。我認為這就是柏拉圖對話的秘密所在。」〔註58〕高氏不斷地強調語言的對話性，因為從對話中能達到溝通的目的，而這正是語言最重要的意義。於是高達美回溯到柏拉圖為何要採取對話來達到論辯求真理的目的，實因日常生活語言正是我們最原始的思考方式。所以對哲學語言科學化的要求，只不過是對哲學的誤解與狹隘化。此外像海

爾〕，《德國哲學論叢 1996～1997》，1998 年 2 月，頁 1～10；陳榮華：〈海德格與高達美論語言：獨白與對話〉，《臺大哲學論評》第二十四期，2001 年 1 月，頁 119～161。

〔註56〕高達美：《真理與方法》卷一，頁 229。

〔註57〕高達美：〈第三版後記〉，《真理與方法》卷二，頁 511。

〔註58〕高達美：〈漢斯—格奧爾格・加達默爾自述〉，《真理與方法》卷二，頁 538。

德格褒揚賀德齡而貶低黑格爾，企圖在詩歌尋求一種超越日常生活語言而進入存有，高達美亦不贊同，他說：

> 哲學家只是喚醒語言的直觀力（Anschauungskraft），任何一種語言的果敢和力量如果能進入那些一起思考和繼續思考的人的語言中，也就是說，如果它們能繼續推動、擴展和照亮相互理解的視域，那它們就很恰當。

> 哲學的語言從來不會提前遇到它的對象，而是自己構造出對象，因此哲學語言並不是在語句系統（這種語句系統的基於邏輯性和單義性的形式化表述和批判的驗證據說能加深哲學的見解）中活動，我認為這是不可避免的結論。這件事實決不會取消「革命」，也不會取消日常語言分析學派所聲稱的「革命」。讓我用例子來說明這一點：如果有人用邏輯手段分析柏拉圖某個對話中出現的論辯，指出其中的邏輯矛盾，彌補其中的缺陷並揭露其中的錯誤推論等，這當然能得到某種清晰性。但我們難道這樣就能閱讀柏拉圖嗎？這樣就算把他的問題變成我們自己的問題了嗎？如果不証明我們自己的優越性，就能算學習柏拉圖嗎？〔註59〕

同樣的，將「柏拉圖」換成「老子」甚至其他先秦思想家，是一體適用的。就算以邏輯分析證明老子的語言表述有任何的矛盾或不合自然語言的文法習慣，其實仍舊沒有證明出什麼。反倒是高氏所指出的哲學愈陷入一種語言困境的原因，是哲學家不斷地構造哲學術語或概念，希望能夠超越日常生活語言，反而愈陷愈深，讓哲學與人的存在愈離愈遠。所以高氏所說的「哲學家只是喚醒語言的直觀力」，不啻是一句暮鼓晨鐘，讓我們重新思索哲學語言的意義。誠然，老子並非特別著意於這個問題，但是當其提出「道可道，非常道」時，卻已觸及到語言說出與「道」的關係；尤其以「希言」、「貴言」表示一種謹慎的說話態度，老子似乎亦傾向於超越（或否定）日常生活語言。然而，《老子》真的是老子所另行構造的一種哲學語言嗎？

　　如果就《老子》本文而言，「道」是不離於天下萬物的，亦即「道」是在萬物運行中顯現。因此「道」之「無名」是「道」的一種說出，也就是如果將「無名」視為一個與「有名」的相對或是超越「有名」，則此「無名」便會

〔註59〕同上註，頁 565。

落入一偏而失去「道」的玄妙。所以如果以「道」為「無名」或以為「道」超越語言，便無法解釋「善言」、「貴言」之義。更何況如果「道」無法以日常生活語言道出，老子的「吾言甚易知」便得落空。此外，我們是不是該將「道」視為一個形上學的概念呢？一如高達美所言，當我們拚命想將「道」形上學化或概念化，反而會讓路愈走愈窄，最後不得不以「只能會意」來說明「道」。弔詭的是，老子似乎早已預示了這種結果，而後設的指出「為學日益，為道日損」。我們對「道」愈以求「學」的方式對待，其實離「道」愈遠。因此我們如果讓「道」回到語言原初的意義，「道」本身便有著「道路」、「道出」、「道理」的豐富意義，如果只將「道」逼往「不可道」的方向，便無法發現其實「道」就在「可道」與「不可道」間展示自身。因此，我們了解老子第一章「道可道，非常道」的意義，便不能解作「凡是可言說的都不是常道」，而應將第二字「道」解為「對象化的說明」，使得整句成為「凡是可對象化的指稱，已非常道本身。」不管是將「道」視為「無」或「有」都已是一個對象化的指稱而非「道」本身了。當然，老子並不像柏拉圖藉由對話來逼使真理現身，然其夫子自道近乎詩歌的語言亦可對比出《論語》的對話語錄體，兩者各自顯現其語言的說出真理，在先秦哲學思想中表現出獨特的文學形式。

於是問題轉到老子使用如此半詩半文的文學體裁，是否即其欲說出「道」所採用的方式？海德格經過一番艱深的思辨過程，從時間性到語言，再從語言中轉入「詩—思」的構成方式。雖然他致力於破除傳統的形上學，但當他嘗試用各種途徑想展示其「存有」時，勢必會墜入高達美所批評的語言困境；同時欲藉由詩來重拾形上學對存有的遺忘，也易招致仍在形上學傳統的批評。就像德希達以尼采對抗海氏，其與海德格對尼采不同的解讀，正可看出他們兩者立場的差異。而海氏所遇到的問題其實在老子卻完全不存在，或云並無相同的經驗。海氏或許曾感受到老子介乎詩文的寫作方式，但老子與其寫作方式其實正與老子「道」的「遮蔽—解蔽」結構有著密切的關係。我們不難看從「道」不拘執一偏的結構衍生至「道言—無名」的表達方式，必不至於局限於詩或文。同時在類似詩的對句、用韻與散文式的寫作中游走，更能顯「道」的「玄之又玄」。於是，老子的文本是詩、文或是哲學文本，實已毋需深究。喬納森‧卡勒（Jonathan Culler）於《論解構》云「哲學依賴於比喻，使之成為文學，即使當他們標榜同比喻的對立來界定自身時也是如此。」

「哲學因而被視爲一種特殊的文學類型」，德希達將哲學稱之爲「原型文學」。
〔註 60〕德希達自己亦在其《白色神話》一書，定副標題爲「哲學文本中的隱喻」，「隱喻」並不是哲學用來輔助說明某些概念並加強概念指稱性的可有可無的工具，而是哲學話語得以可能深入的結構。在德氏看來，文學是一種明目張膽的隱喻性神話，哲學則是一種遮遮掩掩的隱喻性神話；文學是一種具有自知之明的神話，哲學則是自欺無明的神話。德氏將這種隱喻性的哲學神話名之爲「白色神話」，即哲學這種隱喻性的神話是用隱形的白色墨水寫成的神話，它隱蔽在哲學文本中。德氏企圖打破哲學與文學的界限，並從中讀出語言的多義性，事實上我們從《老子》中便可看到這種文學手法的運用，像老子善用比喻，亦多對比及反詰語氣的用法，都可視爲在文學中進入哲學。所以，「道」在《老子》中詩意的悠閒棲居著。

第五節　小　結

　　高達美在晚期致力於哲學詮釋學的實踐哲學，在他看來，詮釋學不僅是一門理解和解釋的科學，而且是一門實踐的哲學。他說：「詮釋學是哲學，而且是做爲實踐哲學的哲學。」〔註 61〕當然，從詮釋學本體論轉向價值倫理學的實踐絕非偶然，事實上在近代「生活世界」概念的出現，是對傳統形上學的主體概念一個重大的突破與轉折。人們意識到人類生存這一個根本的事實，我們無法在歷史、語言與生活世界之外尋找到一個先驗的理性主體。不論是海德格在《存在與時間》中對「緣在」生存論的分析，或是維根斯坦在《哲學研究》中將「語言遊戲」和「生活形式」連繫起來，亦或哈伯馬斯對意識形態的批判，無不將生活世界做爲整個哲學的安放之處。而我們如果將目光轉向老子，便可發現「道」是不離生活的，不論是關於人生、社會或政治，「無爲而無不爲」的提出已深深地指出「道」的契入人生。而「道」的「遮蔽─解蔽」結構，在現實人生看到「禍／福」亦是往復循環，而非相對不變的。甚至沒有永遠、也沒有絕對的福、禍。故我們將「禍／福」改成「禍—福」便是爲彰顯這個從相對到相成循環的人生觀。

〔註60〕見喬納森・卡勒：《論解構》，陸揚譯，北京：中國社會科學出版社，1998 年，頁 120。
〔註61〕見高達美：《科學時代的理性》，薛華等譯，北京：國際文化出版公司，1988 年，頁 96。

　　若我們藉用海德格「現成在手」（Vorhanden）的概念來說明「道」，不難發現對「道」進行任何結構性或對象性的認知及概念分析，都無法揭示其真實存在，因為這些知覺性的認知只能對「道」進行分解式的剖析或是一些規則的給予，「道」只能是一個「存有者」而非「存有」；若透過現象學的方式讓「道」在運行（反者，道之動）中顯其自身，即一「使用上手」（Zuhanden）的狀態，則「道」不再是一個對象性的存有者，「道」之「無不為」才有其「無為」之基礎，而非從「無為」而歸於一寂靜之「無」。故「道」即「使用上手」的狀態，唯有在實踐中才能顯其自身。而這個實踐是關乎歷史、語言及藝術的。

　　所以我們從對「道」是什麼的追問，開啟從語言中發現「道」的過程，並且了解在「道」的「遮蔽—解蔽」二重結構中，本無形而上與形而下的區別，更重要的是在「人」與「道」的所「緣構」的境域中，「大道氾兮」的流行周遍。因此，「萬物負陰而抱陽」象徵有無相生的「道」的構成，「道」並不脫離萬物而獨立自存，但也不滯於萬物的形名。這是老子「道」的獨特構成。所以「道」能「道出」，亦不拘執於言說的說出。老子是否「重視」語言的說出呢？恐怕未必。當海德格在晚期陷入一種語言表達的困擾而走向詩化的語言，甚至是「靜默無言」時，老子面對語言的態度顯然較海氏有更開闊無累的胸懷。僅管我們之前分析了「道」所隱藏的「道說」之義，也了解老子的「希言」、「不言」是一種更高層次讓「道」自身展示的說；但我們也得記得老子所說「為者敗之，執者失之」的教訓，即不管是「善言」或「希言」對老子而言都只是一「方便法門」的「道」的開顯。這並不同於王弼始終緊緊地扣著「得魚忘筌」而論，必得忘言而後才能得「道」。因為在老子心中跟本沒有忘言不忘言的問題，因為言說也好，不明言也罷，都無礙於「道」從存有論、宇宙論或人生哲學等角度來討論。也就是說「道」並不在貫通形而上形而下的問題，當老子以「大道氾兮，其可左右」來說明「道」時，便已清楚地點出這麼一個思考向度，於是我們便可明白為何老子對「道」總以「惟恍惟惚」或「迎之不見其首，隨之不見其後」看似不著邊際的文學語言來描述之，而這正是顯現「道」的最好方式。

第六章　結論：回顧、檢討與反思

一、

　　《老子》書成後形成了龐大「老學」研究，使得《老子》一書的經典地位為之鞏固確立。然而，層層疊疊的《老子》注釋或老學研究對於後世理解老子究竟是利亦或弊？往好的方面看，愈多元化的討論角度不但可呈現老子思想的普遍性，相對的，老子思想也因此而深入各個領域；可是從負面的角度思考，許多的老子研究會不會離老子愈來愈遠，或讓老子思想湮沒在無盡的各式爭論中，如果有一個「老子原意」的話。但顯然的，除了《老子》文本本身之外，一個所謂的「老子原意」事實上是不存在的。如果我們要進行「詮釋」（interpretation），哪怕只是「了解」（understanding）或「說明」（explanation），閱讀者的差異性已然存在。這就是高達美和海德格所強調理解的前見、前理解和前把握，我們唯有體認到以精神科學的認知方式去追尋「真理」的不可能，才能明白建構一套普遍性的方法根本沒有正視人文學科的特色，因為現代科學的方式強調其經驗上的可重複性便拋棄了自己的歷史。也就是說我們如果企圖藉由一些解釋規則而達到理解「真理」的最終目的，結果往往是囿於方法而造就一種集體意識的解釋結果。就這點而言，德希達所走的路就更遠了，他幾乎是毫不猶豫地批評傳統，尤其是他所謂的「語音中心主義」，在他看來，根本不存在什麼方法或方法論，解構理論不是一套方法更非一個有系統的理論。他和海德格一樣，在傳統概念上打個大「×」，暗示我們雖然與傳統有千絲萬縷的連繫，但這個銘刻的痕跡只是不斷地提醒我們文本中隱藏著豐富的概念偏差和詞語歧義，等待著我們去解放。就好像

他遊移在文學和哲學間不停鬆動文本中「能指／所指」的二元關係，使每一次的閱讀都能有新的樂趣。

只不過，將文本意義儘量「延異」（différance）出去，是否會造成閱讀的無可依憑而無家可歸呢？在這點上，高達美的立場便與德希達有異。高氏雖然批評了當代人對方法的盲目崇拜狂熱，但並不表示他沒有一個立足的方法，在〈現象學與辯證法之間——一個自我批判的嘗試〉一文中他詳述以現象學和辯證法做為其哲學研究的基礎。〔註1〕而高氏對傳統科學方法滲入人文學科的批判，在某個角度來說是盡力與科學劃清界線，更深沉的意義是他從批判方法的過程中讓詮釋學從一種客觀理解的方法論掙脫出來。高達美對方法論的批判可以讓我們反思老子的詮釋傳統，尤其是從王弼《老子注》所形成的「以無為本」的老學系統，以及韓非所代表的法家老子引起儒家（特別是宋明儒）對老子的批判。這些傳統所構成的視域不但影響及形成我們閱讀老子的前理解，也成為老子詮釋系統中不可分割的一環。高達美告訴我們，傳統不是一個必須超越或揚棄的對象，事實上也辦不到，因為「如果沒有過去，現在視域根本就不能形成。」（《真理與方法》，頁 400）所以我們反而應該去正視傳統、前見或偏見，因為這其中也隱藏了理解老子的鑰匙。古典詮釋學至施萊爾馬赫、狄爾泰等人始終要尋找一種方法可以「客觀」地詮釋文本，企圖抹殺「自我」在詮釋中的角色，並消除傳統形成的「成見」所造成的束縛。事實上，我們並無法將自身抽離傳統來論述，當我們開始試圖理解時，傳統已經形成我們思考的基礎。我們也許會追問，在傳統的「包圍」下，如何進行理解？因為所有的理解勢必受到傳統的影響。或是如果承認了傳統會不會退縮成為相對主義，而離開了說出真理的要求？如果捨棄了方法，是否也意味著喪失了對真理理解的能力？這些疑問也是與高達美進行論戰的許多哲學家的質疑。而高達美也在其後半生花了很大的精神來論辯回答。當然，這些討論是當代歐陸哲學界的大事，也一路延燒到現在。雖然我們未曾參與其中，但這些論辯提供了許多足以讓我們進行反思的觸發點，這也是為何本文以高達美和德希達的論爭做一交叉比對在文中不斷出現的原因。

而本文著重於老子詮釋傳統的討論，看似將老子思想做為一個獨立的或超時空的文本來討論，而似乎忽視了外緣的社會環境對老子的影響，特別是老子「為何」要建立類似「反智」或「反體制」的道家思想的問題。自然，

〔註 1〕是文收於《真理與方法》卷二。

如果從勞思光先生的基源問題研究法，勢必得追究老子當時所處身的時代背景，於是便會像徐復觀先生從「周文疲弊」來進行這個「基源問題」的考察，〔註2〕或如王邦雄先生從《老子》中考察老子思想所反省的時代，〔註3〕而袁保新先生便據此進行《道德經》理論的還原，而得出：「老子思想的基源問題，就是對『道』的失落與回歸的反省。」〔註4〕對於周代的社會背景進行分析，的確可以提供我們在領會老子思想時一個很重要的進路。但是我們不得不追問一個問題，在春秋晚期至戰國的文化價值失序的時代，造就了諸子百家的思想，而不獨有老子所進行的「道」的失落的反省；即這個社會環境不一定會發生出老子的思想，兩者之間並無必然的因果關係。而若以《老子》經文反映了當時的社會背景，卻會落入一個問題：這樣的時代背景不只老子當時如此，後世依然。我們如果據時代背景來談老子思想的發生，為什麼老子思想是在那個時候發生，而不是發生在後世有相同的環境背景呢？袁保新先生似乎忽視這個問題，而以一個嚮往古時美好時代的普通觀念來說明：

> 老子《道德經》就像一切偉大的哲學著作，一定有其隸屬的傳統與時代文化的痕跡，但是從它在歷史上深遠的影響及廣佈的流傳來看，則又說明它超越時空的限制，對一切人性共通普遍的問題，提供了重要的啟發。周文的疲弊固然是中國兩千多年前的文化危機，但價值失序，人心無所繫屬的困惑，卻是人類歷史一再重演，人類心靈不斷追問的問題。因此，當老子反省「道」何以失落，又如何回歸「道」的懷抱時，他的解答也就不止在拯救中國歷史上的一個特定的時代，而是對一切人類的困惑傳達生命的智慧。

這一段富含感情的慨嘆，其實已然透露了一個訊息：從《老子》經文去追索「周文疲弊」、「道的失廢」固然可以說明當時的社會背景，但也僅止於此。我們如何能夠從《老子》中歸納出當時的社會混亂，再從這個背景來說明老子對於「道」思索的根源呢？更何況如果人類的歷史一再重演成為一個必然循環的悲哀時，對老子而言，就根本沒有重返質樸「道」的境域之可能，有的只是「吾言甚易知，甚易行；天下莫能知，莫能行」的悲哀。當然，老子與其他先秦諸子都是由於對外在環境的感受進而形成各自的一套哲學理論，

〔註2〕參見徐復觀：《中國人性論史・先秦篇》，台北：臺灣商務印書館，1969年。
〔註3〕參見王邦雄：《老子的哲學》，台北：東大圖書，1980年。
〔註4〕見袁保新：《老子哲學之詮釋與重建》，台北：文津，1991年，頁91。

針對各種社會、政治、人生諸問題提供各種解釋及解決之道。我們並不否認老子對人生的關切與反省，也贊同老子從人生的實踐建立其哲學思想。但是這個探索的角度不能忽略了在具體時空背景下的歷史分析，如果我們同意老子思想的源頭來自於對社會人生的反省，就得從歷史文獻、考古資料甚至周代的語言文字等重建周代社會的樣貌，並據此來討論老子及其他諸子思想形成的原因；而不是單從老子文獻中所透露出的「天下無道」、「大道廢」等文字來解釋老子思想的源起，再以此爲其「基源問題」來討論老子思想的關懷。否則便易形成封閉的「思想史」的討論，自然會得出在所謂的「歷史一再重演」中，老子思想成爲人類心靈所依傍的精神寄託之結論。

只不過，這樣的研究進路所涉及的歷史學、語言學等領域過於龐大，也非本文所能負荷，因此討論老子思想時，便著重於一個歷史詮釋進路的探討，即通過對韓非與王弼的老子注疏來審視在老子之後所引發出的老子詮釋的不同系統面象，並藉由對韓非及王弼的老子詮釋之反省，重新思考在他們的影響下所形成的老子詮釋理路，並旁及當代新儒家在老子思想的詮釋中，所隱含的以儒家道德形上學爲標準的老子詮釋。在論述的過程中並借重當代哲學詮釋學家海德格、高達美及解構理論代表德希達之間的批評論述，來反思中國傳統的老子詮釋。而本文對老子詮釋的反省，特別受到高達美哲學詮釋學和德希達解構理論的啓發，而這個啓發並非使用或挪用他們的理論方法，而事實上就他們兩人而言，哲學詮釋學和解構理論都不是一個方法論。〔註5〕所以本論文並非透過他們所提出的理論來檢討中國的老學詮釋傳統，而是一個視域的交流，特別是回溯到老子的「道」時與海德格的接觸。當然，海德格對老子的重視並不表示他轉向老子思想，而德希達對中國文字的嚮往更不會

〔註5〕 高達美對自然科學與人文科學方法論進行批判，所以其哲學詮釋學的建立不是一個方法論的建立，而是爲解釋學建立本體論。帕瑪（R. E. Palmer）在《詮釋學》一書中提到：「詮釋學作爲尤其適合人文科學（Geisteswissenschaften）方法論基礎這一古老的觀念被棄之腦後，方法自身的地位受到質疑，因爲高達美的著作的標題包含著這樣一個諷刺：方法並非通達眞理的途徑。相反，眞理逃避具有方法的人。」（《詮釋學》，嚴平譯，台北：桂冠圖書，1992 年 5月，頁 163）這是非常深刻的評論，也點出高氏在《眞理與方法》書中著重的問題關鍵。而對於德希達而言，「解構」根本不是一個方法，更遑論爲一種主義。只不過當他游移於哲學、文學、神學，以及對傳統形上學語的批判與拆解，不免形成一個反傳統與反權威的「方法」。從這裡也可以促使我們反思，詮釋的過程無法不涉及「方法」，但重要的是不爲方法所圍，才能讓眞理顯現。

是中國思想在西方的抬頭，西方一向充滿對遠東文化神秘的想像，在哲學上只是面向或借用中國而對自身反思。陳嘉映曾對張龍詳《海德格爾思想與中國天道》一書有過深入的書評，其中有一段話是這麼說的：

> 現在有一種流行的論調，把西方思想的現代轉向和後現代轉向說得像是西方思想向東方思想的輸誠。這樣一來，我們就沒有希望從西方思想和西方精神那裡真正學到什麼了。從希臘起，西方文明的優勢在很大程度上就來自相近水準的交流激盪，在向遠親近鄰學習的時候，西方人勇於自我批判，即如海德格爾哲學，仍體現了西方充滿生機不斷開拓的趨勢，其主動力來自西方開放精神的內在推動，而非另一種更高思想形態如中國思想的點撥。〔註6〕

其實中國歷史上亦不乏與外來思想的接觸與吸收，但始終站在一個大中華文化的高度來審視外來文化，而總以天朝自居區分出高下等級，外來文化充其量不過是對中華文化的豐富或補充。而在民初的大舉反傳統、崇西學的影響下，正好將歷史上的大中華倒轉為以西學為宗，而在過度崇尚西方學術之下，又引發一種自卑後自大的民族意識。顯然地，在學術上並無必要。只要我們能認清在不同的歷史文化傳承下各自形成不同的文化視野，自然能以平常心進行學術交流，這也正是高達美不斷地希望透過對話所達到的相互理解及視域融合的目的。

二、

當我們閱讀《老子》文本時，二千多年前老子似乎正透過這一言一語來到我們跟前，向我們展示其「道」之真理。這也是高達美重視語言的原因，因為不管是歷史流傳物（歷史文本）最終都必須通過語言才能表現出來，而且歷史透過語言的現身不是一般意義上或方法論上的語言觀，而是本體論意義的。正如同海德格說：「語言是存有的家」（Language is the house of Being.）；或高達美所說：「能被理解的存在就是語言」（Being that can be understood is language.），語言不再是一個做為對象的工具，而是人類存在的本身，也唯有生活在語言中的人才能體現存有。語言本體論不僅僅是對傳統工具語言觀的批判，更使得藝術、歷史也得以從科學語言、工具語言中脫身，而在本體化

〔註6〕引文見《哲學雜誌》，第二十六期，1998年10月，頁189。

語言的對話中展開自身。我們可以體會，人類的存在是離不開語言的。儘管人們使用各種不同的符號作爲傳遞訊息的媒介，但是沒有哪一種在交際的能力或可塑性能與語言匹敵。〔註7〕但是，語言不僅僅是做爲訊息傳遞的「媒介」而存在，日常生活中，我們的一切社會行爲與思維都是通過語言而存在和擴展。換言之，不是我們在操控語言，而是身處語言的包圍之中。

我們也可藉此反省中國傳統一向視語言爲工具的語言觀，尤其是當王弼透過莊子的「得魚忘筌」寓言來解釋《易經》及《老子》時，所得出的「得意忘象，得象忘言」的說法，更是將語言視爲一種通達「意」或「道」的工具。於是歷來解釋《老子》第一章者，無不將「道」當做超越語言，不可言表之物，於是「常道」、「常名」便成了與可道之物與可說之名相對的境界。問題是，在這樣的理解之下所構成的形而上與形而下二分的世界，是否便讓「道」在其不可言詮或「道隱無名」中安適其身呢？

事實上，當我們從「道」的字源追溯，便可發現「道」所具有的「道路」、「說出」、「道理」等諸多意義。而「道」自身便具有的說出義，若以「道」爲不可「道」，老子實不必強爲之名時以「道」字來說。此外，如果我們進一步追問「『道』是什麼」這個問題所預設的答案方向時，亦透顯出這個問題已將「道」對象化、概念化成爲一個具體的「什麼」，如此一來，老子對於「道」「惟恍惟惚」的描述便頓時失其「無象之象，無物之狀」的渾沌質樸，一如莊子藉「日鑿一竅，七日而渾沌死。」（《莊子·應帝王》）的寓言故事暗示有爲心之禍。弔詭的是，以「道」爲不可名，不但沒有讓「道」超越語言，反而得以更多的名言來描述；而以「道」爲「無」更是一種自我設限，將「道」阻絕於人世之外，而「道」卻又不離人世，只好拚命尋求一個能與「道」會通的管道。也因此如果離開了「道」在「有無相生」下所構成之「道說—無名」的境域，不論是指稱可言或不可言，都不再是純淨質樸的「道」，而是爲

〔註 7〕 德國哲學家卡西勒（Ernst Cassirer）在《人論》（An Essay on Man）中談及人類運用不同的符號——神話、宗教、語言、歷史、藝術、科學等，創造出各種不同文化，其中對於語言的討論給了當代語言哲學許多啓發。（見《人論》，甘陽譯，上海：上海譯文出版社，1985 年）然而其對於語言以「符號形式」視之，高達美並不贊同，他更強調語言與歷史聯繫中的豐富文化內涵。他說：「存在於講話之中的活生生的語言，這種包括一切理解，甚至包括了文本解釋者的理解的語言完全參與到思維或解釋的過程之中，以致於如果我們撇開語言傳給我們的內容，而只把語言作爲形式來思考，那麼我們手中可思考的東西就所剩無幾了。」（《眞理與方法》，頁 517）

「道」貼上了標籤而流於一隅。

　　從這個角度也可看出為何海德格在晚期批判傳統語言為一形上學語言而走向詩化的語言，最終會陷於「獨白」的語言困境，也就是說如果「道」是無言無名，則「道」便困於一個終極之域而與人世斷絕聯絡。「絕地天通」神話從某個角度言，正是一個刻意將「道」與人世分離的過程，而巴別塔的倒塌更暗示人們企圖尋求一個超經驗的、神性的語言之不可得。於是不論意圖創造一個擺脫現存語言多義性的純邏輯思辨語言，或是從詩化語言來尋求真實存有的現身都是不可行之路。故高達美在批判傳統方法論時，特別指出理性與科學方法對哲學施以等價要求，甚至發展出語言分析哲學將哲學限制在邏輯語法中，這是逼哲學走進一條愈來愈窄的小巷，最終將無出路。柏拉圖在他的第七封信中正說明了這一點：哲學思維的工具並不是工具本身。表面的邏輯一貫性並不能代表一切。這倒不是說邏輯不具備明顯的有效性，反而是說按邏輯處理論題的方法卻把問題限制在形式的可証明性上，從而阻礙了在我們用語言解釋世界經驗時所產生的開放世界。高達美指出後期海德格陷入一種「語言困境」，而走向半詩半文的語言。他自己則不走這條路，而從生活實踐著手。他說：

> 我們在哲學語言中所用的並使之達到概念精確性的語詞總是蘊含著
> "客觀語言"的含義因素，因此它總是保留著某種不合適性。然而
> 在生動語言的每一個語詞中都能聽出的意義聯繫都同時進入到概念
> 語詞的潛在意義之中。而對於概念來說，不管怎樣使用共同語言的
> 表達，都無法達到這一點。但對於自然科學中的概念構成卻無關緊
> 要，因為在自然科學中經驗關係控制了一切概念的使用，並使其對
> 單義性的理想負有責任，從而純粹地制訂出陳述的邏輯內容。〔註8〕

又說：「進行哲學思維的人越是勇敢地超前思考，這種語言困境就越發明顯。」為什麼呢？因為為了對某個概念做出「定義」，哲學家想盡辦法使這個概念周全，結果反而愈是漏洞百出。這是自然科學與哲學的不同之處，人文學科不可能捨棄日常生活語言而構造一套邏輯語言，其根本的原因在於哲學與人生、歷史之不可分離。一如我們企圖為「道」尋求一個定義式的說明，或是將「道」以「理」或「無」釋之，則「道」便失其原初活潑的本性。故「道可道，非常道」即意為若將「道」以一可說明之對象，則「道」便不再是「道」

〔註8〕高達美：〈第三版後記〉，《真理與方法》第二卷，頁512。

了。是故與其將《老子》文本視之爲形而上或詩化的語言，毋寧反溯其本在日常話語下的構成，而做爲一個哲學文本，不過是其在歷史意識中不斷地與其自身對話的累積。高達美說：

> 形而上學的語言總是也永遠是一種對話，即使這種對話已經經歷了
> 數百年數千年之久的歷史距離。正是出於這種理由，所以哲學文本
> 並不是眞正的文本或作品，而是進行了諸多時代的一場談話的記
> 錄。〔註9〕

就是爲什麼高達美始終強調對話的重要性，並在交談中展開克服封閉的可能性並從對話辯證中揭示眞理。所以哲學詮釋學並非是一套固定的詮釋原則，並依此原則來達到作品的解讀；因爲規則的出現便是對結果方向的限制，亦即預設了一定的理解方向。遊戲儘管有一定的規則，但此規則並非一成不變，更重要的是透過參與遊戲的遊戲者互相商定。每場遊戲的結果都不相同，遊戲的過程更不一樣，所以高達美用遊戲概念來說明只有參與到遊戲的過程中，眞理才能揭示，畢竟遊戲規則並非遊戲本身；而對話亦是在「問—答」的進行中才能往通達眞理之路前進，故對話在文本與解釋者中進行，也在解釋者與後解釋者中進行。本文對於《老子》詮釋傳統的詮釋，亦是在對話進行中的過程，這個對話至此並非完結，只是暫告一個段落。至於老子思想有無在其中顯示其自身，這又得和閱讀本文的讀者進行對話，而非論者的獨白所能呈現。

三、

　　於是我們透過對韓非與王弼詮釋老子的方法，指出兩人將老子的「道」概念化、形上學化的傾向。並非將韓非與王弼視爲對老子的「曲解」，只是希望從「『道』是什麼」這個問題的追問，來展示《老子》成書後在後世的解讀與對話中所呈現出的面貌。特別是王弼用「崇本息末」來解讀《老子》，將「道」視爲「無」、「無形」、「無名」的做法，使「道」離開有無相生的「本—末」構成境域，而成爲「取乎萬物之所由」的一個普遍化的形而上的「道體」，顯然與老子有別。但也在這個解釋的過程中將老子帶向一個新的解釋方向，這裡並沒有任何好壞的價值判斷，反而可以顯示在一個歷史文化的架構下之老子詮釋。此外，王弼的老子詮釋因而將「道」帶入儒家哲學，在某種意義上

〔註9〕　見高達美：〈現象學與辯證法之間——一個自我批判的嘗試〉，《眞理與方法》
　　　　第二卷，頁16。

被視爲是加強了儒家在形上學層面的不足，使得漢儒通過《易》爲儒家所建立的宇宙論體系在魏晉時期補足了有關本體論的形上學理論。然而對先秦儒家而言，不論是周人「維天之命，於穆不已。」（《詩・周頌・維天之命》）或孔子「巍巍乎，唯天爲大，唯堯則之。」（《論語・泰伯》）對於「天」的「敬畏」既沒有轉化成人格神的崇拜，也沒有捨棄天命而自行；反而是在「天命」的實踐中達到「人文化成」，牟宗三先生稱「天道」爲既超越（transcendent）又內在（immanent），此即在先秦時，儒家思想中一個「天—人」的純構成境域。在此境域中，孔子云「仁」可一以貫之，何以貫之？即不斷實踐的忠恕之道。於是《論語》中所記載的孔子語錄，便是聖人透過對話所呈現出的智慧，在其中並無長篇大論的哲學論證推演，但卻是最眞實的生活實踐點化，儒家的道德仁心在其中顯現。所以先秦儒、道在此天道人生的構成境域中或有相通之處，也許從這個角度才能談中國古代思想，而非魏晉時期在分別形而上與形而下之後再於「聖人體無」上尋求儒道會通。但反過來看，這未嘗不是老子思想的一個新的詮釋方向，在某種意義上也可視爲老子思想的開展。

只不過，這種進入「形上／形下」、「本體／現象」的二元對立是否就成了後世討論老子思想的核心概念，或就此成了中國思想的主流呢？恐怕未必。對「現象」與「物自身」的反思在中國一向不成爲討論的焦點，這從中國文化始終企求一種精神上的「天人合一」便可以得知，對於人倫價值的成立遠比探索事物之所以存在來的重要，二元對立的衝突在中國文化上從來就不是個問題。只有在現實政治環境與理想抱負不能調和時，才會感受到存在與存在者的差異，但是這個反省仍是落在人生價值上來談，韓非與王弼對老子的詮釋在根本上也還是以人生實踐爲目的。只不過我們得重新深入探討「實踐」的意義，「實踐」在老子絕非一個行爲主體按照某些既定的規則去行事，即並不是將「道」視爲一個行爲的規範或準則，人們或天地萬物是依這個準則來運行的。故「無爲」若成爲一個「準則」，則「無不爲」自然便沾染上權謀的色彩。也因此當韓非將「道」解爲「理」，並以爲其崇法尙術的依循準則時，我們便得小心地使用「實踐」一詞，尤其得注意在不同時代的歷史脈絡下所呈現的不同意涵，才不致混爲一談。

是故本文雖然從韓非與王弼的老子注和西方哲學詮釋學與解構理論等交叉對話，尋思在各個機緣相互影響牽動下所構成的「道」的場域。而人正是這個場域中的一個機緣成因，故人不離道，道不遠人。因此當我們歷經了傳

統詮釋方法將「道」外推爲一神聖化或不可言的境界之後，應該重新返回或體認「道」的這個「緣構」境域；重新體認「道」，不是向外力求達到的一個境界，而是發現我們就身處「道」中，是在生活世界的當下呈現。於是從這個方向出發，老子哲學的未來還有極大的發展潛能，這個發展不在形上學、本體論或知識論，而在人生哲學。尤其是在面對後現代的不確定、多元性與社會關係的快速發展的不穩定性，傳統價值觀與道德秩序迭受挑戰顛覆，人的存在似乎也面臨一個徬徨無助的歧路口。老子哲學對於人生種種生活問題，乃至生死觀、人生的意義等問題，正可建立「道」的意義治療學，〔註10〕特別是在一個「無—有」構成的境域中，「禍兮福之所倚，福兮禍之所伏。」深刻地指出人生中的種種因緣相繫及禍福無常，更重要的是「正復爲奇，善復爲妖。人之迷，其日固久。」（《老子》五十八章）我們不能爲此所惑而落入虛無享樂主義，唯有透視事物的表層，才不會迷失在茫茫多元的世界中。故由老子而至莊子的無待逍遙，進而建構出道家追求心靈超越的意義治療學，將是老子哲學未來發展的一個重要向度。

四、

老子思想走過二千多年而歷久彌堅，不但沒有被歷史洪流淹沒，更擴及到後世宗教、文學、藝術、醫學等諸領域，並與儒家形成中國思想中一顯一

〔註10〕傅偉勳先生曾視儒、釋、道三教與存在主義心理學（第三維也納心理治療學派）有重要的會通價值，並可由此建立中國思想獨特的意義治療學。（見傅偉勳：《批判的繼承與創造的發展》，台北：東大圖書，1986 年）而林安梧教授將傅先生的構想繼續發展成道家之「存有治療」，有別於「意義治療」經由意識及主體的認知所構成，「存有的治療」則是回到一種主客交融，無分別的狀態。且此狀態並非一對象化的存有，而是「我—你」所構成活生生的實存而有。而這一構成不僅在道家，在儒家與佛教可開發爲一個「後新儒學」的可能向度。這是林教授近年著力之處，亦是一值得開發討論的領域。（可參考林安梧：《中國宗教與意義治療》，台北：明文書局，1996 年；〈「存有三態論」與「存有的治療」之建構 —— 道家思維的一個新向度〉，《鵝湖月刊》，26:6=306，2000 年 12 月，頁 28～39）而袁保新先生亦有相同的看法。（見〈秩序與創新 —— 從文化治療學的角度省思道家哲學的現代義涵〉，《鵝湖》，27:2=314，2001 年 8 月）拙文〈關於林安梧教授「後新儒家哲學的思維向度」幾點疑問〉也曾提及「生活世界」的重要性，特別是「對於現代社會在科技通訊籠罩下的人類已逐漸異化成『他者』而迷失了自我的情形，重新從中國哲學中發現一個現代精神治療學的可能，將是極大的貢獻。」（是文見《鵝湖》25:11=299，2000 年 5 月，頁 47～55）

隱的兩大支柱，甚至在中國以外也引起廣大的討論與迴響。顯然老子思想具有超越時空的普遍性，不過此普遍性並非可將老子思想化約為一句句格言式的教條或道理，相反的，「萬物莫不尊『道』而貴『德』」是因為其「生而不有，為而不恃，長而不宰。」這才是「道」之「不言之教」。如果想為「道」下定義或以之為對象描述之，反而離「道」愈遠。我們不同意將老子的「道」僅視為一個宇宙生成的本原、第一因或萬物運行的原理，但不表示「道」並不存在被如此理解的空間。事實上，《老子》一書充滿了玄妙之思，在許多章句的解讀上亦有著模稜兩可的不可確定性，而這個不可確定性不但是引起爭議的焦點，亦是詮釋對話的空間。

　　誠然，像老子受到如此歡迎而歷久不衰，不僅因其簡潔、詩意的文句或具有多麼深刻的思想深度，最重要的是其高度適應性和開展性。他沒有任何強硬的論斷及清晰的論說，而是藉由「正言若反」的描述方式，再加上用了許多象徵比喻來傳達其「道」；於是後人得以用各種方式閱讀和詮釋，每個哲學家彷彿從母體中汲取養份，又不斷地創造出新生的母體。而不停地注疏、詮釋、塗抹或拼貼，恰是世人「為學日益」之舉，老子似乎早已預見於此。至於本文，也只能算是這無止境閱讀討論的一個中繼吧！

參考書目

依作者筆劃排列

一、中國古典文獻資料（原典、集解、注釋）

1. 王先慎，《韓非子集解》，台北：臺灣商務印書館，1969 年。
2. 王弼，《王弼集校釋》，樓宇烈校釋，北京：中華書局，1980 年。
3. 王淮，《老子探義》，台北：臺灣商務印書館，1990 年九版。
4. 朱守亮，《韓非子釋評》（一～四），台北：五南圖書出版有限公司，1992 年。
5. 朱熹，《四書章句集注》，台北：大安出版社，1984 年。
6. 范應元，《老子道德經古本集注》，無求備齋老子集成初編，台北：藝文印書館，1965 年。
7. 高亨，《老子正詁》，北京：中華書局，1996 年。
8. 高明，《帛書老子校注》，北京：中華書局，1996 年。
9. 陳啓天，《增訂韓非子校釋》，台北：臺灣商務印書館，1969 年。
10. 陳鼓應，《老子今註今釋及評介》，台北：臺灣商務印書館，1974 年修訂版。
11. 薛蕙，《老子集解》，無求備齋老子集成初編，台北：藝文印書館，1965 年。

二、研究論著

（一）中　文

1. 丁原植，《郭店竹簡老子釋析與研究》，台北：萬卷樓，1998 年。

2. 王力，《中國語言學史》，台北：駱駝出版社，1987 年。

3. 王邦雄，《韓非子的哲學》，台北：東大圖書，1979 年。

4. 王邦雄，《老子的哲學》，台北：東大圖書，1980 年。

5. 方東美，《生生之德》，台北：黎明文化，1979 年。

6. 方東美，《原始儒家道家哲學》，台北：黎明文化，1983 年。

7. 牟宗三，《智的直覺與中國哲學》，台北：臺灣商務印書館，1971 年。

8. 牟宗三，《中國哲學的特質》，台北：臺灣學生書局，1974 年再版。

9. 牟宗三，《中國哲學十九講》，台北：臺灣學生書局，1983 年。

10. 牟宗三，《圓善論》，台北：臺灣學生書局，1985 年。

11. 牟宗三，《才性與玄理》，台北：臺灣學生書局，1993 年修訂八版。

12. 牟宗三，《現象與物自身》，台北：臺灣學生書局，1996 年。

13. 牟鐘鑒，《呂氏春秋與淮南子思想研究》，濟南：齊魯書社，1987 年。

14. 李明輝，《當代儒學之自我轉化》，台北：中央研究院文哲研究所，1994 年。

15. 余英時，《歷史與思想》，台北：聯經出版事業，1976 年。

16. 余英時，《中國思想傳統的現代詮釋》，台北：聯經出版事業，1987 年。

17. 杜保瑞，《基本哲學問題》，北京：華文出版社，2000 年。

18. 杜維明，《儒學第三期發展的前景問題》，台北：聯經出版事業，1989 年。

19. 吳汝鈞，《老莊哲學的現代析論》，台北：文津出版社，1998 年。

20. 尚杰，《德里達》，長沙：湖南教育出版社，1999 年。

21. 沈清松，《現代哲學論衡》，台北：黎明文化，1985 年。

22. 沈清松，《物理之後——形上學的發展》，台北：牛頓出版社，1987 年。

23. 林安梧，《王船山人性史哲學之研究》，台北：東大圖書，1987 年。

24. 林安梧，《中國宗教與意義治療》，台北：明文書局，1996 年。

25. 林安梧，《儒學革命論——後新儒家哲學的問題向度》，台北：臺灣學生書局，1998 年。

26. 林鎮國，《辯證的旅程》，台北：立緒出版社，2002 年。

27. 林麗真，《王弼》，台北：東大圖書，1988 年。

28. 胡適，《中國古代哲學史》，台北：臺灣商務印書館，1970 年。

29. 封思毅，《韓非子思想散論》，台北：臺灣商務印書館，1975 年。

30. 洪漢鼎，《語言學的轉向——當代分哲學的發展》，台北：遠流出版社，1992 年。

31. 洪漢鼎，《理解的真理：解讀伽達默爾〈真理與方法〉》，濟南：山東人民

出版社，2001 年。

32. 洪漢鼎，《詮釋學 —— 它的歷史和當代發展》，北京：人民出版社，2001
年。

33. 高宣揚，《解釋學簡論》，台北：遠流出版社，1988 年。

34. 高宣揚，《後現代論》，台北：五南圖書，1999 年。

35. 高柏園，《韓非哲學研究》，台北：文津出版社，1994 年。

36. 高晨陽，《儒道會通與正始玄學》，濟南：齊魯書社，2000 年。

37. 高齡芬，《王弼老學之研究》，台北：文津出版社，1992 年。

38. 徐復觀，《中國人性論史·先秦篇》，台北：臺灣商務印書館，1969 年。

39. 徐友漁、周國平、陳嘉映、尚杰著，《語言與哲學 —— 當代英美與傳統比
較研究》，北京：三聯書店，1996 年。

40. 唐君毅，《中國文化之精神價值》，台北：正中書局，1965 年。

41. 唐君毅，《中國哲學原論：原道篇》，台北：臺灣學生書局，1986 年。

42. 唐君毅，《中國哲學原論：導論篇》，台北：臺灣學生書局，1986 年。

43. 袁保新，《老子哲學之詮釋與重建》，台北：文津出版社，1991 年。

44. 范文瀾，《中國通史》，北京：人民出版社，1986 年。

45. 容肇祖，《韓非子考證》，中央研究院歷史語言研究所單刊乙種之三，1972
年台北重版。

46. 孫周興，《說不可說之神秘 —— 海德格爾後期思想研究》，上海：三聯書
店，1994 年。

47. 陸揚，《德里達·解構之維》，武漢：華中師範大學出版社，1996 年。

48. 陳來，《古代宗教與倫理 —— 儒家思想的根源》，北京：三聯書店，1996
年。

49. 陳榮華，《海德格哲學：思考與存有》，台北：輔仁大學出版社，1992 年。

50. 陳榮華，《葛達瑪詮釋學與中國哲學的詮釋》，台北：明文書局，1998 年。

51. 陳鼓應，《老莊新論》，上海：上海古籍出版社，1992 年。

52. 陳嘉映，《海德格爾哲學概論》，北京：三聯書店，1995 年。

53. 陳麗桂，《戰國時期的黃老思想》，台北：聯經出版事業，1991 年。

54. 勞思光，《新編中國哲學史》（一～四），台北：三民書局，1991 年增訂六
版。

55. 郭沫若，《十批判書》，北京：東方出版社，1996 年。

56. 郭梨華，《王弼之自然與名教》，台北：文津出版社，1995 年。

57. 馮友蘭，《中國哲學史》，台中：藍燈文化事業，1989 年。

58. 馮友蘭，《中國哲學史新編》（一～六），北京：人民出版社，1984 年。

59. 項退結，《中國哲學之路》，台北：東大圖書，1991 年。

60. 項退結，《海德格》，台北：東大圖書，2001 年二版。

61. 章炳麟，《國故論衡》，台北：廣文書局，1967 年。

62. 梁啓超，《要籍解題及其讀法》，台北：華正書局，1974 年台一版。

63. 梁啓雄，《韓子淺釋》，台北：臺灣學生書局，1984 年。

64. 湯用彤，《魏晉玄學論稿》，台北：里仁書局，1995 年。

65. 趙海金，《韓非子研究》，台北：正中書局，1970 年。

66. 楊興順，《中國古代哲學家老子及其學說》，北京：科學出版社，1957 年。

67. 楊榮國，《中國古代思想史》，北京：人民出版社，1973 年。

68. 楊儒賓，《先秦道家「道」的觀念的發展》，台灣大學文史叢刊之七十七，
    1987 年。

69. 熊十力，《韓非子評論》，台北：臺灣學生書局，1978 年。

70. 熊十力，《讀經示要》，台北：明文書局，1987 年。

71. 熊十力，《十力語要》，台北：明文書局，1989 年。

72. 熊鐵基，《秦漢新道家略論稿》，上海：上海人民出版社，1984 年。

73. 張汝倫，《歷史與實踐》，上海：上海人民出版社，1995 年。

74. 張汝倫，《思考與批判》，上海：華東師範大學出版社，1999 年。

75. 張祥龍，《海德格爾思想與中國天道》，北京：三聯書店，1996 年。

76. 張祥龍，《海德格爾傳》，石家莊：河北人民出版社，1998 年。

77. 張祥龍，《從現象學到孔夫子》，北京：商務印書館，2001 年。

78. 傅偉勳，《從西方哲學到禪佛教》，台北：東大圖書，1986 年。

79. 傅偉勳，《批判的繼承與創造的發展》，台北：東大圖書，1986 年。

80. 蔡英文。《韓非的法治思想及其歷史意義》，台北：文史哲出版社，1986
    年。

81. 潘德榮，《詮釋學導論》，台北：五南圖書，1999 年。

82. 蔣伯潛，《諸子通考》，台北：正中書局，1961 年台再版。

83. 劉笑敢，《老子》，台北：東大圖書，1997 年。

84. 劉宓慶，《翻譯與語言哲學》，台北：書林出版公司，2000 年。

85. 劉福增，《老子哲學新論》，台北：東大圖書，1999 年。

86. 劉述先，《生命情調的抉擇》，台北：臺灣學生書局，1992 年。

87. 蕭公權，《中國政治思想史》（上、下），台北：聯經出版事業，1982 年。

88. 錢穆，《中國思想史》，台北：臺灣學生書局，1980 年再版。

89. 錢穆，《莊老通辨》，台北：東大圖書，1991 年。

90. 嚴平。《高達美》，台北：東大圖書，1997 年。

91. 嚴靈峰，《老莊研究》，台北：臺灣中華書局，1966 年。

92. 嚴靈峰，《馬王堆帛書老子試探》，台北：河洛圖書，1976 年。

93. 濮之珍，《中國語言學史》，上海：上海古籍出版社，1987 年。

（二）外文中譯

1. 卡西勒（Ernst Cassirer），《人論》，甘陽譯，上海：上海譯文出版社，1985
年。

2. 卡西勒（Ernst Cassirer），《國家的神話》，范進等譯，北京：華夏出版社，
1999 年。。

3. 呂格爾（Paul Ricoeur），《解釋學與人文科學》，陶遠華等譯，石家莊‧河
北人民出版社，1987 年。

4. 呂格爾（Paul Ricoeur），《詮釋的衝突》，林宏濤譯，台北：桂冠圖書，1995
年。

5. 帕瑪（Richard E. Palmer），《詮釋學》，嚴平譯，台北：桂冠圖書，1992
年。

6. 高達美（Hans-Georg Gadamer），《科學時代的理性》，薛華等譯，北京：
國際文化出版公司，1988 年。

7. 高達美（Hans-Georg Gadamer），《真理與方法──哲學詮釋學的基本特徵》
第一卷，洪漢鼎譯，台北：時報文化，1993 年。

8. 高達美（Hans-Georg Gadamer），《哲學解釋學》，夏鎮平、宋建平譯，上
海：上海譯文出版社，1994 年。

9. 高達美（Hans-Georg Gadamer），《真理與方法──補充和索引》第二卷，
洪漢鼎、夏鎮平譯，台北：時報文化，1995 年。

10. 海德格（Martin Heidegger），《詩‧語言‧思》，彭富春譯、戴暉校，北京：
文化藝術出版社，1991 年。

11. 海德格（Martin Heidegger），《存在與時間》，王慶節、陳嘉映譯，台北：
久大、桂冠圖書，1993 年二版。

12. 海德格（Martin Heidegger），《走向語言之途》，孫周興譯，台北：時報文
化，1993 年。

13. 海德格（Martin Heidegger），《林中路》，孫周興譯，台北：時報文化，1994
年。

14. 海德格（Martin Heidegger），《形而上學導論》，熊偉、王慶節譯，北京：
商務印書館，1996 年。

15. 海德格（Martin Heidegger），《路標》，孫周興譯，台北：時報文化，1998年。

16. 索緒爾（Ferdinand de Saussure），《普通語言學教程》，高名凱譯，北京：商務印書館，1980年。

17. 喬納森・卡勒（Jonathan Culler），《論解構》，陸揚譯，北京：中國社會科學出版社，1998年。

18. 德希達（Jacques Derrida），《立場》，楊恆達、劉北成譯，台北：桂冠圖書，1998年。

19. 德希達（Jacques Derrida），《言語與現象》，劉北成等譯，台北：桂冠圖書，1998年。

20. 德希達（Jacques Derrida），《論文字學》，汪堂家譯，上海：上海譯文出版社，1999年。

21. 德希達（Jacques Derrida），《書寫與差異》，張寧譯，北京：三聯書店，2001年。

22. 赫施（E. D. Hirsch），《解釋的有效性》，王才勇譯，北京：三聯書店，1991年。

23. 邁可・潘恩（Michael Payne），《閱讀理論》，李奭學譯，台北：書林出版公司，1996年。

（三）英 文

1. 論 著

1. Chad Hansen

A Daoist Theory of Chinese Thought—A Philosophical Interpretation, New York, Oxford University Press, 1992

2. Ernst Behler

Confrontation: Derrida/Heidegger /Nietzshe , translated, with an afterword, by Steven Taubeneck, Stanford, Calif.: Stanford University Press, 1991

3. Hans-Georg Gadamer

Philosophical Apprenticeships, translated by Robert R. Sullivan, Cambridge Mass. MIT Press, 1985

Truth and method, 2nd rev. ed. translation revised by Joel Weinsheimer and Donald G. Marshall, New York :Crossroad, 1989

4. Jacques Derrida

"Des Tours de Babel", trans. Joseph F. Graham, in J. F. Graham, ed., *Difference in Translation.* Ithaca: Cornell Univ. Press, 1985

Writing and Difference, trans. Alan Bass, Chicago: University of Chicago Press, 1978

2. 論文集

1. *Dialogue and Deconstruction：The Gadamer-Derrida Encounter*, Diane P. Michelfelder & Richard E. Palmer (eds.), Albany：State University of New York Press, 1989.

2. *Heidegger and Asian Thought*, edited by Graham Parkes, University of Hawaii Press, 1987.

3. *Interpretation and Overinterpretation,* Embero Eco with Richard Rorty, Jonathan Culler and Christine Brooke-Rose, ed. Stefan Collini, Camgridge: Cambridge University Press, 1992.

4. *The Hermeneutic Tradition：from Ast to Ricoeur,* edited by Gayle L. Ormiston and Alan D. Schrift, Albany：State University of New York Press, 1990.

三、論　文（碩博士論文、單篇論文、論文集）

（一）碩博士論文

1. 伍至學，《老子語言哲學研究》，國立臺灣大學哲學研究所博士論文，1995年。

2. 李宗定，《先秦儒家政治理論研究》，國立成功大學中文所碩士論文，1998年。

3. 賴錫三，《道家式存有論的詮釋與其超形上學的証悟》，國立中央大學哲學研究所碩士論文，1995年。

（二）單篇論文

1. 王煜，〈韓非子之發揚、修改諸前驅及曲解老子〉，《新亞書院學術年刊》第十七期，1975年9月。

2. 王曉波，〈《解老》、《喻老》──韓非對老子哲學的詮釋和改造〉，《文史哲學報》，國立台灣大學，1999年12月。

3. 王靜芝，〈韓非釋老兩篇繹探〉，《輔仁大學人文學報》，第六期，1977年6月。

4. 王葆玹，〈"黃老易"和"莊老易"──道家經典的系統性及其流變〉，《道家文化研究》第十二輯，北京：三聯書店，1998年。

5. 王博，〈老子哲學中"道"和"有"、"無"的關係試探〉，《哲學研究》，1991年第8期。

6. 石朝穎，〈意象的困惑：羅蘭·巴特〉，《哲學雜誌》第十五期，1996年1月。

7. 何俊，〈中國哲學傳統中的反智論傾向〉，《哲學與文化》，25:5=288，1998年5月。

8. 沈清松，〈老子的形上思想〉，《哲學與文化》，15:12=175，1988 年 12 月。

9. 沈清松，〈老子的批判哲學〉，《東吳哲學傳習錄》，第一期，1992 年 3 月。

10. 沈清松，〈老子的知識論〉，《哲學與文化》，20:1=224，1993 年 1 月。

11. 沈清松，〈郭店竹簡「老子」的道論與宇宙論——相關文本的解讀與比較〉，《哲學與文化》，26:4=299，1999 年 4 月。

12. 林安梧，〈中國政治傳統中主智、超智與反智的糾結——環繞先秦儒道兩家政治思想的試探與考察〉，《鵝潮》，5:3，1979 年 9 月。

13. 林安梧，〈「絕地天之通」與「巴別塔」——中西宗教的一個對比切入點之展開〉，《鵝湖學誌》第四期，1990 年 6 月。

14. 林安梧，〈「存有三態論」與「存有的治療」之建構——道家思維的一個新向度〉，《鵝湖》，26:6=306，2000 年 12 月。

15. 林聰舜，〈王弼思想的一個面向：玄學式的體制合理化論述〉，《清華學報》新二十八卷第一期，1998 年 3 月。

16. 林鎮國，〈重訪人文主義——從沙特、海德格、德希達到牟宗三〉，《國立政治大學哲學學報》第五期，1999 年 1 月。

17. 洪漢鼎，〈加達默爾與後期海德格爾〉，《德國哲學論叢 1996-1997》，中國人民大學出版社，1998 年 2 月。

18. 洪漢鼎，〈從詮釋學看中國傳統哲學「理一而分殊」命題的意義變遷〉，《中國文哲研究通訊》，9:3=35，1999 年 9 月。

19. 袁保新，〈再論老子之道的義理定位——兼答劉笑敢教授《關於老子之道的新解釋與新詮釋》〉，《中國文哲研究通訊》，7:2，1997 年 6 月。

20. 袁保新，〈秩序與創新——從文化治療學的角度省思道家哲學的現代義涵〉，《鵝湖》，27:2=314，2001 年 8 月。

21. 孫周興，〈老子對海德格的特殊影響〉，《哲學與文化》，20:12，1993 年 12 月。

22. 莊耀郎，〈王弼儒道會通理論的省察〉，《國文學報》，23，83 年 6 月。

23. 康韻梅，〈從《經法》等佚書四篇與《韓非子》思想的關係論韓非之學本於黃老之說〉，《中國文學研究》，台灣大學中國文學研究所，第六期，81 年 5 月。

24. 陳鼓應，〈先秦道家易學發微〉，《道家文化研究》第十二輯，北京：三聯書店，1998 年。

25. 陳榮華，〈海德格的「存有」與中國哲學的道概念〉，《文史哲學報》第三十六期，1988 年 12 月。

26. 陳榮華，〈詮釋學循環：史萊瑪赫、海德格和高達美〉，《台灣大學哲學論評》，23，2000 年 1 月。

27. 陳榮華，〈高達美：語言的統一能力〉，《國立政治大學哲學學報》，第六期，2000 年 1 月。

28. 陳榮華，〈海德格與高達美論語言：獨白與對話〉，《臺大哲學論評》第二十四期，2001 年 1 月。

29. 陳嘉映，〈從海德格哲學談譯名的一致〉，《哲學雜誌》，第二十一期，1997年 8 月。

30. 陳嘉映，〈海德格爾語言思考的幾個疑點〉，《德國哲學論叢 1998》，中國人民大學出版社，1999 年 2 月。

31. 張天昱，〈從"思"之大道到"無"之境界——海德格與老子〉，《道家文化研究》第四輯，1994 年 3 月。

32. 張鼎國，〈『書寫誌異』與『詮釋求通』：追究一場南轅北轍的哲學對話〉，《東吳哲學學報》，第三期，1998 年 4 月。

33. 張鼎國，〈文化傳承與社會批判——回顧 Apel, Habermas, Gadamer, Ricoeur 間的詮釋學論爭〉，《國立政治大學哲學學報》，5，1999 年 1 月。

34. 張鼎國，〈「較好地」還是「不同地」理解？——從詮釋學論爭看經典註疏中的詮釋定位與取向的問題〉，《中國文哲研究通訊》，9:3，1999 年 9 月。

35. 張鼎國，〈詮釋學論爭在爭什麼：理解對話或爭議析辯〉，《哲學雜誌》第三十四期，2001 年 1 月。

36. 張隆溪，〈經典在闡釋學上的意義〉，《中國文哲研究通訊》，9:3，1999 年 9 月。

37. 項退結，〈評《哲學與宗教》（傅偉勳著）二集：從西方哲學到禪佛教（一集）、批判的繼承與創造的發展（二集）〉，《哲學與文化》，14:11=162，1987年 11 月。

38. 廖炳惠，〈從巴別塔談建築性的思索——巴別塔與語言混淆〉，《當代》，第四十三期，1989 年 11 月。

39. 劉笑敢，〈關於老子之道的新解釋與新詮釋〉一文，《中國文哲研究通訊》，7:2，1997 年 6 月。

40. 蔡振豐，〈道家「道」的言說可能——試論王弼《老子注》中名、稱的區分及使用〉，《中國文學研究》，第五期，1991 年 5 月。

41. 鄭良樹，〈韓非子解老篇及喻老篇初探〉，《漢學研究》，6:2，1988 年 12 月。

（三）論文集

1. 《翻譯論集》，劉靖之主編，台北：書林出版公司，1989 年。

2. 《告別諸神：從思想解放到文化反思 1979～1989》，林道群、吳讚梅編，香港：牛津大學出版社，1993 年。

3. 《現象學與海德格》，熊偉編，台北：遠流出版社，1994 年。

4. 《詮釋與創造：傳統中華文化及其未來發展》，沈清松主編，台北：聯合報系文化基金會出版，1995 年。

5. 《因難見巧——名家翻譯經驗談》，金聖華、黃國彬主編，台北：書林出版公司，1996 年。

6. 《翻譯再思——可譯與不可譯之間》，范文美編，台北：書林出版公司，2000 年。

7. 《語言與翻譯的政治》，許寶強、袁偉選編，北京：中央編譯出版社，2001 年。

8. 《理理與解釋——詮釋學經典文選》，洪漢鼎主編，北京：東方出版社，2001 年。

9. 《跨世紀的中國哲學》，沈清松主編，台北：五南圖書，2001 年。

四、叢書（目錄）

1. 《中外老子著述目錄》，嚴靈峰編，中華叢書委員會，1957 年。

2. 《無求備齋老子集成初編》，嚴靈峰編，臺北藝文印書館，1965 年。

3. 《老列莊三子知見書目》，嚴靈峰編，中華叢書委員會，1965 年。

4. 《無求備齋老子集成續編》，嚴靈峰編，臺北藝文印書館，1970 年。

5. 《老列莊三子集成補編》，嚴靈峰編，成文出版社，1982 年。

6. 《道德經名注選輯》（一～八），中國子學名著集成編印基金會。

附錄一　高達美與德希達的遭遇

　　本文略述 1981 年 4 月，高達美與德希達在一場會議的論爭，可作爲理解兩人思想的一個切入點。

　　1981 年 4 月，巴黎哥德研究院上演了一場重要的世紀之爭，在「文本與解釋」學術研討會上，解釋學與解構理論擺開擂台，高達美與德希達正式「王見王」。由於學術圈中有個不成文的禁忌，即仍在世的哲學大家儘量避免進行嚴格意義上面對面的交鋒，而這兩位不但具有高知名度而且所引領的思想隱然有相抗衡之勢的哲學家，能在彼此成名已久後正式接觸，便被視爲是歐陸學術界的一件大事。

　　事件起因爲 1981 年 4 月 25 日，高達美應邀至法國的巴黎哥德學院（Goethe Institute Paris）做一場公開演講，題目爲〈文本與詮釋〉（Text und Interpretation, Text and Interpretation），高氏極力闡釋：文本是以詮釋來展示自身的存在。每一個文本不僅僅是被動的被詮釋，而是主動的在詮釋中顯現其意義，即詮釋根本就是文本的存有方式。文本並非與詮釋者無關，相反的，文本與詮釋者是處於平等交談的地位，而非任由詮釋者加以使用解釋。故「一個提出諸多推論的詮釋者消失時，文本自身在說話著。」〔註 1〕唯有肯定文本自身的意義，詮釋活動才能進行。此外，在演講中高氏也回顧了詮釋學的歷史與海德格的貢獻，並對德希達論述海德格與傳統形上學的關係，以及海氏與尼采的關係等問題提出質疑，並直指德希達的解構理論忽視了文本自身的意義。演講結

〔註 1〕 H. G. Gadamer：〈Text and Interpretation〉, *Dialogue and Deconstruction：The Gadamer-Derrida Encounter*, Albany：State University of New York Press, 1989, 頁 51

束後，在巴黎 Sorbonne 大學德文系教授 Philippe Forget 的安排與主持下，德希達隨即於第二天發表了一篇極具攻擊力的評論，向高達美教授提出三個問題。質疑「良善意志」（good will）的預先設定仍如康德一樣地訴諸一個絕對善的形上學，只能存在倫理學的道德價值中，並不能成爲對話與詮釋的保證。原文以醒目的〈良善的權力意志〉（Bonnes Volontés de Puissance, Good Will to Power）爲標題，副標題爲〈對漢斯・格奧格・高達美的一個反響〉（Une Réponse á Hans-Georg Gadamer, A Response to Hans-Georg Gadamer）。〔註2〕姑且不論德希達對高達美的學說是否有「相應的理解」，〔註3〕但關於「良善意志」的預設卻是高達美整個學說最關鍵的一個環節，若高氏不能妥善的處理這個問題，則他所建構的哲學詮釋學大廈將面臨傾倒的危機。

當然，高達美也不是省油的燈，針對德希達的問題立刻當場回答。他一再強調不論是說話或書寫都是爲了被理解，連德希達也不例外。如果德希達不是藉由聽他的演講或讀過他的論著已理解其觀點，又怎能提出疑問呢？否則這些質疑都是不著邊際，也非問題所在。高達美更進一步地說：「德希達今天對我提出問題，就表示他一定認爲我會盡可能地去理解它們。」〔註4〕德希達對高達美提問，就是希望高氏能明白問題點爲何，不然他也不用發問了。也許在這個過程中會有「誤解」（misunderstand）發生，就好比高氏認爲德氏誤解了他所說的「良善意志」，但是高達美仍樂觀地認爲「我與德希達並沒有太大差距，就像我一再強調，沒有人能事先預知自己將會得到什麼。」〔註5〕所以只要持續不斷地進行對話，理解就有可能。而這一答辯的論辭，在 1984 年的德文論文集中，

〔註2〕 1984 年以這場巴黎會談爲主的德文論文集《文本與詮釋》中保留了主標題，而把副標題改爲〈對漢斯・格奧格・高達美的三個問題〉（Guter Wille zur Macht（Ⅰ）:Drei Fragen an Hans-Georg Gadamer），但主標題之後多加了個"Ⅰ"，表示第一回合。1989 年紐約州立大學所出版的英文論集，則直接以〈對漢斯・格奧格・高達美的三個問題〉（Three Questions to Hans-Georg Gadamer）爲標題。參見註一，頁 52，及張鼎國：〈『書寫誌異』與『詮釋求通』：追究一場南轅北轍的哲學對話〉，《東吳哲學學報》，第三期，1998 年 4 月。

〔註3〕 高達美認爲德希達並沒能充分理解他的學說，所以才有這些問題。但這卻也正反應了詮釋學一個基本的觀點：誤解是對話的起點。如果已經完全理解，便不存在質疑，而意義也將不會在答辯中持續顯現並擴散之。

〔註4〕 H. G. Gadamer：〈Reply to Jacques Derrida〉, *Dialogue and Deconstruction：The Gadamer-Derrida Encounter*, Albany：State University of New York Press, 1989, 頁 55

〔註5〕 同上，頁 57

主編者 Philippe Forget 順著高達美的語氣自行替這篇短文加上一個犀利的標題：〈而仍然是的：良善意願的力量〉（Und dennoh: Macht des Guten Willens,），利用字詞的移位，巧妙地凸顯出兩者間一來一往，唇槍舌劍的激烈論戰。〔註6〕

　　到了第三天，主客易位。輪到德希達發表演說，他的講題是：〈詮釋署名（尼采／海德格）〉（Die Unterschriften interpretieren（Nietzsche／Heidegger），Interpreting Signatures　（Nietzsche／Heidegger））。〔註7〕在這篇講稿中，德希達已無一語涉及高達美，表面上看來，好似德氏不再接續前天與高氏的論辯。事實上，他通過批評海德格的尼采詮釋，間接地否定了高達美對詮釋所抱持的樂觀態度。眾所周知，高達美極為推崇海德格，他曾說：「雖然這個星球上所有一切都不斷發生變化，但他（海德格）在這個風雲變幻世紀中的地位，卻超越了一切對他的爭議。」〔註8〕顯然地，儘管海德格在二次大戰時對納粹同情的立場引發他人對其人格的質疑，但卻無損於海氏在哲學上的地位。高達美師承海德格，他所建構的哲學詮釋學對「真理」的揭露及現象學方法的使用，都得力於海德格。所以對於海德格的理解與批評，都不可避免地直接或間接地涉及到高達美的詮釋理論。

　　讓我們回到德希達的演說。他藉由對海德格所著兩大冊《尼采》（Nietzsche）中第二、三章文本的解讀，提出二個問題：第一個問題是關於尼采「命名」（name）的問題；第二個則是討論「全體性」（ganzheit, totality）的概念。其實這兩個問題都指向海德格對尼采的詮釋，海氏企圖將尼采的「權力意志」（will to power）與「永恆輪迴」（eternal recurrence）兩個的概念並置，謂前者乃是一切存有者的「本質」（essence）；後者則是其「存在」（existence），

〔註6〕 "Macht" 在此不再指稱「權力」的伸張和展現，而是「力量」或「影響」的緣起；同時高氏在此意為「意願」而非「意志」。參見張鼎國：〈『書寫誌異』與『詮釋求通』：追究一場南轅北轍的哲學對話〉。而英文版的編者只取一簡單的標題：〈對雅克‧德希達的回覆〉（Reply to Jacques Derrida），簡明清楚，直接承其之前〈對漢斯‧格奧格‧高達美的三個問題〉（Three Questions to Hans-Georg Gadamer）一文的標題。與德文版著重論辯的內容而下的標題，兩者顯然有所區別。參見註一，頁 55。

〔註7〕 在德文版中，編者又加上了一個標題：〈良善的權力意志（第二回合）〉（Guter Wille Zur Macht（Ⅱ）），有意將三天來的討論連成一氣。而英文版中，標題則為〈Interpreting Signatures（Nietzsche／Heidegger）: Two Questions〉，多了「兩個問題」一詞，有意與之前的「三個問題」串連一起。

〔註8〕 Hans-Georg Gadamer, *Philosophical Apprenticeships*, translated by Robert R. Sullivan, Cambridge Mass. MIT Press, 頁 45。

兩者具有最爲內在的關聯，是重估一切價值的一體兩面。然後從中「發現」尼采的形上學結構，而將尼采定位爲最後一個形上學家。但是在德希達看來，這個結論卻反證海氏自己仍有濃厚的形上學性格。他認爲「尼采」這個「名字」已迷失，被形上學的統一性所保護，進而被封閉，一如在書寫的「延異」（différance）中進行創造遊戲。他在《論文字學》中說，再沒有比海氏的讀法更易使人產生誤解，以爲「尼采思想盡是毒素」，所以必須將「尼采從海德格式的閱讀中拯救出來」。〔註 9〕他以尼采的立場來對抗海氏，尼采教人思考「差異」，將「能指」（signifier）從語言邏各斯中心超越「能指」而解放出來。所以尼采寓意式的言說充滿了隱喻，是一種多聲道的遊戲，德氏謂：尼采的文章根本沒有隱藏什麼確定不變的學說，也沒有最終的眞理。風格成爲思想本身，沒有尼采，只有「尼采們」（Nietzsches）。〔註 10〕於是，海德格的尼采「權力意志」形上學系譜論，受到德希達的挑戰。

　　問題是：究竟「尼采」中有沒有一個眞理，尼采到底說了些什麼。查拉圖斯特拉（Zarathustra）是自己說，還是尼采說？亦或查拉圖斯特拉的「如是說」根本就是一個謊言，是對後來所有企圖詮釋尼采者的一個嘲弄？海德格、德希達，甚至是傅科（Foucault）、德勒茲（Deleuze）對尼采的解釋，哪一個不是預設了自己的框框，「尼采」只不過是一個藉以闡釋各自理論的名字。德希達對尼采的解釋仍來自於海德格，一如海德格對尼采的解釋方式正來自於尼采對傳統形上學的反叛。如果把尼采視爲摧毀傳統形上學的先驅，而不是將他當做最後一個形上學家，不也是海德格解釋學的繼承？〔註 11〕我們不難看出，當德希達企圖扭轉海氏對尼采所做的「錯誤」詮釋時，事實上他已預

〔註 9〕 Jacques Derrida, *Of Grammatology*, trans. Gayatri Chakravorty Spivak, Baltimoke: John Hopkins Univ. Press, 1976, 頁 19。雖說要「將尼采從海德格式的閱讀中拯救出來」，德希達卻又說：「我們不應該因此避免對尼采做海德格式的解讀，相反地，應完全進行這樣的解讀。」看似不可思議的矛盾，正是德希達從而繼續「閱讀」海德格，從其中進行解構的策略。可參考 Michael Payne：《閱讀理論》（Readying Theory）第三章〈文字科學論〉，李奭學譯，書林出版公司，1996 年 9 月。

〔註 10〕 Jacques Derrida, *Spurs: Nietzsche's Styles,* translated by Barbara Harlow. Chicago: University of Chicago Press, 1979.

〔註 11〕 關於德氏對海氏的批評，Ernst Behler 認爲德希達並沒有離開詮釋學「前理解」的概念，對於尼采的詮釋其實兩人都是「各舒己見」。參閱：Ernst Behler, *Confrontation: Derrida/Heidegger /Nietzshe,* translated, with an afterword, by Steven Taubeneck, Stanford, Calif.: Stanford University Press, 1991.

設對尼采有一「正確」的理解，或者說，根本就是德希達在自說自話。

　　這場會談似乎隨著會議結束而落幕，但兩人所爭執的問題卻未因此平息，反而引發歐美學術界廣泛的討論。高達美也針對這次論辯，不但增訂原來講稿，更不斷著述說明他與德希達對文本詮釋的不同態度和風格。或許正如他所說：「若有人（指德希達）讓我關心到解構並堅持著彼此的差異，他就會站在一場對話的開始，而非終點。」〔註12〕誠然，這場論爭肯定會持續下去，而我們的工作也不在於判定孰是孰非，事實上，也根本沒有對錯可言。如前所述，高達美和德希達的論爭環繞在西方從傳統的形上學到後現代走出形上學的主題，也就是兩人所關切的問題在於「黑格爾、尼采及海德格之後，哲學該如何進行下去」。〔註13〕特別是在通過海德格對形上學做了全盤幾近嚴苛的批判，形上學被「拆解」（Destruktion）之後，哲學詮釋會如高達美所言是積極肯定的「對話」，亦或像德希達從書寫差異進行著一場「解構」的遊戲？顯然地，這場論爭所涉及整個西方形上學的歷史並非本論文所能處理，當然也不是我們打算討論的。誠然，就如同本文開頭所說，當哲學詮釋學與解構理論在西方的影響愈來愈大並擴及東方時，觀察兩者之間的的差別與論爭，能提供我們的不僅僅是對兩者之間差異的理解，其意義更遠遠超出了爭論本身。〔註14〕於是當我們觀察高達美和德希達兩人對文本、語言與詮釋的不同主張時，這場論爭就已經不限於哲學形上學的範疇，而擴大為包含歷史、文學、藝術等人文學科的理解。對於東方學術研究而言，這些討論不僅是他山之石，更必須積極參與其中。

　　讓我們再次回顧這場論爭。高氏宣稱：語言（文本）能夠且希望被理解的，當人們進行溝通交流時，已存在著渴望理解的意願。解釋學便是盡力使文本意義有呈現的可能，緩和文本和讀者間的緊張關係，於是「對話」成為

〔註12〕H. G. Gadamer："Destruktion and Deconstruction", *Dialogue and Deconstruction：The Gadamer-Derrida Encounter*, Albany：State University of New York Press, 1989, 頁 113。

〔註13〕Manfred Frank："Limits of the Human Control of Language：Dialogue as the Place of Difference Between Neostructuralism and Hermeneutics", *Dialogue and Deconstruction：The Gadamer-Derrida Encounter*, Albany：State University of New York Press, 1989, 頁 113。

〔註14〕解釋學與解構理論的爭論及影響，可參考《語言與哲學──當代英美與傳統比較研究》，徐友漁、周國平、陳嘉映、尚杰著，北京：三聯書店，1996 年 4月。

理解的重要手段。至於德希達則反對這種看法，他認為根本不存在「相互理解」的可能，解釋學所表現的現象學意向性概念，仍只是一種傳統形上學的思維方式，解構理論則能實現思考方式的轉變。顯然，兩者之間的對話並沒有交集，在高達美看來，德希達一如尼采般以自我為中心，只同意自己的見解。可是在德希達眼中，這次的對話根本沒有發生，他並不在乎對話，也不將自己固定在一個「意向性」的立場，如此一來，對話並沒有意義。我們可以看到，兩人之間不僅僅是表面的各說各話，而是對「對話」及「文字」或「語言」的理解有著本質上的不同。事實上，也正因其無交集，才能更深入地探究文本意義呈現的可能性。因此，解構理論與詮釋學的針鋒相對，絕不是一場兩敗俱傷的論戰，而是推動哲學思辨向前進的力量。在二十年前，高達美與德希達兩人在會議中相遇，其間所流傳下來的精彩辯論過程，並不隨會議而結束，反而才正式開始且餘韻至今。

附錄二　中國注疏傳統的詮釋學反思
——以王弼《老子注》爲例

本文發表於《中國思想史國際學術研討會》，南京大學，2002 年 5 月 17
日～19 日，爲論文的一個延伸。

一、

我們如果環顧人類的文明，不難發現一個值得留意的現象，即各種不同
的文明幾乎都有重要的經典爲其內涵，表現在風俗習慣、社會經濟乃至文學
藝術各個層面。而這些被視爲經典的作品，幾無一例外的，都爲無數時期、
無數人所閱讀，甚至能跨出地域的藩籬，透過不同的文字在其他文化中傳遞，
進而影響其他的文化。這麼一個現象之所以引起我們的注意，在於這些經典
沒有任何一部在其初成時便已然確立其地位，必待後人不斷地閱讀詮釋，才
得以逐漸建立起「經典」的身份，而此經典的身份又讓更多的人來閱讀。這
種經典的「神聖化」過程，正可以讓我們從中探索對於文本解讀的諸多問題。
若暫且不談在此過程中所可能涉及的政治、宗教各種外在力量，文本自身意
義通過閱讀詮釋不斷地開顯的內在動力，便是一個文本能確立其經典地位的
重要關鍵。我們可以先給出一個假定，倘若文本自身並無詮釋的「空間」，則
不論有再強大的外力，都無法促成其神聖化的經典身份。若然，則在經典的
閱讀中所出現有關於詮釋方法的有效性、合理性，及文本意義的確定和如何
看待傳統解釋等各種問題，即是討論傳統注疏所需著意者。

在中國的學術史上，討論經典詮釋的問題一向是經學的範疇，且其中特

別關注於字詞的解釋。從先秦時「小學」的成立至漢代經今古文之爭所促成訓詁學的發展,「小學」一向被視爲是經學的附庸,這種解經的態度也反映出中國傳統將語言文字視爲工具的觀點。如此一來,雖然經典的解釋與語言學有密切的關係,但始終沒能脫離爲經學服務的地位,尤其是清代認爲聲音訓詁是經學的基礎,更使得語言學只是通向經學的踏板。此外,注疏既與訓詁不可分,則對於經典的解釋勢必也跟著有所局限,更遑論從唐代之後確立「疏不破注」的論點,使得注疏難以進行獨立的反思,也難怪宋學起而對傳統的注疏學有所批評並推翻之。當然,就整過中國傳統的注疏學而言,其內容龐雜,所涉及各種內外緣問題繁多,遠非一小篇文章所能盡論。是故本文並非對傳統注疏進行爬梳整理,而旨在提出一些問題,希望能藉由問題的提出引發進一步的關注與思考。

我們都曉得解釋的本意原是爲了讓被時空所懸隔的經典意義能穿透層層阻礙在「當代」重現,然而,這些注疏如同滾雪球般,愈滾愈大,環繞在經典四周,每一層的解釋又成了後代解釋的對象;這一次又一次的解釋,彷彿一層又一層的毛玻璃,似乎能從中透過而看到東西,卻又什麼都看不清楚。原本是爲了能更明白經典所做的注疏,結果反而形成愈解釋與原意愈是若即若離的一種弔詭。所有的解釋者都爲了將經典說清楚,彼此間也互相辯詰論難,無非是想證明何者最能了解作者原意,於是成篇累牘的注疏、考據便不斷增加堆疊。但是,何者爲眞?誰的解釋最符合經典原義?經典的意義爲何要透過這些解釋才能再現?或者,根本就沒有任何一個解釋能說明經典,汗牛充棟的解釋,只會造成文本理解的阻隔。但是沒有了這些解釋,又該如何理解文本的意義?而傳統的注疏對於經典的理解究竟扮演什麼角色?這些問題也同樣爲當代詮釋學所關注,雖然中國與歐洲在問題的內容、範疇及思考角度皆不同,但是對閱讀及詮釋行爲的思考,卻正好可以藉由彼此不同處而擦出火花,也能透過對這些問題的討論進一步反思中國注疏傳統的經典詮釋。

中國對經典的注解方式與西方思想傳承有所不同,西方哲學家很少以注釋經典的方式來建構自己的哲學體系,多以闡發或批判的方式來論述前人著作。而中國哲學家對於經典的研究則大多以隨文注解、「注不離經,疏不離注」的注疏方式來解說經文。雖然有些哲學家藉由注疏來闡發自己的思想,然而在形式上仍得依循經典本文,此與獨立論述畢竟有所不同。我們固然可以說歐洲哲學是希臘哲學的遺緒,然其與時俱進的動力卻是批判多於繼承;而中

國哲學從注解經文所形成的思想體系，卻是繼承的多，批判的少。當然，這樣的論述過於籠統，也沒有細緻地討論中西哲學詳細內容，中國歷代也不乏具有批判精神的作品，更何況漢代的經今古文之爭以及清代的漢宋學爭論，都反映出在中國歷史上不同的經典詮釋觀點。且中世紀歐洲時，釋經學所強調的訓釋方法不但與語言學交織在一起，語言的規則更被視爲理解《聖經》的工具。〔註 15〕傳統經學之訓詁，其目的是爲了使距今久遠的經典意義通過訓詁的方式重新呈現爲人所理解，在這個意義下的訓詁竟與西方傳統釋經學的觀點不謀而合。孔穎達在《詩經·周南·關雎》疏中云：「詁者古也。古今異言，通之使人知也。訓者道也，道物之貌以告人也……然則訓詁者，通古今之異辭，辨物之形貌則解釋之義盡於此。」孔氏所謂的「訓詁」著重於古今之異，而此異在於字詞意義上的解釋，尤其是關於名物、制度因時間所產生的隔閡。不過，此種解釋的目的，並非將經典視作一個整全的生命體，只是關注於經典中個別的字詞意義，這也是爲什麼小學一直是經學的附庸，或爲啓蒙教育之始。

　　於是，我們如果藉由清代的漢宋之爭，實可對二千多年的中國學術做一個較全面的總結。大體來說，漢學重訓詁考據，以重現經典「原本」意義爲其治經目的；而宋學則大抵追究經典之微言大義，重視闡釋者的發言及解釋權。前者或可用「我注六經」概括，而後者則可以「六經注我」而論。這樣的區分雖然過於簡略，也難以細緻地分辨出這兩種不同的解經方法在經典詮釋中的區別，且忽略了不同時期下的學術發展脈絡，但藉由兩者的對比，倒是可以看出清代對於之前學術的反省所企圖達到調和二者的目的。如紀昀在《四庫全書總目·經部總敘》中，論述自漢代之後的「學凡六變」，並總結云：

> 要其歸宿，則不過漢學、宋學兩家互爲勝負。夫漢學具有根柢，講學者以淺陋輕之，不足服漢儒也；宋學具有精微，讀書者以空疏薄之，亦不足服宋儒也。消融門戶之見，而各取所長，則私心祛而公理出，公理出而經義明矣。

紀昀所提漢宋學之缺失，也是清代學術界對漢宋學的一般看法。雖然乾嘉學派以漢學自居，然其與漢學亦自有不同。〔註 16〕也就是說，清代所爭之漢宋學的

〔註 15〕關於這個問題，可參考 B.斯特萬：〈解釋學的兩個來源〉，《哲學譯叢》，1990年第三期。
〔註 16〕周予同先生於〈漢學與宋學〉一文詳考漢、宋、清三代經學之分派，而得出

得失，已不純然是從解經的不同方法而論，其中尚包含有社會政治等歷史背景之影響，甚至還延續了經今古文之爭。只不過，不論清代在總結漢宋之爭時如何區分兩者之別，如何詳論兩者在經典解釋時所著重的角度有何不同；我們如果從漢宋學在注疏傳統下對於經典的解釋，仍不難看出兩者解經的目的都是為了掌握經文的意義。宋代雖特別突出對「義理」的重視而置於詞章、考據之上，與清儒以訓詁通經學的態度不同，然而宋儒亦未嘗輕忽文字訓詁，只是著力處不同。因此宋、清皆將訓詁視為一種客觀如實地解釋經典的方法，〔註17〕而此「客觀如實」的方法，便是從字詞的語音、形體及意義之考辨，達到對文本字詞的理解。所以若不論時代背景的影響，漢宋之爭其實皆可歸結至一個結論，即宋代雖重視義理，然其意為從考據理解經文，不可拘泥於字詞考據而應掌握經文之義；而漢儒或清儒雖重視訓詁考據，其意為通過訓詁之後才能明義理。兩者所重視者雖不同，然先後次序卻是一致。

　　不論是漢、宋、清學，雖然對於「義理」與「考據」之輕重有所區別，但其中都指向同一個觀點，即視語言學為理解經文的工具。在這種工具論的影響下，自然會對傳統注疏學構成一個難以跨越的障礙，即注疏是為了解釋經典的意義，然而無論作何解釋，注疏都不能超越經文或溢出經文之意，否則便不是好的注本。可是如此一來，注疏本身便只能「重述」經文之意，注疏只是理解經文的一個過程或手段，於是隱藏在注疏背後的注疏者之個人似乎被掩蓋了。但是我們又發現，中國的學術幾乎是建立在對先秦經典的注釋之上，即每一代皆不滿前人對經典的解釋，而自為之注。然而這層層疊疊的注釋又引發更多的批評與作注者。究竟經文與注疏該以何種關係存在？而傳統注疏學的解經方法能不能達到解經者欲解釋經文的目的，而是否有其限制？這是個大問題。由於群經注疏之學過於龐大，本文難以盡論，倒是我們可以從老子來一窺以儒家為正統的經學歷史。一則老子曾有「大道廢，有仁

　　「漢學」與「清學」似一而實二的結論。(是文見《周子同經學史論著選輯》，朱維錚編，上海：上海人民出版社，1996 年) 此外，徐復觀先生之〈清代漢學論衡〉中釐清漢代與清代學術不同之處，亦批評清學不能了解宋學，甚至亦不解漢學。考據固是乾嘉學派解經之法，然與漢學實有所別。(是文收於《兩漢思想史》卷三，台北：臺灣學生書局，1979 年) 而勞思光先生亦分別了「乾嘉之學」與「漢學」的不同，可參考其《中國哲學史新編》(三下)，台北：三民書局，1992 年增訂七版。

〔註17〕關於宋、清兩代對訓詁看法的差異及演變，可參考余英時：〈清代學術思想史重要觀念通釋〉，《中國思想傳統的現代詮釋》，台北：聯經，1987 年。

義」、「絕聖棄智」之語，因而遭後世儒家的批評，二則魏時王弼爲老子作注，除了一掃漢代繁瑣章句之學，體現其「執一統眾」的注釋原則，同時亦帶有會通儒道的目的。更重要的是明清許多學者批評宋代以釋、道解經，甚至上溯至王弼的注老，是故本文姑且以王弼《老子道德經注》爲例，從其對《老子》的詮釋中來探索有關於解釋的方法及相關問題。

二、

　　《老子》成書的年代距今已有二千多年，千百年來，《老子》的版本以及諸多的注、釋、解、疏等，多如牛毛。其中有名有姓、藏諸名山者，不下六百種之多。〔註 18〕對《老子》的論著如此之多，是因爲《老子》五千言所欲傳達的意思並不清楚，需要大量的「解讀」？還是老子想傳達的意思遠非五千言所能盡，故後世才不斷地闡釋？若然，老子爲何不多說一些，僅以五千言傳世？或者後設的說，老子距今已遠，其於函谷關成書五千言時，其意已盡，故《老子》文字屬於「文言」，後世想跨越時空所以需要改譯成「白話」才能讓當代人讀懂。這些問題，涉及到文本的詮釋，與西方詮釋學所討論的問題如出一轍，只不過中國的經典詮釋面臨龐大的注疏傳統，且中國哲學的思考方式、論點的表述乃至語言文字皆有別於西方，在問題的處理上自然得另起爐灶。

　　若從《老子》的語言來看，其書雖只有五千言，可是老子「正言若反」的用語，相較於其他諸子，可說是獨樹一幟的，特別是在先秦時期。或許是語言上的特殊性，歷來探討《老子》的學者，幾乎都陷落於老子的語言迷宮，眩惑於老子語言的飄忽、難以捉摸，於是費盡心力想詮解出其中的微言大義。然而，一開始便將《老子》視爲一意義豐富的哲學著作，會不會因此陷入《老子》的文字障，而迷失在「強爲之名」的文字遊戲中，無法自拔呢？

　　我們可以用《老子》書中第一章的「道」來說明。一翻開《老子》，首先讀到的是：「道可道，非常道；名可名，非常名。」〔註 19〕「道」到底是什麼

〔註 18〕據嚴靈峰：《無求備齋老子集成初編》景印一百四十種、《續編》一百九十八種及《老列莊三子集成補編》中老子二十二種，嚴靈峰先生所收即已三百六十種。而據其《老列莊三子知見書目》中搜羅遺佚，僅中國歷代著述已有六百餘種，若再加亡失者即達一千一百餘種。老子研究的數量之多，亦可見老子對後世的影響。

〔註 19〕本文所引老子原文據王弼《老子道德經注》。《老子》一書，錯簡、衍文、脫

東西？「道」字在《老子》中出現了數十次，或單獨使用，或與他字結合，在順通文義上便面臨極大的困擾，於是各家說法不一，古今學者不同。〔註20〕倒底誰說的對，那一個才是「道」的意義？我們可以王弼《老子道德經注》為例，他注這一章云：「可道之道，可名之名，指事造形，非其常也。故不可道，不可名也。」王弼並沒有正面解釋「道」的意義，只是重述了一次本文，唯一多出的句子：「指事造形」便值得我們注意。「指事」，語出許慎《說文解字・論六書》：「指事者，視而可識，察而見意。」許慎剖析漢字字形而提出「指事」一類，此類與「象形」相對，指「抽象」之事類。唯此類並沒有形上學的意涵，純是人類在面對世界萬物為指稱方便之故所造之字，如「上」、「下」為標明方位；「刃」指刀鋒之所在；「夕」為落日餘暉尚強，月兒未放光明之時。儘管這類指稱詞所指為非實體，仍是「可識」、「可察」、「可見」的。至於「造形」一詞，便是指具體之事物，《周易・繫辭上》：「在天成象，在地成形。」韓康伯注：「象況日月星辰，形況山川草木也。」許慎六書中「象形」一類，亦指明：「畫成其物，隨體詰詘。」故王弼云：「指事造形」，便泛指一切可識可見，有形象之事物。於是我們再回過頭來看王弼注文，「道」與「名」皆不可「說出」，能「說出」指稱者，便非「道」與「名」，而什麼是能「說出」的呢？便是「指事造形」，一切具體可見的事物。顯然地，王弼認為「道」不能具象化，「名」不能實際指稱事物，故其注二十五章云：「名以定形，混成無形，不可得而定，故曰不知其名也。」注三十二章云：「道，無

落及誤字很多，故歷代校詁者眾。隨著考古資料的不斷出土，對於《老子》書的文字校勘及意義有許多深遠的影響。1973年馬王堆漢墓中的帛書《老子》甲本與今本稍有出入，作：「道，可道也，非恆道也。名，可名也，非恆名也。」乙本則略有殘缺，為「道，可道也，……恆名也。」帛書本與今本文字雖略有差異，然其意並無不同。然帛書中其他章句論「道」之意涵與今本老子有很多值得討論之處，唯非本文主題，需另文再談。而1993年湖北荊門郭店楚簡的出土，對老子研究更有如引爆一顆炸彈，但其中所整理出的三組竹簡，並無今本第一章章句。漢帛書與楚竹簡的出土對於討論《老子》有極重要的關係，然對於《老子》章句原文爭論仍多，並非以帛書及竹簡出便成定論，故本文對於老子原文徵引，仍以王弼本為主。

〔註20〕 袁保新曾列舉重要注家及學者的說法，試圖通過對各家學者的反省，以「創造性的詮解」建立老子「道」的形上學。然觀其結論，仍以形上學的「道」下貫人生實踐，借實踐工夫來體證「道」的意涵為解讀線索；此點並不脫前賢之論，且似與儒家論「仁」沒有兩樣。值得進一步討論。（參見袁保新：《老子哲學之詮釋與重建》，台北：文津，1991年）

形不繫，常不可名。以無名爲常，故曰道常無名。」王弼將「名」分成「無名／有名」，以「無名」爲無形，「有名」爲定形，故「道」爲「無名」。這樣區分固然使得在理解「道」時有一定的方便性，但以「道」爲「無名」的解釋會不會同時也將「道」局限於一個不可言說的範圍？更何況「道」既然不可說，我們該如何了解「道」呢？若言語無法解釋「道」，則老子爲何著書五千言以傳「道」？若「道」超越語言，則《道德經》又該用何種方式傳「道」，即一個較低層次的名言怎麼能說明較高層次的「道」？

　　王弼似乎已想到了這個問題，於是在〈老子指略〉一文中欲爲「名稱」做進一步說明，他說：「名也者，定彼者也；稱也者，從謂者也。名生乎彼，稱出乎我。」〔註21〕他區分了「名號」及「稱謂」，謂前者是依萬物之形，屬於客觀之名；而人類爲了加以說明故有「稱謂」出現，此「稱謂」爲每個人的主觀解釋，因人而異。然而，王弼所謂的「名號」仍是出於人類主觀的定名，「名號」與事物的關連性並非絕對；「稱謂」也是一個「名」，如果「稱謂」僅是出於主觀的「涉求」，則此「稱謂」如何傳遞訊息？即老子如何能使他的著作傳達他的意思？王弼分「名」與「稱」的目的，是爲了說明老子「強爲之名，字之曰道」的用意，即「道」、「玄」皆是主觀的稱謂，與客觀的名號並不相同，稱「道」稱「玄」只爲了說明一個概念，並非要「定名」。但是如此一來，又回到剛才所提出的問題，既然「道」、「大」、「玄」等名稱皆爲老子所自行給予，那麼這些稱謂與老子想要表達的概念既非爲同一，則我們又如何從這些稱謂去了解老子呢？再看王弼於其後繼續說：

　　　　名號生乎形狀，稱謂出乎涉求。名號不虛生，稱謂不虛出。故名號
　　　　則大失其旨，稱謂則未盡其極。是以謂玄則『玄之又玄』，稱道則『域
　　　　中有四大』也。

王弼雖說「名」以定彼，「稱」從謂者，然「名號」與「稱謂」皆爲實指，故有其限制，所以仍不能以之爲說明「道」之「玄」，又得謂「玄之又玄」。然而，若將「道」定爲虛指，則「道」字亦喪失其意，況且如果一切的名稱都不能傳達老子所欲表述的「有物混成，先天地生」，則老子對於「道」的一切描述豈不落空？王弼將「道」導向一個無可捉摸、不可描述之境，表面上看來似乎頗契合於老子謂「道」之「夷」、「希」、「微」，然而我們細觀王弼將「崇

〔註21〕王弼：〈老子指略〉，《王弼集校釋》，樓宇烈校釋，北京：中華書局，1980 年。
　　　　本段所引王弼文皆同。

本息末」定爲老子思想之中心論旨時，實已使「道」驅離於現象界。尤其是「以無爲本」的提出，「無／有」與「本／末」區分出了一個「不可道」與「可道」兩重上下分隔不相屬的境界。「崇本息末」、「執一統眾」看似連接了這上下兩重境界，實則更加突顯這兩層境界中的界線分明。

因此當王弼認爲《老子》可以「崇本息末」一言以蔽之時，已預設了一個「執一統眾」的詮釋立場，甚至不僅僅是注解《老子》，連其注《論語》及《易經》都以這個原則來詮釋。當然，如果將「崇本息末」視爲王弼個人對於經典的詮釋方法，這個是一家之言；然王弼卻在這個方法的歸納下有一個更強的企圖心，即「會通孔老」。我們可以看到，王弼藉由「崇本息末」巧妙地將老子關連上孔子「正名」，〈老子指略〉云：

> 竭聖智以治巧偽，未若見質素以靜民欲；興仁義以敦薄俗，未若抱樸以全篤實；多巧利以興事用，未若寡私欲以息華競。……故見素樸以絕聖智，寡私欲以棄巧利，皆崇本以息末之謂也。

> 夫不能辯名，則不可與言理；不能定名，則不可與論實也。凡名生於形，未有形生於名者也。故有此名必有此形，有此形必有其分。仁不得謂之聖，聖不得謂之仁，則各有其實也。……校實定名，以觀絕聖，可無惑矣。……父子兄弟，懷情失直，孝不任誠，慈不任實，蓋顯名行之所招也。患俗薄而名興行，崇仁義愈致斯偽，況術之賤此者乎？故絕仁義以復孝慈，未渠弘也。

這裡援引王弼原文，可以讓我們看到他調和老子與孔子的用心。孔子針對當時禮壞樂崩，指出「人而不仁，如禮何？人而不仁，如樂何？」（《論語·八佾》）一心想要再現「仁」的眞精神，故強調「以仁爲本」，「仁」的優位性貫穿整部《論語》。而如何重現「仁」的精神？孔子認爲具體的實行便是「正名」。魯國大夫季孫氏僭越天子之禮，這種情形是絕對不可以容忍的，因爲會造成社會的混亂。於是孔子回答子路的問政，便說首要的工作即是「正名」。〔註22〕正何「名」？強調人人有自己的身份，有自己應盡的責任，以及該享受的權利，否則一國之君沒有國君的樣子，做臣子的忘了自己的身份，社會的紊亂便自此而

〔註22〕《論語·子路》載：「子路曰：『衛君待子而爲政，子將奚先？』子曰：『必也正名乎！』子路曰：『有是哉，子之迂也！奚其正？』子曰：『野哉由也！君子於其所不知，蓋闕如也。名不正，則言不順；言不順，則事不成；事不成，則禮樂不興；禮樂不興，則刑罰不中；刑罰不中，則民無所措手足。故君子名之必可言也，言之必可行也。君子於其言，無所苟而已矣。』」

始。「不在其位，不謀其政。」(《論語・泰伯》)一旦僭越了職位，勢必天下大
亂。因此孔子回答齊景公的問政說：「君君，臣臣，父父，子子。」(《論語・顏
淵》)「正名」的意義便在這裡顯現。而王弼雖批評「私欲」、「寡利」，但此寡私
欲、去巧利所回到的質樸之地卻是孔子「必也正名乎」之純仁無私之域。故王
弼所謂「校實定名，以觀絕聖」，便是落在這個層面來解釋老子的「絕聖棄智」；
即老子所否定的「聖智」、「仁義」也是孔子所批評僵化的禮樂，所以「絕仁義
以復孝慈，未渠弘也」。然而《老子》十九章：「絕聖棄智，民利百倍；絕仁棄
義，民復孝慈；絕巧棄利，盜賊無有。此三者爲文，不足，故令有所屬。見素
抱樸，少私寡欲。」三者謂聖智、仁義、巧利，儒家所言的「仁義」在老子眼
裡與「巧利」是等同的，老子對於一切人文主義的價值世界顯然持否定的立場，
〔註23〕對於名實的立場是否眞如王弼所言「夫不能辯名，則不可與言理；不能
定名，則不可與論實也」，是大有疑問的。那麼，王弼爲何要藉由「夫不能辯名，
則不可與言理；不能定名，則不可與論實也。」來論述「名／實」關係呢？其
目的不言可喻。

　　王弼的《老子道德經注》，在一定程度上闡揚了老子的學說，將老學帶到
了一個新的境界，後世多讚譽有加，如牟宗三先生謂其「對於道家所說的無、
自然，確有相應而透宗的理解」、「其注老，則相應而能盡其蘊」；〔註24〕陳鼓
應也說：「毫無疑問的，王弼的註是古註中第一流的作品。王弼的註很能掌握
老子『自然』的主旨。他扣緊了老子哲學上的幾個基本概念，並加以闡釋。」
〔註25〕不管王弼是否精準地抓住了老子思想，《老子道德經注》已成爲了解老
子的一個管道，卻是不爭的事實。然而，我們要問：王弼的注解眞能掌握老
子「原義」嗎？或者根本沒有所謂的「老子原義」存在？

三、

　　《老子》一書做爲一個探討老子語言的文本，就涉及對文本 (text) 的意
義該如何理解 (understanding) 與解釋 (interpretation) 的問題。當代西方從

〔註23〕關於本章的解釋可參看王淮：《老子探義》，台北：臺灣商務印書館，1990 年
　　　　九版，頁 81。唯王淮稱老子之自然主義在本質上是一種樸素的實在論，這一
　　　　點可再討論。
〔註24〕見牟宗三：《才性與玄理》，台灣：學生書局，1993 年修訂八版，頁 78～79。
〔註25〕見陳鼓應：《老子今註今釋及評介》，台北：臺灣商務印書館，1974 年 8 月修
　　　　訂版，頁 275。

神學釋經學（Hermeneutic）的傳統，發展出一門普遍的、非神學的詮釋學（Hermeneutics），對於這個問題有深入廣泛的思考。近代西方詮釋學發展出兩條不同主要潮流：一是從十八世紀的施萊爾馬赫（Schleiermacher）將古典詮釋學從對《聖經》注釋的桎梏中解放出，而擴大至對一切文本的理解或法則的「普遍詮釋學」，經狄爾泰（Dilthey）創立了以「體驗」爲核心的詮釋學方法論；二是其後海德格（Heidegger）的本體論變革與高達美（Gadamer）建立語言本體論的哲學詮釋學。前者意在建立人文學與自然科學分野的基礎方法論，後者則欲建構一「理解與解釋的存有論」。〔註26〕這兩條路線並非全然背道而馳，尤其是呂格爾企圖調和兩者而使哲學詮釋學不至脫離方法論而招致相對主義或重回形上學的批評。當然，高達美晚年也力圖走向實踐哲學，在修辭學中實踐詮釋學關於解釋的技術。從詮釋學的發展，我們可以看出詮釋不單單是一項技術或一種方法，還涉及意義如何顯現的問題，尤其是從語言和交談中透顯存有。

於是對文本的解釋，也是如何理解語言的問題。索緒爾（Saussure）將語言視爲一個符號系統（system of signs），只有用來表達或交流思想時，聲音才成爲語言，否則，聲音僅僅是聲音而已。要交流思想，聲音就必須成爲約定俗成的規則系統的一部分，必須成爲符號系統的一部分。而符號是形式和概念的結合，表示意義的形式，索緒爾稱之爲「能指」（signifier）；被表示的概念叫做「所指」（signified）。雖然可以在某個角度將兩者分別討論，但它們是做爲符號系統的組成部分而存在。於是，我們可以藉以反思符號與意義的關聯性。事實上，後現代主義在討論「符號／意義」的相互關係時，已發現兩者間受到許多外力的影響，看似緊密的結構，實則鬆散。例如拉康（Lacan）認爲慾望是潛意識的核心，而語言則是潛意識的符號結構。因此，語言的「能指／所指」結構絕不是固定的二元對立模式，而是以慾望爲中心，隨慾望的轉變而發生不確定的變化。

二元對立的破除，使「對話」顯得重要起來。高達美（Gadamer）認爲「對話」的「提問——回答」的結構模式，確保了雙方主題的一致性，也使理解成爲一種開放性的傾聽與互相融合。我們無法預見那個被稱爲「眞理」的東西，它只是在對話的過程中展現出來，只要對話還在進行，它就繼續再展現

〔註26〕 見帕瑪（Richard E. Palmer）：《詮釋學》（Hermeneutics），嚴平譯，台北：桂冠圖書，1992 年。

著。〔註 27〕至於對話也不僅僅局限在彼此的二元中，高達美更進一步提出對話的具體化形式——「遊戲」這一概念。他認爲對話者的主觀意識並不是對話本身，如同「遊戲具有一種獨特的本質，它獨立於那些從事遊戲活動的人的意識。所以，凡是在主體的自爲存在沒有限制主體視域的地方，凡是在不存在任何進行遊戲行爲主體的地方，就存在遊戲，而且存在眞正的遊戲。遊戲的主體不是遊戲者，而遊戲只是通過遊戲者才得以表現。」〔註 28〕遊戲本身即爲一意義內容，參與者和觀賞者構成遊戲的整體，而在遊戲的過程將遊戲的意義呈現出來。所以，「眞理」並非固定不變的，我們可以發現：如果「眞理」一旦被確立，則後來的任何詮釋都不再有意義，即一個詮釋若確定爲「眞」，則其餘的所有討論便爲「假」。如此一來，如果王弼對於《老子》的詮釋已深得其意，那麼，牟先生或其他學者也就不必再花那麼多的工夫來詮釋老子。所以，想要追尋一個屬於文本的眞理，終將徒勞無功。

　　不論是施萊爾馬赫對心理直覺的強調，或狄爾泰試圖以「體驗」（Erlebnis）來再現作者的眞義，其實都陷入作品必存有一客觀絕對意義的思考模式，即西方哲學長期以來「邏各斯中心主義」（Logocentrism）的形上學。可是隨著形上學逐漸被質疑瓦解，關於作品中是否存在一個絕對不變的眞理也受到懷疑，詮釋者無法拋棄自己主觀的思想去理解作品，同樣的，作品也不會僅僅以一種面象向讀者呈現。那麼，理解文本如何可能？法國哲學家米謝·傅柯（Michel Foucault）在反思詮釋對象時，曾指出：

> 如果說解釋是永遠沒完沒了的話，那只是因爲本來就沒有什麼可解釋的。根本就不存在“絕對第一個要加以解釋的事物”，因爲一切存在本身從根本上講都已經是“解釋”了；每個信號本身並不是引起解釋的事物，而是其他信號的解釋。〔註 29〕

文本一經解釋，其實就已非其原本意義，一切的解釋都是獨立的文本，溯及源頭，還是文本本身；但這並不是說一切的符號都不能加以解釋，而是解釋的目的並非複寫文本。傅柯從根本上否定解釋的意義，但也提供我們一個思考的方向：一切的解釋都是創作，我們不可能透析文本的意義，而文本的意

〔註 27〕參見嚴平：《高達美》，台北：東大圖書，1997 年。
〔註 28〕見高達美：《眞理與方法》第一卷，洪漢鼎譯，台北：時報文化，1993 年，頁 151。
〔註 29〕見福柯於 Royaumont 學術討論會上的講話，轉引自高宣揚《解釋學簡論》導言，台北：遠流出版社，1988 年。

義也不需要強加解釋。解釋的行為不但無法說明文本，反而會對文本的理解造成障礙。那麼，我們為何還需要解釋？對經典的解釋成了中國學問的全部，歷代讀書人孜孜不倦地在窮首皓經中解讀經典的微言大義。是經典太高深、太遙遠，使人可望而不可及；還是經典就像台灣百岳，吸引無數人不斷地挑戰、征服。況且每部經典都經過歷代眾多讀書人注疏，一代又一代所累積的解釋，到底是幫助後人了解經典的助力，還是成為一道道難以跨越的鴻溝？如果所有的詮釋與再詮釋都是一種「誤讀」或「過度詮釋」，則中國的注疏傳統該如何定位？

如果從高達美的哲學詮釋學來談這個問題，不論是對經典的注釋或是對注釋的再詮釋都是有必要的。因為經典必須透過不斷地閱讀活動，才能在閱讀中顯現其意義。若我們不對經典進行閱讀，經典只能是一個躺在地底深處的「死」去的歷史，一旦其被人們發掘，才能重新「活」著展示其自身。所以，儘管層層疊疊的注疏看似造成《老子》閱讀的障礙，可是從另一個角度而言，《老子》不也是在歷代積累的閱讀與注釋中枝繁葉茂，蔚然成林？

四、

歷來詮釋《老子》者，皆以為「道」是《老子》一書的旨趣，並且賦予「道」字過多的含意。這種解法，明顯地是受到其他章句的影響，如二十一章：「『道』之為物，惟恍惟惚。」；二十五章：「吾不知其名，強字之曰『道』。」；三十七章：「『道』常無為而無不為。」；四十二章：「『道』生一，一生二，二生三，三生萬物。」；四十八章：「為學日益，為『道』日損。」六十二章：「『道』者萬物之奧。」七十七章：「孰能有餘以奉天下，唯有『道』者。」老子用了很多的篇章在描述「道」，在這些章句裡，說明了「道」的屬性及作用。於是，解「道」者，便以「道」為《老子》的中心思想，而賦予主體性、實體性或宇宙論等形而上學的說解。這種解釋，雖能反映「道」的某些面象，但是如此解，是否限制了「道」呢？

如果我們試著從「道」字本身探究，或許可以得到一些啟示。這裡我們先引海德格（Heidegger）的說法，話說 1946 年夏天，是年海德格與中國學者蕭師毅合作，要將《老子》譯為德文。這次合作雖然沒有成功，然而海德格藉此經歷，對「道」的字源意義和派生義有了深入的理解，甚至促使其《通向語言之途》一書的完成。他曾對"道"一字有很重要的論述：

也許「道路」（Weg）一詞是語言的原始語詞，它向沈思的人道出自身。老子的詩意運思的引導語詞就是「道」（Tao），「根本上」意味著「道路」。但是由於人們太容易僅僅從表面上把道設想爲連接兩個位置的路途，所以人們就倉促地認爲我們的「道路」一詞是不適合於命名「道」所道說的東西的。因此，人們把「道」翻譯爲理性、精神、理由、意義、邏各斯等。〔註30〕

海德格這裡所談主要是針對西方在翻譯老子的「道」這個字時，往往從一個「普遍的原則」或「形而上的本體」的角度去翻譯「道」，卻忽略了在中文裡「道」字一個最原初的意義，而透過其現象學還原法，他所用以翻譯解釋的「道路」之意，也給了我們一個啓示。〔註31〕同樣的，中國哲學界中一向對老子所談的「道」賦予哲學意義上的解釋，或云其是道家形上學的代詞，或以其爲道家宇宙論中發生的本源。若將「道」提升至一本體，會不會使「道」和現象界產生疏離，而使「道」成爲廟堂供奉的神明高高在上，即通過現象而抽出本質的過程是否遺失了現象本身的豐富性和在場性呢？海德格指出，眞正的現象乃是「就其自身而顯現自身」的開啓，〔註32〕若一味的追求一個可通約的理性或本體，則現象便會在追求中隱蔽。海德格對「道」的詮解，其實可視爲其顛覆傳統形上學思想脈絡的一環，把語言看做是存在自身展示之所在，而強調「語言的本質不在語言之外，語言的本質就是語言本身」的觀點，爲後現代主義批判傳統人文主義打開了一條廣闊的道路。我們也可以由此得到一個啓示——「道」可以虛解，也可以實解，其本身蘊含著所指涉意義的豐富性，若一旦將其概念化、抽象化，便喪失了這個字的豐富性和在場性。

　　事實上，老子也不希望我們將他所提的「道」字概念化，甚至不要被「道」字所限制住。他說：「道之爲物，惟恍惟惚。」（二十一章）道並非一具體的存在物，甚至「道」也不能有「名」，因爲一有了名便有所局限，「道」字也是老子「不知其名」，而「強字之」而來的。況且，「道沖而用之，或不盈。淵兮似萬物之宗。」（四章）道一旦實指，如何能爲「萬物之宗」？相較人類

〔註30〕海德格：〈語言的本質〉（Das Wesen der Sprache），收在《走向語言之途》（*Unterwegs zur Sprache*），孫周興譯，時報出版，1993 年 8 月，頁 168。

〔註31〕關於海德格對老子「道」字的理解，可參看張祥龍：〈海德格理解的 "道"〉，《道家文化研究》第八輯，上海：上海古籍出版社，1995 年 11 月，頁 351～365。

〔註32〕海德格：《存在與時間》，王慶節，陳嘉映譯，臺北：桂冠，1990 年，頁 28。

自以為能掌握一切的「為學日益」,「為『道』日損」已說明「道」並非經驗感官世界的知識。於是乎,老子為什麼選擇「道」這個字做為其哲學系統的概念中心之指稱,從「道」字原本的意義——「道路」,已直指其豐富的意蘊。

至於「道」字內涵在經過這些轉化之後,早已超越了語詞本身的意指,一方面又回頭豐富了語詞的意涵,一如德希達(Derrida)提出在書寫的「延異」(différance)中進行創造遊戲,有別於傳統西方文字的「差異」(différence),而是一「產生差異的差異」,書寫文字在這種差異化的運動中產生無限的生命力與可能性。〔註33〕於是,原本單純的「道」一詞在經過一連串的來回創造與再創造,不但脫離了「能指／所指」的二元對立結構,也豐富了語詞的內涵。

相對於儒家致力於「正名」,老子實欲打破「名／實」之間的聯繫,從他大量使用否定句來表述,便可明白他所謂的「道」根本不能從正面去解釋,或對「道」有認何確定性的指稱。否則一旦實指,「道」便喪失了在場與能動的力量。故「道沖而用之或不盈,淵兮似萬物之宗。」(四章)一如杯子原本是空的,所以可以裝任何東西,如果杯子已滿,就再也沒有空間容納。更何況連「道」字都是在「吾不知其名」的情況下,所勉強命名的,想要努力說明指出老子言「道」的意義,不啻與老子初衷愈行愈遠。我們會發現,《老子》一書中對於語言的態度,在某種層面上與解構理論有相似性,其「正言若反」的語言方式,提供了一條「反向的」、「去中心」的解除語言固定結構的模式,一如老子說的:「反者,道之動」(四十章)。但是老子不同於德希達任由意義在解構之後撒播出去,而是對現象界的一切二元對立超越之,使語言不會陷於一再的「建構／解構」的衝突。所以在「正言若反」之後,最終會達到一個「道隱無名」的境界,他彷彿在兩千年前便暗示儘管哲學歷經多年的翻滾爭論之後,終將回歸到語言最原初的自身。可是,「道隱無名」並非一個掛空的玄秘之境,與世隔絕。牟宗三先生認為:道家與佛家一樣,雖重視出世間,但不能離開世間而出世間,世間即出世間,修道者不應遺世獨立;若捨離了人世,則境界並不高。而這種「實有層」與「作用層」無分別的形態,牟先生稱之為「境界形態的形而上學」,即「無」只是一個主觀心境上的作用,並非一個實存的本體,它只是一個姿態。〔註34〕此論可說是中國當代老學詮釋

〔註33〕 Jacques Derrida, *Dissemination*, translated, with an introduction and additional notes, by Barbara Johnson, Chicago: University Press, 1981.

〔註34〕 牟先生花了很大的疏證工夫,並在對比儒家與佛教而得出此論。可參考其《中國哲學十九講》、《才性與玄理》、《圓善論》、《智的直覺與中國哲學》,前三書

系統中極有份量的觀點，問題是，當牟先生取消了「道」的實體性與客觀性而以「主觀心境」觀「道」，似乎又過於拘執於一偏。更重要的是老子對於人生的安頓與政治的關懷，為其思想的重心所在，老子的形上學能否以「境界形態」審定之，還有討論的必要。畢竟，不論老子的形上學的內容為何，如果我們一開始便以形上學的範疇來討論老子，是否已陷入「形上學」的迷思？而當今天西方紛紛摧毀傳統形上學，對我們有何啟示？更別說當後現代迷失在價值失序中，已悄悄興起一股追尋「美好傳統」的聲音，甚至轉而從東方哲學中尋找一個出路。凡此種種，都值得我們思考並反思之。

五、

　　《老子》是道家的經典，其影響力至深且廣；王弼的《老子注》亦是詮釋老子的經典，無數人從王弼《老子注》進入老子的世界。但是當注解本身亦成為經典時，會不會在某種形式及程度上成為進入原典的「障礙」？更遑論還有更多解釋王弼《老子注》的注解。意大利學者艾柯（E. Eco）曾說：「一旦某個文本成為某一文化的『神聖』之物，在往後就會遭受許多似是而非的閱讀，因而無疑地會造成『過度』詮釋。」〔註35〕他所說的「神聖之物」，就是我們所謂的「經典」。當然，就艾柯而言，他為了反對德希達、保羅・德曼（Paul de Man）所代表的「解構主義」賦予讀者無限解讀文本的權利，所以提出「作品意圖」（intentional operis）藉以限制文本所具有的無限豐富的可能性。於是，有些對經典的詮釋在艾柯看來離題太遠，甚至是借題發揮。但是在解構主義的立場來看，對文本的解讀其實是進行對文本意義的釋放，若有了某些標準或正確性，便會遏止文本的成長。甚至就某個角度言，「所有的詮釋都是過度的詮釋。」這其中論點內容複雜，並非在此所能詳述，但我們可藉以思考：詮釋的目的為何？該以什麼樣的方式才能達到詮釋的目的？而所有對文本的詮釋或詮釋的再詮釋，不管其意圖或方式是否「踰越」文本，所累積的傳統都是構成我們詮釋的「視域」，傳統雖有其限制，但也同時在傳統中才能延續孕育新的生命。〔註36〕所以我們看到老子成為經典後，所有後代

為臺灣學生書局出版，第四本為臺灣商務印書館出版。

〔註35〕 *Interpretation and Overinterpretation,* Embero Eco with Richard Rorty, Jonathan Culler and Christine Brooke-Rose, ed. Stefan Collini, Camgridge: Cambridge University Press, 1992, 頁 52.

〔註36〕 高達美對歷史與理性、傳統與現代的問題有深入的討論。在他看來，傳統是

的解讀都是使經典更具時代意義，歷久而彌堅。

因此，我們不是在眾多解老注釋中尋求一個最好的解釋，也不可能因為肯定了某個注解就中止了文本意義的擴散。更何況老子五千言本就意蘊豐富，自然難有一定論之言。問題是，如此一來是不是到最後只能落到太史公所稱：「老子所貴道、虛無，因應變化於無為，故著書辭稱微妙難識。」司馬遷似乎早已洞燭機先，預告老子書「微妙難測」，難怪後世議論紛紛，測不出個所以然來。王弼似有所悟，他便言及「蓋《老子》之文，欲辯而詰者，則失其旨也；欲名而責者，則違其義也。」（〈老子指略〉）王弼巧妙以《老子》二十九章：「為者敗之，執者失之。」來暗指後世對於《老子》的任何詰難責問，都有違其意；他也藉以批評其他各家學說亦用其子而棄其母，以末治本，致使混亂不明。然而，王弼《老子注》亦是一詮釋《老子》之文，雖然他大肆闡揚老子思想，且為後世所讚譽；但後人讀老子時必讀王弼之注本，所認識者亦是「王弼老子學」，提到「崇本息末」時，亦明為王弼所倡。於是，我們也可清楚地看到王弼只是眾多老子詮釋的一個方向，他與其他眾流皆是構成老子思想傳統的一部分。

透過以上對王弼的討論，我們大致可掌握住這麼一個論點：任何對於經典的詮釋都無法迴避前人注解所積累的歷史傳統，而也正是這些不斷立基於前人的注釋上所增加的注疏，才得以使經典本文開拓出更多討論思考的角度及空間。王弼注老對老子的研究自有劃時代的重要性，但這又何嘗不是另起一個「王弼老子學」的爐灶？而後代研究討論王弼時，不啻又從王弼中走出一條路。當

「活」的，歷史不是屬於我們，而是我們屬於歷史。所以在《真理與方法》中，高氏還特別提出經典的概念來說明過去與現在的歷史連繫，並說明理解的歷史性。在其詮釋學理論中，歷史與文化都不是與解釋者純然隔絕的過去，反而對現在各種觀念的形成起著積極的作用，而「經典」最能體現一種超越時空的規範和基本價值。高達美所提出的觀念值得我們深思，特別是在中國有著深厚的傳統「經典」文化，在近代遭到一波波反傳統的攻擊與摧毀之後。相關論點可參考高達美：《真理與方法》中〈作為理解條件的前見〉。但是，「經典」的「無時間性」並非指經典是一種靜態的方式超越歷史，張隆溪解釋道：「經典的所謂『無時間性』並不意味著它超脫歷史而永恆，而是說它超越特定時間空間的局限，在長期的歷史理解中幾乎隨時存在於當前，即隨時作為當前有意義的事物而存在。當我們閱讀一部經典著作時，我們不是去接觸一個來自過去、屬於過去的東西，而是把我們自己與經典所能給予我們的東西合在一起。」（見張隆溪：〈經典在闡釋學上的意義〉，《中國文哲研究通訊》9:3，1999 年 9 月，頁 63）

然，這許許多多的路子最終都會回歸到老子。如果我們可以藉由王弼注老這一角來管窺中國經典詮釋中的注疏，會許能從中得到一些啓示吧！

附錄三　論文口試報告提要

報告人：李宗定（2002 年 7 月 4 日）

本文略述寫作思路，可從中掌握本論文的構想及論點重心所在。

本論文跨涉中國老子哲學與德國高達美提出的「哲學詮釋學」（die philosophische Hermeneutik），並旁及中國韓非、王弼和當代老子詮釋，還有德國哲學家海德格及法國哲學家德希達等人。涉獵者既多，論及幅度亦廣，便易生焦點不夠集中，論述無法精細等問題；再加上爲來回比對所出現的跳躍式行文，有累諸位老師閱讀，心中實感惶恐，尚請　囿恕爲禱。在四月初草成論文至今，已數度增刪，期能呈現對理解老子「道」的一己之見。然學力所限，當有諸多未及之處，誠心請求老師們不吝指出論文謬誤之處，俾能修改更正。

依論文行文格式常規，當對論文所涉及理論先做一番整理介紹，並說明所採用的方法。唯哲學詮釋學與解構理論皆爲專門且複雜的理論，實難以短短篇幅盡釋其意；再者，不論是哲學詮釋學或解構理論皆非一種方法，反而大力反對方法的成規。故本文並非「援引」哲學詮釋學或解構理論以做爲論文之「方法」，同時也儘量避免以一種「方法」做爲論述所依循的準則。當然，不受方法所限並非不講方法，對於文字句意及推理舖陳仍需仔細斟酌。唯本論文在寫作之初所預定的計劃及目標在實際寫作中屢次修正，尤其是關於西方哲學的論述，經安梧老師提醒論文內容的比重，於是逐漸將論文收攝於老子「道」的探討，關注於「道」的形上學性格該如何理解的問題。

於是論文的核心議題最後集中於兩個層次：其一，老子如何讓「道」顯現？其二，老子的「道」該如理解？這兩個面向在最後也匯合一起，因爲我們必須通過第一個層次，才能進入到第二個層次。至於在論述上則分別以韓

非與王弼的注老爲對象,藉由對兩人注文所引發的爭議進行批評與討論,引出老子的「道」在傳統的解釋上所混雜的權力干預與預設立場。而尤須指出,不論韓非或王弼,皆有將「道」對象化爲一實體的傾向,而這個傾向至近代依然。如此解「道」,使「道」成爲一個類似西方形上學的原理、第一因,會不會使「道」喪失了某些性質呢?

至於爲何從歷代老子注本中擇定韓非與王弼爲對象。韓非的〈解老〉與〈喻老〉兩篇頗受爭議,有謂得老子眞意,但有更多認爲韓非曲解老子。然而從歷史脈絡來看,太史公謂韓非「其歸本於黃老」,老子又與黃老思想脫離不了關係,這便使得韓非以專章注解老子有更多可引起討論的地方。至於王弼的《老子注》在歷代注老中一向爲人稱許,或可稱爲第一把交椅,然而王弼的注是不是能正確的呈現「老子原意」?我們通過王弼的注文來讀《老子》,讀到的會不會是「王弼的老子」?這也是本文以王弼注老做爲討論的對象,希望藉由從這兩人的注老回溯至老子。

在論文幾近完成時,文起老師問道:爲何只選韓非與王弼,而忽略在老學系統中更爲重要的莊子?這個問題其實隱含了另一個有趣的問題,即「老學系統」該如何界定。有專章注老者如果屬於老學,則未以專章注老的莊子呢?更何況韓非雖有注老的篇章,但似乎將老子導向一個權謀的路向。這裡未談莊子,實因莊子的地位特殊,莊子一方面闡發了老子哲學,一方面也建立其獨特的精神超越境界,故相較於韓非或王弼採隨文注釋方式解老,莊子在老學傳統中似乎更應該別立一個莊學系統。這或可爲本文繼續深入討論的一個方向,特此記之。

以下先略述各章大意,再略陳論文整體思路。

第一章 導 論

本篇是整個論文構思的源頭。大約在二年前於謝大寧老師的課堂上討論牟宗三先生《才性與玄理》時,對牟先生所提出的「境界型態形上學」概念來解釋老子的「道」,心中升起了個模糊的疑問:從主觀心境講「道」似乎避開了將「道」視爲一個客觀的實有,但是「主觀心境」所強調的個人體悟及修養境界,卻讓人微微有些不安。牟先生似乎以此來強調儒、道之別,但在分別構造儒家和道家的形上學體系時,卻又以「仁心」、「道心」形成中國哲學獨特「無執的存有論」。則以主觀心境做爲「道」的形上學,是否也潛藏著

取消了「道」的某些實體性意涵的危險呢？還是根本不能以「客觀實體」或「主觀心境」的對立概念來論述「道」呢？

當時尚未有明確清析的問題意識，也還沒有摸清楚到底問題的關鍵為何。那年夏日的午后陽光早已不復，小謝老師的話卻似乎已悄悄地沉入心底，等待萌芽。期末報告曾嘗試以相關論述為題，成為現在〈導論〉的某些部分雛型。爾後較深入地閱讀了高達美的《真理與方法》，對文本的解讀有了些啟發，於是開始思索中國傳統注疏與經典解釋的關係。當然，對於老子「道」的思索未曾中斷，尤其是為何《老子》這一部短短五千言的著作能引起後世成篇累牘的討論，且愈討論愈無一定論，更遑論近年來不斷有考古新材料出土。問題開始慢慢形成，也逐漸鎖定以老子的「道」為論述的核心。因此提出了一些問題做為討論的方向：「道」究竟該如何理解？何種對「道」的解釋最正確？還有歷來解「道」者幾乎一致地認為「道」具有不可言說性，如不可言說，則理解如何可能？於是我從高達美上溯至海德格，從海德格晚年被批評陷入語言困境的問題中，漸漸思索出中國傳統的語言工具論對於理解的影響，尤其是在道家與禪宗的語言觀中所存在的「言語道斷」觀念。這個思索方向，慢慢形成論文的架構。

第二章　對話與延異

高達美重視「對話」，認為透過不斷地對話可以達到一種共同理解的「視域融合」。德希達則根本否定「對話」，他認為對話只是一種無意義的各說各話，而且對話所預設的共同理解已讓對話封閉，多說無益。這兩個不同的哲學理論有各自的立場與影響，本文並非討論兩者的異同，而是欲藉由其論爭引發思考的契機。特別是兩者所觸及的文本該如何閱讀與理解的問題，正可以讓我們反思中國傳統的閱讀方式。注疏老子是為了理解老子，還是藉老子以申己意，甚至注疏根本就無關老子思想，而只是語言權力的角力場？於是我們由此開展出對文本的詮釋討論。

第三章　韓非的老子詮釋

今本《韓非子》中有〈解老〉、〈喻老〉兩篇，雖然韓非並沒有全面注解老子，且這兩篇的作者尚有爭議，但我們仍可肯定老子對韓非的影響，這從《韓非子》全書中處處述及老子的一些篇章可見。韓非對老子以權術解之固

然引發爭議，然最關鍵之處在於韓非爲建立其法、術、勢合一的法家系統，將「道」引爲其思想所遵循的原則。特別是韓非以「理」釋「道」，使「道」窄化爲一個天地萬物所需遵循之原理原則，而國君掌握此理，成爲統御臣下之術。這是韓非以「理」釋「道」的一個形上學轉向。

第四章 王弼的老子詮釋

王弼注老提出了「崇本息末」的原則，這個原則不但用以注釋《老子》，甚至引以爲詮釋《周易》及《論語》的方法，達到其貫通「體／用」、「無／有」的目的。這個貫通，其實便是王弼學說中一個最重要也是最隱蔽的核心：「儒道會通」。「儒道會通」一直是王弼用心所在，於是以「無」釋「道」的同時，便使得「道」呈現了一個形上學化實體的傾向。而王弼用「崇本息末」來解讀《老子》，將「道」視爲「無」、「無形」、「無名」的做法，使「道」離開有無相生的「本—末」構成境域，而成爲「取乎萬物之所由」的一個普遍化的形而上「道體」。這是王弼解老對後世最大的影響。

第五章 「道」的「緣構」境域

當我們對「道」進行語言溯源，可發現「道」中所含有的「說出」與「通往」之意，而這個「說出」並非單向的意指，尚有返回的聆聽。「反者，道之動」展示了「道」的能動性，也說明了這個往復不已所構成的「道」並非固定不變。是以「道」不能是一個實體，但它也不是一個非實體，只能以一個「境域」說之。而這個境域即在「有無相生」的相互「因緣」中構成，故其包含了形而上與形而下，或云並無形而上下的區隔。以此「緣構」境域來說明「道」，或可解決傳統對於「道」在形上學論述範疇中是「有」或「無」、是實體亦或非實體的爭議。

第六章 結 論

綜述本文大意，並對論文進行中所遭遇的問題進行反思。

論文整體思路簡述

本文在最初的構想是一個比較哲學的寫法，但是在寫作的過程中逐步修

正，並且漸漸形成這篇論文欲討論的一個核心概念：即老子所提出的「道」究竟該如何理解。「道」是什麼？「道」可以是什麼？還是「道」根本不是什麼？我們在理解「道」時，該將「道」放在什麼位置或是從什麼角度談。於是，我指出了問題所在：若「道」肯定「道」是「形而上」者，然而這個「形而上」是什麼意義；如果我們一開始就認爲「道」是一個「形而上」的概念，或是以爲「道」必須在「形上學」的範疇內才能談，那麼這是不是一種對「道」的限制？順著這個思路，我展開了問題的討論。首先，老子的「道」是否具有形上學的性格一問題，重點應是我們該以何種「形上學」認定之。以目前學界所習慣使用的「形上學」而言，雖是藉《易經》：「形而上者謂之道」以譯 "metaphysics" 一詞，但在談論「形上學」的定義、概念和範疇卻多是以西方哲學爲準。唯中國哲學中的「道」、「器」之別是否可以相對於「形上」、「物理」仍大有商榷的餘地，更何況中國哲學中所關涉於全體與個別之思考始終不離於人生社會。相較於西方形上學中有關於自然原理之「宇宙論」、存有者之存有的「存有學」與神性及其存在之「神學」等討論，中國哲學實與之有別。雖然就形上學所探討的某些層面可能中外皆然，但我們在討論中國哲學時仍得謹慎於一些概念之使用。也因此，在這個前提下，我們得反省老子所言的「道」究竟具有什麼樣的「形上學」性格，是「物理學之後」（metaphysics）的「形上學」，還是「形而上者謂之道」的「形上學」，或者根本不宜先以任何「形上學」範疇之。如果我們還記得老子曾說：「天下皆知美之爲美，斯惡已；皆知善之爲善，斯不善已。」就得小心謹慎地使用「形上學」這個概念。

再者，如果我們稍微追尋西方哲學史中的形上學發展，從亞里斯多德以降至十九世紀的康德和黑格爾，皆以一個終極的本質或精神實體來描述萬事萬物成其「然」之「所以然」，然而，這種討論形上學的觀點在二十世紀後受到強烈的批判和挑戰。因爲不論如何論述一個最終極的「無」、「有」、「理念」或「實體」都無法離開認識論下爲萬物尋找背後一個根源，而以這個根源做爲「對象物」的探討，便是海德格所批判傳統形上學始終在談論的「存有者」（Seiendes）而非「存有」（Sein）。而這個始終去探討那個「是」總要是「是個什麼」的傳統思路，出現了突破，原來「是」也可以「什麼都不是」。在經驗世界中，「是什麼」和「不是什麼」總是相互伴隨，是「天」就不能是「地」；但是當我們把一切「什麼」都否定之後，剩下的就是一個最徹底的「無」，可也是最本眞的「有」。這是海德格的基本思路，於是 Sein 永遠是一個「什麼也不是」的「是」，它不

是個體系，不是個實體，甚至不是個有「所指」（signified）的「能指」（signifier）。當我們漸漸深入海氏的思想，不得不驚訝在某些論點上與老子有相闡發之處。當然，就比較哲學的而言，關於海德格和老子的關係在中外學界已有許多討論，且大都承認兩者之間不論在實際思想交流或學說概念上確有許多關聯。本文並非再延續這個對比，而是反過來思考在中國老學的詮釋傳統中，對於「道」的解釋是否也蘊涵著將「道」實體化爲一個萬物根源的第一因或原理的問題。要處理這樣一個問題，勢必得有系統地對歷代老子注進行分析，從中觀察或發掘出是否有這麼一個走勢：老子之後，「道」漸漸離開其無形而上下之別的境域（本文稱爲「緣構境域」），而走向「形而上」的世界。不過，這是一個大工程，在有限的時間和能力下，並無法全面地分析歷代的老子注。所以，本文選擇了韓非與王弼兩個注家，前者是先秦時第一個有專章注解老子的學者，且其注老的觀念影響後代的解釋頗深，不論是正面或反面的批評；後者則是後世公認注老最好的注本，即所謂的「最得老子意」解釋，甚至其注本成爲《老子》原文的定本而流傳於後世。而對於這兩個注家的分析，得出了兩者果然有將「道」「形上學」化的趨勢。不論是韓非將「道」用以爲其政治學說的的一個原理或王弼從義理上將「道」釋爲「本」、「無」，都將「道」視爲一個待解釋的對象。或許這種說法有著某種理解上的方便，但往更深層挖掘，便可看出不論是韓非或王弼論「道」，都有意無意間懷著某個目的或受到時代的影響。像韓非將老子引入其法家思想中，「道」便成爲君王執「術」的最高原則；而王弼則通過「崇本息末」、「執一統眾」的解釋方法，將老子帶往其「儒道會通」的目的。本文做這樣的分析，並非要得出：韓非、王弼「誤解」老子，這麼一個結論；而是希望更進一步地指出在韓、王兩人對於老子的解釋下，「道」出現了「形上學」化的轉向。而這個轉向是將「道」往一個實體義上的準則、原理或規範推移，當然，這樣一個轉向，並不是說「道」並不並具有形上學範疇中的概念，而是說韓、王的解釋突出了「道」的實體義或第一因的這一個部分。如果本來沒有，又怎能談轉向或突顯呢？「道」不是不能如此解，我們也看到自韓非以後幾乎都是朝這個思路去理解，只不過當「道」與「器」分離而成了一個二元對立的世界，則一個質樸混沌的「道」似乎也變得清晰起來，且與世隔絕了。

從這個思路檢討了韓非和王弼的注老之後，本文便針對「道」究竟該如何理解的問題再深入討論。「道」可不可以認定爲一個實體的「有」或「無」，答案實已昭然。若不以客觀實體義而以主觀心境視之，則仍是將「道」懸隔

在一個第一因或終極存有的概念。也因此討論老子時若一開始便陷入「道」是一個形上學的概念以相對於現象界的「器」，便會衍生出形而上與形而下該如何會通的問題。然而，如果我們能認清「道」並非一個分解式的講法，自然能夠明白「大道氾兮，其可左右」所透顯出一個看似能夠自存，但卻又是「衣養萬物而不為主」、「萬物歸焉而不為主」的非實體義的存在。也就是說，「道」已居於「有」中，它不是通過否定「有」以達成自身，或是以否定的否定以生有。將「道」理解成「無」或「有」，都難以展示「道」。當然，這並不表示「道」不能從宇宙論或存有論的形上學範疇來討論，只是我們不能只限於從這些角度來討論。就像「天下萬物生於有，有生於無。」（四十章）如果以「生成」來解釋「生」，便會使得「有無相生」（二章）難以解釋。同樣的，「道生一，一生二，二生三，三生萬物」如果亦比附於「陰陽」、「天地人」等，仍是一個經驗論式的由少而多的理解，如此一來，「道」只能是一個生成天地宇宙的一個最初的實體。如此討論之後，我們可以發現「道」實難以「無」、「本」的概念來理解，它不是黑格爾的超越時空的絕對精神，亦不同於康德的「物自身」。只不過我們可能受限於整個傳統積累下對「道」的認識，尤其是從王弼之後的解釋大都圍繞在以「有」或「無」來釋「道」的爭論。無怪乎老子只好在一開篇便云：「道可道，非常道」，便是為了避免後世陷入其文字障或眩惑於「道者萬物之奧」的說明，而限制了對「道」的理解。

　　以上簡要地將論文的脈絡敘述一次，其中有一主線貫穿全文，即重新思索「道」究竟有什麼樣的性格。是我們用形上學的概念來理解「道」，還是「道」本身便構成了一種形上學體系，而「道的形上學」顯然與西方傳統的形上學有別。海德格與德希達雖然都「解構」了傳統形上學，但並不表示他們所談不是形上學，也不表示他們欲建立一個新的形上學，特別是海德格對於傳統形上學的批判與討論方式，其目的是為了還形上學一個本來面目。因此本文其實有個更深層的企圖，希望透過對於韓、王注老的分析，逐漸釐清老子的「道」，除了還其本來的面目之外，同時提出一個「道的形上學」。「道」不是一個實體，亦非主觀心境，而是一個有無相緣構成的境域，在這個緣構境域中，一切相對的概念皆於其中。不是化掉「有」、「無」，而是正視「有」、「無」相依的一個整體。在這個構成中談「天下萬物生於有，有生於無」、「道生一，一生二」，便圓融無礙，再沒有「道」是「有」或「無」的爭論。這或許才是「道」不成其大，卻又「淵兮似萬物之宗」的真義吧！